Harald Haarmann

Schwarz

Eine kleine Kulturgeschichte

PETER LANG

Frankfurt am Main · Berlin · Bern · Bruxelles · New York · Oxford · Wien

Bibliografische Information Der Deutschen Bibliothek
Die Deutsche Bibliothek verzeichnet diese Publikation in der
Deutschen Nationalbibliografie; detaillierte bibliografische
Daten sind im Internet über <http://dnb.ddb.de> abrufbar.

Layout:
Kumpernatz + Bromann
www.kumpernatz-bromann.de

Umschlagabbildung:
Joan Marler (Sebastopol, USA)

Umschlaggestaltung:
Atelier Platen

ISBN 978-3-631-54188-3

© Peter Lang GmbH
Europäischer Verlag der Wissenschaften
Frankfurt am Main 2005
Alle Rechte vorbehalten.

www.peterlang.de

Schwarz

Inhalt

Vorwort

Wer Augen hat zu sehen, der lebt in einer Welt voller Farben. Farben sind eine selbstverständliche Ingredienz unseres Kulturmilieus, und häufig registrieren wir Farbtöne nur im Unterbewusstsein. Bei der Auswahl von Modefarben lassen wir uns gern vom Gefühl leiten. Was uns unsere Gefühle über Farben suggerieren, sind wiederum nicht einfach physiologische Impulse, sondern tief wurzelnde Versatzstücke einer unterschwellig wirksamen Farbästhetik, die wir mehr oder weniger unbewusst in jungen Jahren angenommen haben, und die wir unser ganzes Leben lang in unserem „Kulturgepäck" mitführen. Farben sind nämlich auch eine Komponente unserer kulturellen Identität.

Niemand weiss, wie viele Farbabtönungen es in der Welt gibt. Ihre Zahl geht in die Tausende. Mit unserer Alltagssprache können wir nur einen kleinen Ausschnitt der gesamten Farbenpracht „worten", denn die Bezeichnungen für viele Farbtöne sind in fachsprachlichen Terminologien verankert, die zum Spezialwortschatz von Künstlern, Modedesignern oder Fotografen gehören, und dieser Sprachgebrauch bleibt dem Outsider verschlossen. Experten, die täglich mit Farben umgehen, wissen, dass die Skalierung der Farbtöne variiert, bei natürlichem Licht ist sie eine andere als bei künstlichem Licht. Naturfarben bieten ganz andere Schattierungen als solche Farben, die mit künstlichen Mitteln erzeugt werden (z.B. chemische Färbung, Farbkontraste auf dem Computerbildschirm). Es gibt viele Objekte, die im Naturlicht anders aussehen als im Kunstlicht, wie bestimmte Mineralien.

Wir Menschen leben in einem Dickicht von Farben, sind unseren Sinneseindrücken ausgeliefert (die häufig Sinnestäuschungen sind), hantieren mit Wertungen, die tief ins Irrationale greifen und versuchen mit mehr oder auch weniger Erfolg, all diese Eindrücke einzubetten in unsere sprachliche Intentionalität, also in Worte zu fassen, was vielleicht gar nicht adäquat mit Worten beschreibbar ist. Licht in dieses Dickicht zu werfen und Farbkontraste kulturhistorisch auszuleuchten, soll in diesem Buch versucht werden. Da Schwarz die am wenigsten verstandene aller Farben ist, nimmt die Expedition ins Reich der Farben von hier ihren Ausgang.

Casa Blanca, im Mai 2005 *Harald Haarmann*

Einleitung
Farben, Sprache und kulturelle Sinngebung

Wir alle können über Farben und Farbnuancen reden. Unser Wortschatz stellt uns zahlreiche Ausdrücke bereit, mit denen wir unsere farbige Umwelt „bereden" können. Allerdings ist das farborientierte Vokabular unserer Normalsprache lediglich ein schwaches Abbild der terminologischen Fülle, mit der Farbprofis umgehen. Uns allen jedoch ist der Weg gemeinsam, den wir vom optischen Reiz eines Farbtons bis hin zu dessen Wortung gehen. Denn bevor es gelingen kann, die Farbe eines bestimmten Gegenstands sprachlich zu identifizieren, muss unser Gehirn allerlei Vorleistungen erbringen, angefangen von der physiologischen Verarbeitung optischer Reize über deren begriffliche Kategorisierung bis hin zur Verknüpfung von farbbezogenen Engrammen unseres Gedächtnisses mit dem Instrumentarium unserer Sprache.

Die längste Strecke dieses Wegs vom optischen Farbreiz bis hin zum sprachlichen Ausdruck verläuft ohne die Beteiligung von Sprache. Und der Weg führt nicht geradlinig durch die Landschaft unserer Farbassoziationen. Es gibt viele Kurven und Windungen, und manchmal hat es den Anschein, als ob man in die Irre geht. Die zahlreichen Sinnestäuschungen, denen wir bei der Identifizierung von Farben erliegen, machen den Eindruck, als ob der mentale Raum zwischen einem optischen Reiz und dessen Wortung ein eigentlicher Dschungel ist, den es zu durchqueren gilt. Und während der ganzen Zeit, die wir versuchen, uns einen Pfad durch den Dschungel zu schlagen, bewegen wir uns nicht etwa auf jungfräulichem Boden, sondern wir sind eingebunden in das Netzwerk kultureller Impulse. „Der Weg zur Farbe ist keiner jenseits der Kultur, sondern einer innerhalb der Kultur" (Bothner 1999: 233). Die Vielfalt der gefühlsmässigen, ästhetischen, kulturellen und weltanschaulichen Wertungen, die sich in den Kulturen der Welt mit Farbtönen verbinden, ist schier unübersehbar.

Alles Farbige ist eingebettet in den elementaren Kontrast von Schwarz und Weiss, denn ohne diese beiden Abtönfarben gäbe es gar keine Kontrastierung der farbigen Umwelt. Im Schwarzen verliert sich alles Farbige, im Weissen löst es sich auf. Schwarz und Weiss sind als Bestandteile unserer Umwelt vielleicht noch selbstverständlicher als die bunten Farben.

Wenn wir über Farben nachdenken, sind dies meist die bunten. Der Umstand, dass Schwarz und Weiss die Aufmerksamkeit weit weniger auf sich ziehen als die bunten Farben, macht sie gleichsam zu Statisten in der Farbkulisse. Es gibt Künstler und Farbpsychologen, die behaupten, dass die Menschen die Bedeutung der Farbe Schwarz nie verstanden haben.

Schwarz ist eine faszinierende Farbe. Sie besitzt eine immense natürliche und intentionale Ausstrahlung, denn man begegnet ihr in den Dingen der Natur ebenso wie in den von Menschen geschaffenen Artefakten. Kein Mensch kann sich der natürlichen Schwärze entziehen, der Schwärze nämlich, die uns umgibt, wenn wir in einen Nachthimmel blicken. Der schwarze Himmel ist der Hintergrund, auf dem die Sterne in einer klaren Nacht leuchten. In einer Landschaft, wo die Tiefenwirkung des Nachthimmels nicht durch Grosstadtlichter zerstreut wird, wirkt das Firmament majestätisch und grandios. Die füllige Schwärze berührt den Menschen fast physisch, wenn er in der weiten Natur in den Nachthimmel schaut, im Dünenmeer der arabischen Wüste, im Maasai-Mara-Nationalpark in Kenya, am Ayers Rock im Zentrum Australiens oder im Monument Valley in Arizona.

Das Erleben des Nachthimmels in diesen Grosslandschaften ist geeignet, das Bewusstsein zu öffnen, und man braucht nicht viel Fantasie, um einen Hauch von göttlicher Nähe zu spüren. So verwundert es nicht, wenn Menschen die Assoziation des Nachthimmels mit einem göttlichen Wesen zur kulturellen Institution machen. Bei den Navaho, zu deren Reservatsterritorium das Monument Valley gehört, ist der Schöpfergott (*Black God*) schwarz. In den Ritualen trägt der Personifikator des schwarzen Gottes eine schwarze Maske, und auch in den Sandbildern ist der Schöpfergott maskiert. Diese Maske symbolisiert das schwarze Firmament, das Gesicht des Schöpfergottes.

Der schwarze Gott wird auch Feuergott (*Fire God*) genannt, weil er nach der mythischen Überlieferung die Sternfigurationen schuf und Feuer in die Sterne setzte, damit sie leuchten. Wer in das nächtliche Firmament blickt, schaut dem Schöpfergott ins Gesicht und ist so dem Göttlichen nahe. Für die Navaho ist die Schwärze des Nachthimmels ein besonderer Impulsgeber. Er versetzt sie in einen Zustand heiliger Scheu vor der majestätischen Natur (Griffin-Pierce 1992: 86 f.).

Die schwarze Farbe hat die Fantasie des Menschen seit jeher angeregt, und sie ist aus seinem Kulturschaffen nicht wegzudenken. Der Mensch hat in der Geschichte der darstellenden Kunst mit dem Schwarzen vielfältig experimentiert. Der Begriff „Schwarz" steckt voller kultureller Symbolik, von deren globalem Kontrastreichtum wir Europäer kaum eine Ahnung haben. Es gibt viele Gründe, sich mit der Farbe „Schwarz" zu beschäftigen und sich mit ihrer Symbolträchtigkeit auseinanderzusetzen. Eine der überraschendsten Entdeckungen, die man bei einer Exkursion in die Kulturgeschichte machen kann, ist die, dass die Menschen in den verschiedensten metaphorischen Zusammenhängen von „Schwarz" reden, obwohl sie gar nicht „Schwarz" meinen. Kaum eine andere Farbe hat so viele verschiedenartige symbolische Assoziationen produziert wie Schwarz.

Der Umgang mit der schwarzen Farbe ist mitunter verwirrend. Die Farbe „Schwarz" bereitet dem mit der Kategorisierung seiner natürlichen und kulturellen Umwelt beschäftigten Menschen offensichtlich Kopfzerbrechen. Das Phänomen „Schwarz" scheint sich einer klaren begrifflichen Zuordnung zu entziehen. Wir sind uns wohl selbst nicht im Klaren, ob Schwarz eine Farbe ist oder nicht, ob es eine besondere im Gegensatz zu allen anderen Farben ist oder gleichrangig zu diesen gehört, oder ob ihr sogar ein Sonderstatus eingeräumt werden soll, u.zw. in der Art, dass Schwarz alle anderen Farben dominiert. Kurzum, die Menschen tun sich schwer damit, „Schwarz" einzuordnen in das Rahmenwerk ihrer begrifflichen Kategorien. Kaum eine andere Farbe hat soviel Zündstoff geliefert für die Diskussion über Farbästhetik.

Dass Schwarz sich einer kategoriellen Bestimmung weniger leicht unterwerfen lässt als andere Farben, hängt vielleicht damit zusammen, dass sich diese Farbe vorzugsweise mit anderen assoziiert und in Kombination mit ihnen auftritt. Deshalb ist man bei der begrifflich-ästhetischen Annäherung an das Schwarz-Sein darauf angewiesen, die anderen Farben in die Betrachtung einzubeziehen. Der Standort „Schwarz" ist also denkbar gut geeignet, von hier aus in die Welt der Farben hineinzublikken und deren vielschichtige Wechselbeziehungen auszuleuchten. Betrachtungen über Schwarz sind demnach mehr als das, sie haben Schlüsselfunktion für das Verständnis unserer Farbsymbolik im allgemeinen.

Hier wird versucht, die verschiedenen Ebenen zu erforschen, auf denen der Mensch in seinem Kulturschaffen mit der Farbe „Schwarz" zu tun hat. Das Spektrum der am Schwarzen orientierten kulturhistorischen Realitäten speist sich aus vielen Quellen. Die Menschen bewegen sich in einem kulturspezifischen Umfeld, und von „Kindesbeinen" an werden auch die Farbempfindungen geschärft und geprägt. Wenn wir unsere Vorlieben für und Abneigungen gegen bestimmte Farben artikulieren, sind wir überzeugt, dass dies rein individuelle Wertungen sind.

Tatsächlich stehen wir alle unter dem Einfluss kollektiver Prägungen, denen wir uns nicht ohne weiteres entziehen können. Individuelle Vorlieben sind gleichsam eingebettet in ein solches Rahmenwerk kulturell spezifischer, kollektiver Prägungen. Wir denken und handeln nach bestimmten Steuermechanismen, die unsere Orientierung in der Gesellschaft ermöglicht, in die wir hineingeboren werden. Diesen Komplex von Steuerungsmechanismen, die uns prägen, kann man als „kulturelles Gedächtnis" umschreiben. Das kulturelle Gedächtnis fungiert „als Sammelbegriff für alles Wissen, das im spezifischen Interaktionsrahmen einer Gesellschaft Handeln und Erleben steuert und von Generation zu Generation zur wiederholten Einübung und Einweisung ansteht" (Assmann 1988: 9).

Begriffliche Orientierungen wie Maximen der Interaktion im Sozialkontakt, moralisch-ethische Wertsysteme, Vorstellungen von Lebensqualität oder der Geschlechterrolle in der Gesellschaft, unser Kunstsinn, all dies gehört zu dem Komplex von Ideen, Einstellungen und Verhaltensweisen, die unser kulturelles Gedächtnis prägen. Die Inhalte, die Kindern in einem kulturell spezifischen Milieu über die Erziehung vermittelt werden, sind Bausteine ihres kulturellen Gedächtnisses. Der Gesamteindruck, der sich im individuellen Gedächtnis von der Heimkultur formt, begleitet den jungen Menschen in sein Erwachsenenstadium und stellt Orientierungshilfen bereit, sich in der Heimkultur konfliktfrei zu bewegen. In unserem Denken und Handeln sind wir unserem kulturellen Gedächtnis verpflichtet.

Die Kategorisierung von Farben in der kulturellen Farbsymbolik ist ebenfalls eine integrative Komponente des kulturellen Gedächtnisses. Kein moderner Modeschöpfer in der westlichen Welt würde auf die Idee kommen, ein schwarzes Brautkleid oder einen weissen Traueranzug zu kreieren, ganz einfach deshalb, weil wir in unserem christlich geprägten kulturellen Gedächtnis darauf festgelegt sind, dass diese beiden Farben uns genau im gegenteiligen Kontrast ansprechen, dass nämlich Weiss die Farbe der Reinheit und Jugendfrische ist und frohe Stimmung ausstrahlt, während die Farbe der Trauer auf Schwarz festgelegt ist.

Die Welt der Mode ist ein Bereich unserer kulturellen Umwelt, der sich nach seiner Farbgebung besonders exponiert. Die Mode lebt schlichtweg von Formen und Farben. Suchen wir danach, welche lokalen Verschiedenheiten durch das kulturelle Gedächtnis bewirkt werden, brauchen wir nur die Tradition der Mode in verschiedenen Ländern zu vergleichen. Deutliche Unterschiede tun sich schon auf der Ebene des modischen Geschmacks auf, von den Vorlieben für bestimmte Einzelfarben und deren Kombinationen ganz zu schweigen. Die sprichwörtliche französisch-feierliche Eleganz kontrastiert mit weiblich-zarter, fast puppig anmutender italienischer Mode, der russische Modegeschmack mit seinem Drang nach überladenem Schmuckdekor und schreienden Farben distanziert sich vom klaren Schnitt und den wenig aufdringlichen Farben des urbanen amerikanischen Mode-Designs.

Wenn wir Europäer unser Kaleidoskop von modischen Formen und Farben um die Ethnic Styles, die Modetrends der Völker in der Dritten Welt erweitern, dann muten uns die vielfach variierten Traditionen „exotisch" an. Die exotische Wirkung beruht darauf, dass uns Europäern über die lokalen Trends der Ethnic Styles mit ihrer durch das kulturelle Gedächtnis fremder Kulturen vorgegebenen Komposition und Farbwahl eine Symbolik und Ästhetik präsentiert werden, die anders sind als die, die uns aufgrund unserer eigenen Kulturtraditionen vertraut sind.

Wenn die Modedesigner neue Kreationen schöpfen, stehen sie ebenso unter dem Einfluss eines kollektiven kulturellen Gedächtnisses wie die Modeverkäufer und ihre Konsumenten. Weicht die Ästhetik einer Kreation allzusehr ab von vertrauten Traditionen, sind die Verkaufschancen entsprechend geringer. Die Haute Couture kann sich grenzenlose Experimente leisten, weil die Modelle überwiegend als Sammlerstücke gehandelt werden und nicht zum Tragen in der Öffentlichkeit gedacht sind.

Ausserdem hat der grösste Teil dieser Mode ohnehin einen festen Stammkundenkreis, die Frauen der arabischen Ölmillionäre. Diese erweitern jedes Jahr ihre Heimkollektionen um edle Stücke, die im häuslichen Damenkreis vorgeführt werden. Seit den 1990er Jahren gehören auch neureiche Russen zum Käuferkreis der Haute Couture-Mode. Verglichen damit ist die Spannbreite der Prêt-à-porter-Mode für Experimente bedeutend schmaler, weil diese sich an die von der Tradition vorgegebenen Form- und Farbvorlieben ihrer Konsumenten halten muss.

Wenn wir heutzutage unsere Bekleidung und die dazugehörigen Accessoires nach Farben auswählen, machen wir uns kaum klar, dass bestimmte ästhetische Wirkungen teilweise eine lange Vorgeschichte haben. Die Ursprünge von Schwarz als eleganter Modefarbe liegen in einer Zeit, als diese Farbe ein Symbol sozialer Abgrenzung war. Schwarz war in Europa jahrhundertelang die Farbe, an der man die Zugehörigkeit zur Aristokratie erkennen konnte. Damals war es unteren sozialen Schichten untersagt, schwarze Kleider zu tragen. Schwarze Eleganz, besonders in der weiblichen Mode, ist ein sehr später Nachklang jener Epoche, als Farben soziale Klassenunterschiede markierten.

In welch starkem Masse das kulturelle Gedächtnis die Ästhetik der Menschen bestimmt, dies zeigt uns ein Blick in eine „exotische" Kultur wie die Japans. Schwarz ist in der japanischen Kulturgeschichte der Ausdruck des Schönen, ja sogar des exklusiv Ästhetischen. Schwarze Haare sind im traditionalen Japan das Symbol eines absoluten Schönheitsideal. Japanische Frauen haben in der Regel schwarze, glatte Haare. Es gibt aber noch eine andere natürliche Haarfärbung, und die ist dunkelbraun. Die ästhetischen Sinne eines Europäers werden von einer hübschen schwarzhaarigen Asiatin ebenso angeregt wie von einer Japanerin mit braunem Haar.

In der traditionellen Erziehung werden Japaner allerdings auf das Schwarz-Sein festgelegt. Da auch in der modernen japanischen Gesellschaft das Primat des Konformismus gilt, werden beispielsweise Schulmädchen mit natürlichem braunen Haar gezwungen, sich die Haare schwarz zu färben, um dem Ideal des Uniformismus in der Schulordnung zu entsprechen. Die japanische Dichtung kennt Verherrlichungen des naturschwarzen Haars schöner Frauen, und das Primat des tiefschwarzen Farbtons als Inbegriff japanischer Schönheit wird von Ästheten auch auf die Intimsphäre ausgedehnt. Es heisst, dass ein traditionell erzogener Japaner beim Anblick der hellen Schambehaarung einer blonden Ausländerin sexuell nicht erregt wird. Ästhetik und Sozialverhalten, die an das Ideal des Schwarzen gebunden sind, kann man als Manifestationen eines „Mythos japanischer Einzigartigkeit" (Dale 1986) interpretieren.

Wer sich als Kulturwissenschaftler mit dem Phänomen des „Schwarz-Seins" auseinandersetzt, wird früher oder später in den Bann eines Mysteriums geschlagen. Auf der Suche nach der Motivation für den populär-banalen oder auch intellektuell-ästhetischen Umgang mit dem Schwar-

zen drängt sich schon bald die Frage auf: warum hat die Farbe „Schwarz"
die Fantasie der Menschen in allen Kulturen und zu allen Zeiten so nach-
haltig bewegt? Wie intensiv man sich auch immer bemüht, dieser Frage
auf den Grund zu gehen, das Mysterium ihrer Unbeantwortbarkeit bleibt
bestehen.

Ein Mysterium umgibt aber nicht nur Schwarz, sondern alle Farben.
Wenn man sich nämlich bewusst dem Phänomen „Farbe" und den Far-
ben nähert, erlebt man eine Überraschung: Farbe zu definieren ist eigent-
lich nur negativ, das heisst durch begriffliche Ausgrenzung möglich.
Wahrlich mysteriös mutet denn auch ein exakt naturwissenschaftlicher
Definitionsversuch des Phänomens „Farbe" an, der sich durch negative
Ausgrenzung, nicht aber durch eine positive Identifizierung auszeichnet.
Dies ist typisch für die Definition von „Farbe" in den *DIN* (Deutsche In-
dustrie Norm). Dort wird zur Farbmessung folgendes gesagt:

> „Farbe ist diejenige Gesichtsempfindung eines dem Auge struktur-
> los erscheinenden Teiles des Gesichtsfeldes, durch die sich dieser
> Teil bei einäugiger Beobachtung mit unbewegtem Auge von einem
> gleichzeitig gesehenen, ebenfalls strukturlosen angrenzenden Be-
> zirk allein unterscheiden kann" (zitiert nach Richter 1980: 10).

Wollte man diese Definition einem Kunstmaler, einem Kunsthistoriker
oder einem Designer nahelegen, wäre denkbar, dass ein jeder angesichts
des gräuslichen, absolut unpoetischen Amtsdeutsch vor Horror erstarrt
und sein Metier aufgibt. Allerdings geht der moderne Trend der Farbbe-
schreibung dahin, sich zum Zweck der Differenzierung von Farbnuancen
auf naturwissenschaftlich-technische Kategorisierungen zu verlassen,
wie auf die Pantone Color Chart mit ihren mehr als Tausend numerischen Codes (Eiseman 2000).

Von der Welt naturwissenschaftlicher Realitäten haben sich aber selbst-
bewusste Künstler nicht beeindrucken lassen. Vielmehr haben sie sich
von der Rationalität des technisch-physikalischen Denkens bewusst ab-
gekoppelt. Zu diesen gehört auch Paul Cézanne (1839-1906), der sich
den Farben auf ästhetischer Ebene nähert:

> „Es gibt eine Farbenlogik, parbleu, der Maler muss ihr gehorchen,
> nicht der Logik des Gehirns. (...) wenn ich beim Malen denke,
> wenn ich dazwischenkomme, dann stürzt alles ein und ist verloren"
> (zitiert nach Hess 1986: 19).

Farbe verdient es mit Sicherheit, auch positiv definiert zu werden. Dazu reicht aber kein technisch-definitorischer Kraftakt. Vielmehr sollen im Folgenden die Stränge metaphorischer Verflechtungen entwirrt werden, in denen „Schwarz" eine Rolle spielt, insbesondere bei der Konstruktion farborientierter Symbolik. Es soll ein farbenfroher Flickenteppich hergestellt werden, wobei den verschiedensten Etappen der Kulturgeschichte Gelegenheit eingeräumt wird, sich zu artikulieren. Das Phänomen „Farbe" soll eingehüllt werden in ein Gewand aus Ideen, die in einem Text verwoben sind, ganz im Sinn der mythisch verklärten handwerklichen Tätigkeit des Webens (Scheid/Svenbro 1996: 111 f.).

1. Die sprachlosen Farben
– Farbsinn und Farbwahrnehmung

„Die eigentliche Herausforderung, wenn man über Farben schreibt,
ist der Umstand, dass sie nicht wirklich existieren. Andererseits existieren sie, allerdings nur, weil unser Gehirn sie als Interpretation
von Vibrationen kreiert, die uns umgeben" (Finlay 2002: 4)

Wir alle wissen, was schwarz ist. Vielleicht sollte man besser sagen: Wir
alle glauben zu wissen, was schwarz ist. Die Menschen sind davon überzeugt, dass die Eindrücke, die ihnen ihr optischer Sinn vermittelt, real
und naturwissenschaftlich objektivierbar sind. Wer sich aber ein wenig
im Umgang mit Farben und mit dem Schwarz-Weiss-Kontrast geübt hat,
der weiss, dass der Mensch sich auf seinen Farbsinn nicht mit absoluter
Sicherheit verlassen kann, dass das menschliche Auge kein objektives
optisches Messinstrument ist, um Farbnuancen und -kontraste untrüglich
zu erkennen.

Fotografen und Farbdrucker wissen, dass es Farbabtönungen auch dort
gibt, wo das Auge nur einen Grundton erkennt, dass die Lichtmenge, die
auf ein Objekt fällt, dessen Farbgebung bestimmt, und dass Schwarz
nicht unbedingt schwarz ist, selbst wenn wir überzeugt sind, diese Farbe
zu sehen (Willke 1999: 18 f.). Wenn wir Farbunterschiede in der Welt
der Mineralien bestimmen wollen, werden wir uns bewusst, wie trügerisch erste Eindrücke sein können. Mineralien können ihre Farbe verän-
dern, je nach dem, ob auf sie natürliches oder künstliches Licht fällt.
Auch das Fotografieren mit Sonnenlicht und Lampeneinstrahlung bringt
enorm unterschiedliche Ergebnisse, besonders, wenn es um Abstufungen
des Schwarz-Weiss-Kontrastes geht.

Was als Schwarz, Weiss, Rot usw. zu gelten hat, entscheiden nicht unsere
Augen, sondern dies leistet unser Gehirn. Genauer gesagt sind es die kognitiven Gehirnfunktionen, die für die Differenzierung von Farbtönen
verantwortlich sind. Alle Impulse, die für die Zwecke unserer Kognition
ausgewertet werden, stehen in enger Wechselwirkung mit Gehirnleistungen, die für die Ausprägung unseres Gefühlslebens verantwortlich sind.
Es gibt keine Sinneseindrücke, die ohne gefühlsmässige Assoziationen
Bestandteil unseres Denkens wären (LeDoux 1996: 267 ff.).

Bevor unser Gehirn Informationen, die unsere Sinne uns übermitteln –
beispielsweise einen Farbeindruck wie Rot –, als Elemente kognitiven
Wissens registriert und weiterverarbeitet, werden diese Informationen
durch den Filter subjektiver Gefühlsregungen gegossen und mit Eindrük-
ken „verglichen", d.h. auf Übereinstimmungen mit Erinnerungen getestet,
die im Gedächtnis gespeichert sind. Gibt es im Gedächtnis Elemente, die
auf frühere Erfahrungen im Umgang mit dem Farbeindruck weisen (z.B.
die Erinnerung an rötliche Flammen eines Feuers), wird der Sinnesein-
druck damit identifiziert. Dies bezieht sich ebenfalls auf emotionale Regungen, die zum Erfahrungsschatz gehören. Im Fall der Identifizierung
des Farbeindrucks Rot können auf diese Weise Gefühlsregungen wie
„angenehm", „warm" oder „wohlig" assoziiert werden.

So entstehen individuelle Vorlieben für oder Abneigungen gegen bestimmte Farben. Farbpsychologische Wertungen gehören zu den ur-
sprünglichsten Prägungen unseres Geistes. Auch unsere Auffassungen
von Farbharmonie und Farbästhetik wurzeln tief. Sie speisen sich aus den
reich sprudelnden Quellen einer gefühlsmässigen Annäherung an das Panorama der Farben, die unsere Augen wahrnehmen können. Gefühlsmässige Einstellungen zu Farben, ihrer Harmonie und Ästhetik begleiten unseren Alltag, und sie beschäftigen auch unseren kreativen Geist.

Künstler folgen ihren Stimmungsimpulsen im Umgang mit der Welt der
Farben, Kunsttheoretiker setzen sich rational mit den potentiellen Alter-
nativen der Farbästhetik auseinander. Alle aber sind eingebunden in die
Dynamik ihres kulturellen Gedächtnisses, das ihren Geist auf geheimnis-
volle Weise in bestimmten kulturell vorgegebenen Bahnen hält.

Farben sehen, Farben fühlen, Farben begreifen
– Die Identifikation mit der bunten und unbunten Welt

Farben existieren nicht ohne Licht, und auch die Schwärze ist nicht-
existent, solange sie sich nicht im Kontrast mit der Helligkeit ausdiffe-
renziert. Menschen, die von Geburt an blind sind, kennen nur den Zustand der Lichtlosigkeit. Blinden muss man lichtabhängige Selbstver-
ständlichkeiten erklären, etwa die, dass und wie sich die Helligkeit von
der Dunkelheit unterscheidet, oder die, dass dort, wo es eine Lichtquelle
gibt, auch Schatten produziert werden.

„Für den Physiker ist das Licht insofern etwas Einzigartiges, weil es im Gegensatz zu allem anderen tatsächlich Existierenden keine Masse (Restmasse) besitzt. (...) So wird deutlich, dass das Licht nicht lediglich „ein Teilchen wie andere auch" ist und sich auch nicht wie die meisten Dinge mit Hilfe anderer Dinge beschreiben lässt. Es ist das Grundelement" (Young 1987: 36, 49)

Es gibt Lebewesen, die ohne Licht auskommen und ihr Dasein in absoluter Dunkelheit verbringen, „fristen", würden wir Menschen lieber sagen, die wir auf das Licht angewiesen sind. Bestimmte Molcharten, die in den Wasserlöchern lichtloser Höhlen leben, haben sich den besonderen Verhältnissen ihres Ökosystems angepasst und verlassen sich allein auf taktile Sensoren.

Für alle Lebensformen, die Licht brauchen und auch – wie Tiere und der Mensch – Sehorgane besitzen, existieren auch Farben. Welche Farben welches Lebewesen zu unterscheiden vermag, hängt unter anderem davon ab, welche Lichtstärken das Auge verarbeiten kann. Die Leistungsfähigkeit des menschlichen Sehmechanismus ist – im Vergleich zu manchen anderen Lebewesen – verhältnismässig begrenzt (Averill 1997: 18 f.). Während die Libelle einen Rundumblick hat, kann der Mensch sich einen solchen Eindruck nur mit Hilfe des Weitwinkelobjektivs einer Kamera verschaffen. Der Mensch sieht weder ultraviolettes noch infrarotes Licht. Das Auge einer Biene ist in dieser Hinsicht leistungsstärker.

Das menschliche Auge funktioniert zwar bei vielerlei Lichtstärken, aber auch diesbezüglich sind die Sehorgane vieler Tiere weitaus effektiver. Ein Mensch braucht einen Sichtschutz vor gleissender Helligkeit. Bei zu grosser Lichtstärke „verblassen" buchstäblich alle Farbunterschiede. Bergsteiger verwenden Schneebrillen, um der Gefahr von Schneeblindheit vorzubeugen. Ein Eisbär oder ein Schneefuchs brauchen keinen Augenschutz, da ihr Sehorgan die Lichtmenge schadlos verarbeiten kann. Wo für den Menschen bereits undurchdringliche Finsternis herrscht, können andere Lebewesen bei geringer Lichtmenge noch Konturen erkennen. Dies gilt für viele Tiefseefische. Sollte dann doch einmal das diffuse Licht von oben nicht ausreichen, müssen auch die Meerestiere das Licht „anknipsen", das manche Fischarten – ähnlich wie man dies von den Glühwürmchen kennt – selbst produzieren.

Was immer der Mensch über Farben zu sagen hat, er sollte immer bedenken, wie begrenzt sein eigener Erfahrungshorizont im Umgang damit ist, und in welch starkem Masse seine Eindrücke von der Wirkung des Lichts abhängig sind. Licht bedingt, dass wir Farben sehen und unterscheiden können. Genauer gesagt kreiert das Licht die Farben, die wir sehen. Der Regenbogen ist ein allen bekanntes Beispiel.

Die Farbskala, die mit dem Regenbogen an den Himmel „gemalt" ist, existiert, weil das Sonnenlicht durch Luftschichten wie in einem Prisma zerlegt wird. Durch die Zerlegung des Lichts, die Irisierung, entsteht ein Effekt, der dem menschlichen Auge den optischen Eindruck von Farbenvielfalt vermittelt. Kinder wollen den Platz suchen, wo der Regenbogen auf der Erde steht, für sie ist dieses Phänomen „greifbare" Realität. Der Erwachsene seinerseits lässt sich von der Grandiosität und der Farbästhetik dieser Sinnestäuschung beeindrucken.

Die Farbenpracht des Regenbogens hat die Menschen in vielen Kulturen beeindruckt, und darum ranken sich vielerlei mythische Vorstellungen. In personifizierter Form erscheint der Regenbogen als *ubar*, die Regenbogenschlange (Rainbow Serpent), in den mythischen Erzählungen der Aborigines in Australien (Lawlor 1991: 114 ff.). *Ubar* gehört zu den Schöpferwesen der Urahnen (dreamtime ancestors). Die Regenbogenschlange ist ein androgynes Wesen. In manchen Regionen wird dieses mythische Wesen als männlich verstanden. In anderen Gegenden wird *ubar* als weiblich angesehen und mit der Sonne assoziiert, nämlich dort, wo die Sonne lebensspendende Wärme ausstrahlt, wie im Norden Australiens.

Die Frage „Ist Schwarz eine Farbe?" ist zwar einfach, aber eine einfache Antwort findet man darauf nicht. Der menschliche Farbsinn erkennt intuitiv, dass Schwarz anders ist als Farben wie Gelb oder Rot. Vom Standpunkt der menschlichen Perzeption ist Schwarz eine unbunte Farbe, und damit steht sie im Kontrast zu allen bunten Farben. Als physikalische Realität sind allerdings alle Farben Manifestationen unbunter Energie. Die optischen Impulse, die das Sehorgan dem Gehirn vermittelt, werden mental verarbeitet, was soviel bedeutet, als dass die physiologischen Impulse integriert werden in ein kognitives Netzwerk farbgebundener Begrifflichkeit und sensueller Assoziationen. Wenn der Mensch mental zwischen bunten und unbunten Farben unterscheidet, so liegt das daran, dass „die Gesetzmässigkeit des Sehens selbst das übergeordnete Prinzip ist" (Küppers 1976: 10).

Die Unterscheidung zwischen bunten und unbunten Farben wird erstmals im Mittelalter vorgenommen und geht auf das frühe 13. Jahrhundert zurück (Zaunschirm 1999a: 153). Robert Grosseteste unterscheidet zwei Arten des Lichts, die lux obscura oder nigredo, das zu den Farben aufsteigende Schwarz, und die lux clara oder albedo, das herabsteigende Weiss. Später werden Schwarz und Weiss sogar systematisch vom Kreis der Farben ausgeschlossen, und zwar von Leon Battista Alberti (1435).

Alle Dinge der Umwelt, ob natürlich oder künstlich, absorbieren und reflektieren Licht, das auf sie fällt, in einer objekt- und materialspezifischen Weise. Es gibt auch Stoffe, die Licht verzerren oder brechen. Dies gilt für gasförmige oder weiche Stoffe (z.B. die Luftschichten unserer Atmosphäre oder Wasser) ebenso wie für harte, lichtdurchlässige Stoffe wie Glas oder Mineralien. Welchen Effekt die Verzerrung und Brechung von Sonnenlicht haben kann, ist als Fata Morgana aus Wüstengebieten bekannt. Das menschliche Auge wird durch die Luftspiegelung gründlich getäuscht. Da sieht man mitten in den Dünen ein Schiff im Hafen einer Küstenstadt, eine Oase mit Palmen, da wo eigentlich nur Sand ist, einen See am Horizont, dessen Ufer man nie erreicht, weil sich das Trugbild bei Annäherung zurückzieht.

So wie die Luftspiegelungen den optischen Sinnen des Menschen Realitäten vorgaukeln, die es dort, wo der Mensch sie sieht, nicht gibt, gaukeln auch die aus den Reflektierungen und Lichtbrechungen resultierenden unbunten Energieströme dem Menschen eine Farbenvielfalt vor, die als solche in der physikalischen Realität nicht existiert. Was das Auge aus den Lichteffekten macht, sind mehr oder weniger Sinnestäuschungen. Oder anders ausgedrückt: „(...) welche Farbe wir wahrnehmen, entscheidet unser Gehirn, und diese Entscheidung steht nicht zwingend in direkter Beziehung zum physikalischen Reiz, der unsere Netzhaut getroffen hat" (Bruns 1997: 12).

Aussagen des Menschen über Farben bewegen sich also im wesentlichen im Feld anthropozentrischer Sinnestäuschungen, bzw. in den Vernetzungen des Kategoriensystems, das sich der Mensch für seine Orientierung geschaffen hat. Der Umstand allerdings, dass der Mensch die Welt in seinem Gehirn farbig gestaltet, mag als Trost für sein Dasein gelten, denn wer könnte diese Welt aushalten, wenn sie nicht farbig und lichtvoll wäre.

Der Chamäleon-Effekt: Mineralien im Licht

Die Abhängigkeit des optischen Sinnes von Lichteffekten und das Bemühen des Menschen, optische Wahrnehmungen in seine farborientierte Begrifflichkeit umzusetzen, treten uns besonders plastisch in der Mineralogie entgegen, wo die Interdependenz von Lichteffekten und Farben elementare Bedeutung für die Klassifizierung von Stoffen besitzt. In der klassischen Einteilung der Mineralien im Hinblick auf ihre Farbe werden folgende Kategorien unterschieden (Dud'a et al. 1997: 14):

Achromatische (farblose) Mineralien wie Bergkristall oder Diamant (Licht dringt ohne Absorption durch das Material);

– Geschliffene Diamanten offenbaren unterschiedliche physikalische Farbeigenschaften, die im Zusammenhang mit der Lichtbrechung stehen. Gelbreflektierende Diamanten werden wertmässig geringer eingestuft als bläulich schimmernde, die als besonders wertvoll gelten.

– Idiochromatische (eigenfarbige) Mineralien wie Azurit (blau) oder Rhodonit (rosa); (die Atome bestimmer Elemente im Mineral kreieren dessen Farbton; z.B. Cu – blau, Mn – rosa);

– Allochromatische (fremdfarbige) Mineralien wie Beryll (gelbweiss, gelbgrün) oder Turmalin (schwarz, braun, rosa, blau, blaugrün, grün, farblos); (die Atome von Fremdeinschlüssen im Mineral sind verantwortlich für dessen Farbgebung);

– Bestimmte Mineralien verdanken ihre Wertschätzung einer Laune der Natur. Als Edelstein ist der Amethyst zu allen Zeiten für Schmuckdekor verwendet worden. Seine blassrote Farbe wird durch Fremdfärbung hervorgerufen, u.zw. aufgrund eines Kristallbaufehlers.

Pseudochromatische (scheinbar gefärbte) Mineralien wie Saphir (blau, grün, gelb) oder Korund (farblos, bläulich); (die Farbgebung beruht auf Lichteffekten wie der Brechung, Reflexion, Beugung, Dispersion, Interferenz oder Irisierung, d.h. Zerlegung von Lichtstrahlen).

In der Welt der Mineralien finden wir praktisch alle Farbtöne, Konzentrationen einzelner Grundfarben ebenso wie unterschiedlich starke Mischungen verschiedener Farben. Die menschliche Sprache tut sich mitunter schwer, minerale Farbmischungen in Worte zu fassen. Die Farbenvielfalt der Mineralien verdeutlicht auch, dass es zwischen bunten und unbunten Farben zahlreiche Übergänge gibt, und dass es wenig sinnvoll ist, die eine Gruppe von der anderen trennen zu wollen.

Klassifikation der Edelsteine in der häufigsten Farbe (grün) und in der seltensten Farbe (schwarz); (Dud'a et al. 1997: 503 f.)

Farbe	Härte	Mineral-Nr.	Mineral	Verwendung	Verwendungsweise							
					natürliche Form	Facetten	Cabochons	Tumbler Kügelchen	Glyptik	plastische Schliffe	Galanterie	Dekor- u. Schmucksteine
grün	2–3	166	Fuchsit	II			+			+	+	+
	3–5	251	Phosphophylitt	III		+	+					
		268	Chrysokoll	II			+				+	+
		273	Serpentin	II			+			+	+	+
		274	Antigorit	III			+					
		307	Malachit	I	+		+	+		+	+	+
		311	Variscit	II			+					+
		321	Pseudomalachit	II	+		+					+
	5–7	373	Smithsonit	III			+					+
		374	Türkis	I			+	+		+		
		375	Brasilianit	II		+	+					
		379	Apatit	II		+	+					
		398	Skapolith	II		+	+					
		407	Datolith	III		+						
		412	Tremolith	III			+					
		413	Aktinolith	III		+	+					
		414	Smaragdit	I			+					
		417	Nephrit	I			+	+		+	+	+
		426	Enstatit	II		+	+(A)					
		430	Titanit	II		+	+					
		432	Dioptas	II		+	+					
		435	Cyanit	II		+	+					
		446	Prasopal	I			+			+	+	+
		453	Plasma	I			+	+	+	+	+	+
		454	Prasem	I			+	+		+	+	+
		457	Chrysopras	I		+	+	+		+	+	+
		458	Heliotrop	II			+	+		+	+	+
		484	Milarit	III			+					
		491	Amazonit	I			+					
		495	Plagioklas	II			+					
		504	Hiddenit	II		+						
		505	Diopsid	II		+	+(A)					
		506	Chromdiopsid	II		+						
		508	Jadeit	I			+	+	+	+	+	+

23

Klassifikation der Edelsteine in der häufigsten Farbe (grün) und in der seltensten Farbe (schwarz); (Dud'a et al. 1997: 503 f.) – *Fortsetzung*

Farbe	Härte	Mineral-Nr.	Mineral	Verwendung	Verwendungsweise							
					natürliche Form	Facetten	Cabochons	Tumbler Kügelchen	Glyptik	plastische Schliffe	Galanterie	Dekor- u. Schmucksteine
grün	5–7	513	Epidot	II	+	+	+					
		515	Prehnit	III		+	+					
		519	Zoisit	II			+					
		522	Vesuvian	II		+	+					
		524	Olivin	I			+					
		525	Chrysolith	I		+	+	+				
	über 7	544	Kathenauge	II			+(W)	+(W)		+(W)	+(W)	+(W)
		545	Aventurin	I			+(A$_V$)	+(A$_V$)		+(A$_V$)	+(A$_V$)	+(A$_V$)
		553	Kornerupin	II		+	+					
		555	Smaragd	I	+	+	+		+	+		
		556	Aquamarin	I	+	+	+		+			
		562	Andalusit	II	+	+	+					
		571	Verdelith	II		+	+					
		574	Euklas	II		+	+					
		579	Andradit	II		+	+					
		580	Demantoit	II		+	+					
		581	Uwarowit	II		+	+					
		582	Grossular	II		+	+					
		593	Chrysoberyll	II		+	+(W)					
		594	Alexandrit	II		+	+					
		595	Topas	II	+	+	+					
		600	Saphir	II		+	+(W)					
		601	Leukosaphir	II		+	+					
		602	Diamant	II								
schwarz	5-7	354	Goethit	III			+		+			
		357	Psilomelan	III		+						
		444	Gemeiner Opal	I			+			+	+	+
		445	Holzopal	I			+			+	+	+
		452	Onyx	I			+	+	+	+	+	+
		472	Hämatit	II	+		+		+		+	

Klassifikation der Edelsteine in der häufigsten Farbe (grün) und in der seltensten Farbe (schwarz); (Dud'a et al. 1997) – *Fortsetzung*

Farbe	Härte	Mineral-Nr.	Mineral	Verwendung	Verwendungsweise							
					natürliche Form	Facetten	Cabochons	Tumbler Kügelchen	Glyptik	plastische Schliffe	Galanterie	Dekor- u. Schmucksteine
schwarz	über 7	539	Morion	I	+	+	+					
		546	Pleonast	III		+	+					
		548	Kassiterit	III	+		+					
		565	Skoryl	III	+	+	+					

Legende Verwendung   Verwendungsweise
         I – häufig   (A) – Asterismus   (L)   – Labradorisieren
         II – weniger häufig   (W) – wogender Glanz   (Av) – Aventurisieren
         III – Rarität   (O) – Opalisieren

Auch ist es abwegig, aus einer mineralogischen Farbkategorisierung die Farbe „Schwarz" auszugrenzen. Das einzige, was etwa die schwarze Farbe im Kreis der Edelsteine besonders macht, ist der Umstand, dass es in dieser Farbe relativ wenige Steine gibt (z.B. Onyx, Hämatit, Holzopal), während alle anderen Farben häufiger vorkommen. Dies gilt auch für farblose Edelsteine. Die häufigste Farbe von Edelsteinen ist grün (z.B. Smaragd, Nephrit, Topas).

Erläuterungen (nach Dud'a et al. 1997: 511 ff.): Asterismus („auffälliges Spiel des Lichtes auf feinsten, regelmässig angeordneten Einschlüssen, ..."), Opalisieren („buntes Farbspiel, oft auf Opalen zu beobachten"), Labradorisieren („graublaue bis grünblaue Verfärbung auf den Spaltflächen von Labradorit"), Aventurisieren, Aventurisation („schillernder Glanz, hervorgerufen von feinen, in Quarz eingewachsenen Glimmer- oder Hämatitschüppchen"), Cabochon („Bearbeitung/Schliff von Steinen in runde Form").

Die Welt der Mineralien offenbart uns eine reiche Farbenvielfalt. Diese Vielheit der Farben ist aber nicht konstant, und der Mensch hat sich mit der Widersprüchlichkeit seiner trügerischen Sinneseindrücke auseinanderzusetzen (Wandell 1997). Die Bestimmung von Mineralien nach ihrer Farbe ist subjektiv, denn sie kann sich auf die verschiedensten Kriterien stützen. Ein und dieselbe Substanz kann womöglich wie ein Chamäleon seine Farbe ändern. Zahlreiche Mineralien sehen bei Tageslicht anders aus als bei Kunstlicht. Alexandrit zum Beispiel erscheint im Tageslicht grün, im Kunstlicht dagegen rosaviolett.

Die Farbe von Mineralien verändert sich unter Umständen durch Drehung, wobei das Licht in unterschiedlichem Winkel auf die Oberfläche fällt. Dies gilt etwa für Cordierit und Zoisit-Tansanit. Viele Mineralien ändern durch Verwitterung ihre ursprüngliche Farbe; sie nehmen sogenannte Anlauffarben an. Mineralien mit Silbergehalt werden allmählich schwarz, so auch rosiger Rhodochrosit unter dem Einfluss bestimmter Oxide. Topas verändert seine Farbe am Licht von Blau in Grün, Realgar von Rot in Blassgelb. Wieder andere Mineralien verlieren im Licht allmählich ihre ursprüngliche Farbgebung wie Amethyst, Rosenquarz oder Smaragde.

Die kristalline Form der Mineralien beeinflusst die Farbgebung, d.h. den physiologischen Eindruck, den der optische Impuls hervorruft. Eine Möglichkeit, die Einwirkung des Lichtes, der Oberfläche oder von Verwitterung auszuschliessen, besteht darin, die sogenannte Strichfarbe festzustellen. Dazu wird das Mineral pulverisiert. Die Farbgebung des Pulvers kann man am besten auf einer weissen Fläche identifizieren. Einige Mineralien haben ihren Namen nach der Bestimmung ihrer Strichfarbe erhalten, wie der blutfarbene Hämatit, der safranfarbene Krokoit oder der gelbe Xanthokon.

Es ist also Vorsicht geboten, wenn sich der Mensch auf optische Impulse, seine vorgegebene sprachliche Begrifflichkeit und auf vermeintlich „natürliche" Kategorisierungen verlässt. Wenn man sich vergegenwärtigt, dass wir nicht nur beim Sehen und Erkennen von Farben allerlei Täuschungen unterliegen können, sondern dass die Welt des Sehens mit menschlichen Augen insgesamt voller ungeahnter Überraschungen in Gestalt optischer Täuschungen steckt, dann hat man Grund zu fragen, ob es sich überhaupt lohnt, sich auf seine Wahrnehmungen in Sachen Farbe zu verlassen (Ninio 1999).

Wenn man geneigt ist, Schwarz aufgrund der optischen Wahrnehmung ausserhalb der bunten Farbskala anzusiedeln, so sagt dies nichts über physikalische Realitäten aus, sondern lediglich etwas über die Art und Weise, wie Menschen das Kaleidoskop der Farben ausdifferenzieren, d.h. wie sie es sehen wollen. Dies wiederum ist abhängig vom kulturellen Milieu, aus dem heraus Farben interpretiert werden. Wenn die unbunte Farbe „Schwarz"

26

auch als Nicht-Farbe bezeichnet wird, so mag das damit zu erklären sein, dass hier kulturelle Konventionen in die Interpretation eingreifen.

Schwarz und die Kategorisierung von Farben

Wir Europäer halten die Kategorisierung von Schwarz als unbunt oder als Nicht-Farbe für „natürlich" und manche sind überzeugt, dies sei sogar universell gültig. Vielleicht ist aber die Kategorisierung von Schwarz als unbunt und damit die Unterscheidung von den bunten Farben ein europäisches Vorurteil. Vielleicht sind wir Europäer durch unsere aus dem kulturellen Gedächtnis schöpfende Erziehungstradition konditioniert worden, begrifflich-logische Differenzierungen vorzunehmen, mit denen wir die Ganzheit der Farbenwelt atomisieren. Wir Europäer können uns mit unserem kulturellen Gedächtnis nicht von den Fesseln des logischen Denkens der Aufklärung befreien, denn seit vielen Generationen haben wir uns daran gewöhnt, die Ideenwelt jener Zeit vor zweihundertundfünfzig Jahren als Ideal einer rationalen Konstruktion der Welt hochzuschätzen. Und die Aufklärer haben gelehrt, die Welt nach logischen Begrifflichkeiten zu gliedern, um uns besser darin zurechtzufinden.

Warum aber müssen wir Europäer die Farbenwelt mit dem logischen Instrumentarium unseres Verstandes sezieren und in Kategorien einteilen? Dass das, was wir für selbstverständlich halten, nicht unbedingt globale Gültigkeit besitzt, kann man in vielen Zusammenhängen aufzeigen. Die Farbkategorisierungen in den Kulturen der Welt bieten illustrative Kontrastbeispiele. Ausserhalb Europas gibt es zahlreiche Kulturen, die uns lehren, dass alle Farben, ob bunt oder unbunt, in ein Kaleidoskop gehören, dessen Elemente symbiotisch interagieren und symbolischen Wert besitzen, wobei die Symbolik jeder einzelnen Farbe erst in Relation zu allen anderen Farbsymbolen ihr eigentliches Profil gewinnt.

Derart ganzheitlich strukturiert ist die Farbenwelt bei den Zulu in Südafrika, die für ihren farbenprächtigen Perlenschmuck bekannt sind (Morris/ Preston-Whyte 1994). Hier werden die verschiedensten Farbnuancen eingesetzt, einschliesslich von Schwarz und Weiss. Was wir Europäer „Schmuck" nennen (Stirnbänder, Halsketten, Armreifen, Brust- und Hüftgürtel, Schenkelbinden, Knöchelringe, u.ä.), sind in Wirklichkeit Kultursymbole, deren Palette vom respektheischenden sozialen Statussymbol über Clanzeichen und Identifikationssymbole (soziale Standes- und Altersgruppensymbole) bis hin zu Symbolen reicht, die zum Handeln auffordern, wie etwa der Schmuck heiratsfähiger Mädchen, der den männlichen Betrachter zum Liebeswerben animieren soll. Schwarz kann im kulturellen Milieu des Perlenschmucks nicht sinnvoll von den anderen Farben getrennt werden, und europäische Differenzierungen zwischen bunten und unbunten Farben greifen hier ins Leere.

In engem Zusammenhang mit dem Perlenschmuck steht der berühmte Liebesbrief der Zulu (*iNcwadi Kuthanda*). Dies ist ein besonderes Genre, dessen Zeichenverwendung ohne die Kategorien der europäischen Literalität funktioniert und dessen Inhalt sich aus Perlenkonfigurationen aufbaut. In der „Perlensymbolik" sind abstrakte Motive und Farben auf das Vielfältigste korreliert. Die Konfigurationen der Farben und Formen sind kulturelle Zeichen für die Einheimischen, dort wo uns Europäer nur der physiologisch-visuelle Eindruck berührt und wir unsere Analogien aus dem Repertoire der uns vertrauten bildenden Kunst schöpfen. Schwarz steht im Liebesbrief symbolisch für Liebeskummer, Einsamkeit und auch Enttäuschung, vom Liebhaber vernachlässigt zu werden.

In den Kulturen der Welt überwiegt eine Kategorisierung der Farbe „Schwarz" in der Weise, dass sie mit den bunten Farben in ein Kaleidoskop platziert wird, wie dies für die Farbskalierung des afrikanischen Perlenschmucks aufgezeigt worden ist. Schwarz wird hier – wie Weiss auch – harmonisch in den Kreis der übrigen Farben einbezogen. In Ausnahmefällen jedoch zeigt sich, dass Schwarz eine Sonderstellung hat, die es von allen anderen Farben, auch von Weiss, unterscheidet. Vielleicht ist Schwarz eben doch eine aussergewöhnliche Farbe.

In der Farbsymbolik der präkolumbischen Maya ist Schwarz (im klassischen Maya *ek*) eine der Grundfarben. Diese Farben werden mit den Himmelsrichtungen identifiziert. Im indianischen System der Himmelsrichtungen gilt das Zentrum als eigene Dimension. Daher gibt es fünf Richtungen, die mit fünf Farben assoziiert werden: Osten – rot, Norden – weiss, Westen – schwarz, Süden – gelb, Zentrum – grün. Die Grundfarben werden mit individuellen Glyphen bezeichnet, die gleichzeitig als Richtungsbenennungen fungieren. Im aztekischen Kulturkreis werden lediglich vier Grundfarben unterschieden. Die Kategorisierungen sind nicht einheitlich. Am häufigsten werden Grün, Blau, Rot und Gelb genannt. Hier fällt Schwarz also aus der Farbskala heraus (Miller/Taube 1993: 65 f.).

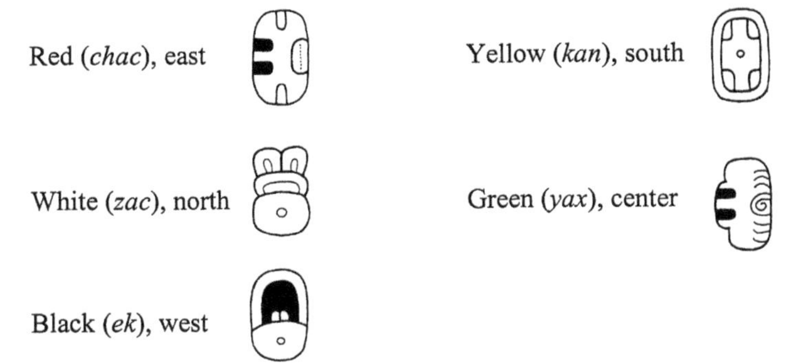

Maya-Glyphen zur Bezeichnung der Himmelsrichtungen (Miller/Taube 1993: 67)

Es gibt Indianerkulturen, in denen die Kombinatorik von Farben und Himmelsrichtungen weitaus komplexer ausgestaltet worden ist als im präkolumbischen Mexiko. Weiter im Norden, im Gebiet des heutigen US-Bundesstaates Arizona, lebt bis heute die Tradition der Kachina-Puppen bei den Hopi weiter. Kachina sind Personifikationen von Ahnen und Geistern. Farben sind ebenso wie „modische" Accessoires der Bekleidung wichtige Indikatoren für die symbolische Ausstrahlung einer Puppe. Wie bei den Maya und Azteken sind auch bei den Hopi Farben mit Himmelsrichtungen assoziiert (Colton 1992: 13):

Gelb   – Norden oder Nordwesten;

Blau-grün – Westen oder Südwesten;

Rot   – Süden oder Südosten;

Weiss   – Osten oder Nordosten.

Alle obigen Farben gemeinsam bezeichnen die obere Region, die Himmelssphäre; Schwarz – bezeichnet die untere Region, die Unterwelt.

Je nach Farbgebung kann man die „Richtung" identifizieren, aus der eine Kachina zu den Menschen „gekommen" ist. Schwarz zur Bezeichnung der mythischen Sphäre der Unterwelt weicht hier von allen anderen Farben mit ihren erd- und himmelorientierten Bedeutungen ab.

Optische Impulse und Sinneseindrück
– Emotionale Identifikationen mit Farben

Die schwarze Farbe hat in der Welt der Sinneseindrücke einen besonderen Nischenplatz. Stärker als andere Farben ist sie in unserem Unterbewusstsein verwurzelt. Schwarz berührt nicht nur unseren Mechanismus von Vorlieben und Abneigungen, die Schwärze verbündet sich mit der düstersten aller Emotionen des Menschen, mit seiner Existenzangst. Das Teuflische an der Existenzangst ist der Umstand, dass sie in unzähligen Varianten auftritt, als Angst vor der Dunkelheit, als Furcht davor, im Berufs- oder Privatleben zu versagen, als Angst davor, an Krebs oder Aids zu erkranken, als Todesangst, u.ä.

> „Was wir als tiefste Schwärze erleben, lauert in uns selbst. Es ist die Urangst vor der fremden Finsternis, in der wir uns dereinst den Nachttieren und sonstigen unheimlichen Wesen unterlegen und ausgeliefert fühlten" (Bruns 1997: 215)

Die Finsternis ist schwarz, und damit assoziiert das Schwarz-Sein auch etwas Bedrohlich-Düsteres. Vor dem Weltschöpfungsakt herrschte Chaos, und dieses Chaos war unheimlich finster. Diese in der biblischen Schöpfungsgeschichte mitschwingende negative Konnotation der Dunkelheit des Chaos, die in der antiken griechischen Mythologie ihre Parallele findet (Gantz 1993: 3 f.), suggeriert uns Europäern, dass die Finsternis des Chaos natürlicherweise etwas Unheimliches assoziiert. Die Dunkelheit während der Periode des Chaos vor der Erschaffung der Welt war nach der mythologischen Überlieferung der Maori auf Neuseeland Ausdruck kosmischer Geborgenheit. Diese Dunkelheit wurde Po genannt und war weiblich personifiziert. Po trug ein Kind in ihrem Schoss, das sie als Papatuanuku gebar, die personifizierte Mutter Erde (Reed 2004: 3 ff.).

Eine Spur Unheimlichkeit schwingt mit in der Bezeichnung eines astronomischen Phänomens, von dessen Existenz die Menschen erst vor wenigen Jahrzehnten erfuhren, dem „schwarzen Loch". Für den Laien mutet ein „schwarzes Loch" unheimlich an. Ein schwarzes Loch absorbiert unwiederbringlich jegliche Art von Materie – ob gasförmig oder in festem Zustand –, die in seine Nähe gerät, und seine Gravitationskraft ist so enorm, dass selbst Licht nicht reflektiert wird (Begelman/Rees 1997).

Alles das, was in der natürlichen Umwelt existiert, können wir mit unseren Sinnen erst im Licht richtig begreifen. Wenn nun die Urquelle alles Sichtbaren von einem schwarzen Loch verschluckt wird, dann ist dessen Finsternis geradezu existenzbedrohend. Die unterschwellige Evokation des Bedrohlichen in Verbindung mit dem Schwarzen scheint sich im geistigen Milieu einer Farbästhetik typisch westlicher Prägung entwickelt zu haben. Das Schwarze wird wegen seiner lichtabsorbierenden Eigenschaft gleichsam in einer parasitären Rolle interpretiert, und zwar aus dem Grund, weil die Schwärze „das Licht verschlingt, indem es dessen Luminosität mit totaler Absorbierung und Auslöschung bedroht" (Pacteau 1994: 124)[1].

Im Schwarz-Sein verliert der Mensch seine Orientierung, die undurchdringliche Schwärze assoziiert das Unheimliche und auch Unheil. Wenn man „schwarz sieht", hat man seine Hoffnung aufgegeben und glaubt nicht mehr an einen guten Ausgang im Ablauf der Ereignisse. „Schwarz" assoziiert auch das Böse, und diese symbolische Konnotation ist in den Kulturen der Welt erstaunlich konstant.

> „Schwärze und Dunkelheit sind fast immer und überall mit dem Bösen assoziiert, in Opposition zur Weisse und dem Licht, die mit dem Guten korreliert werden. Dies gilt ebenso für Schwarzafrika. Schwärze besitzt eine immense Palette von negativen und unheimlichen Assoziationen: Tod, die Unterwelt, die Leere, Blindheit, die Nacht, in der Räuber und Geister ihr Unwesen treiben. Im psychologischen Sinn bedeutet sie die unheimlichen, unkontrollierbaren Tiefen des Unterbewusstseins. Die Schwärze ist auch assoziiert mit Depression, Dummheit, Sünde, Verzweiflung, Schmutz, Gift und Seuche" (Russell 1988: 10).

Tatsächlich wird die Tendenz zu negativen Wertungen im Zusammenhang mit der Farbe „schwarz" durch die Bedeutungsnuancierungen der Farbausdrücke in afrikanischen Sprachen bestätigt. Als Beispiel sei hier das Swahili erwähnt, wo wir folgende assoziative Kontraste bei den Farbwörtern für „schwarz" und „weiss" finden (Höftmann 1982: 56):

Swahili -*eusi*   1. ‚schwarz, dunkelfarbig'

              2. ‚dunkel, düster, finster'

Swahili -*eupe*   1. ‚weiss, hellfarbig'

              2. ‚hell, sauber, klar, durchsichtig'

              3. ‚offen, frei'

---

[1]   Fremdsprachige Zitate (in diesem Essay englische, französische, italienische, spanische und finnische) werden hier ins Deutsche übersetzt.

Die schwarze Farbe wird mit Stimmungen assoziiert, die gegensätzlich sind, denen aber jeweils das Flair des Unheimlichen anhaftet. Ärger und Depression sind beides Stimmungen, deren Wirkung etwas Düsteres an sich haben, wobei die Quellen, die solche Regungen speisen, ganz unterschiedlicher Natur sind. Die Assoziation mit dem Element des Düsteren schlägt sich auch sprachlich nieder. Im Französischen gibt es eine populäre Wendung, *avoir le noir* ‚den Kopf hängen lassen' (wörtl. ‚das Schwarze haben'). Hier dominiert eindeutig das lethargisch-depressive Element.

In der deutschen Redewendung ‚sich schwarz ärgern' kommt Aufgebrachtsein und ein konvulsives Sich-Auflehnen gegen etwas, was nicht sein soll, zum Ausdruck. Im Finnischen gibt es eine ähnliche Wendung, hier spricht man davon, ‚schwarz vor Ärger zu werden' (finn. *tulla mustaksi vihasta*). Die Assoziation des Ärgers mit der Schwärze artikuliert sich auch in einer für uns Europäer immer noch exotischen Kultur, der Tibets. In der traditionellen tibetischen Kunst gibt es eine bestimmte Konvention: zornige Götter und Geister werden schwarz gemalt (Lavizzari-Raeuber 1986: 261). Im Schwedischen wird die Emotion der Eifersucht mit dem Schwarzsein verknüpft. ‚Eifersüchtig' heisst auf Schwedisch *svartsjuk* (wörtl. ‚schwarz-krank').

Die unheimlichen Eindrücke, die von den Assoziationen mit dem Schwarzen ausgehen, können in Einzelfällen physikalisch begründet sein. Einem Naturphänomen, dem man seine bedrohlichen Eigenschaften nicht unbedingt ansieht, ist das Schwarze Meer (Ascherson 1996: 4 f.). Seinen Namen hat es kaum wegen des tiefschwarzen Farbtons des Wassers, denn ebenso dunkel sind die Ostsee oder auch das Mittelmeer an vielen Stellen. Das Schwarze Meer ist das grösste Reservoir einer der tödlichsten natürlichen Substanzen: Schwefelwasserstoff (H_2S).

In einer Tiefe, die zwischen 150 und 200 m schwankt, wird Sauerstoff nicht mehr aufgelöst und das Wasser weist eine hohe Konzentration an Schwefelwasserstoff auf. Das Schwarze Meer ist sehr tief, so dass etwa 90% seines Volumens hochgiftig sind, und im Tiefenwasser gibt es kein organisches Leben.

Durch Stürme wird das Wasser manchmal derart aufgewühlt, dass Tiefenwasser bis an die Oberfläche gelangen kann. Ein Schiffsrumpf, der damit in Berührung kommt, nimmt eine tiefschwarze Farbe an. Schwefelwasserstoff ist bereits in kleinen Dosen gefährlich. Eine volle Prise des Schwefelgases, die in die Lungen eines Menschen dringt, ist absolut tödlich. Die Ölprospektoren und die Ölarbeiter, die in der Region das „schwarze Gold" fördern, sind sich der Gefahren des „schwarzen Todes", der auf sie lauert, bewusst.

Das Tückische an Schwefelwasserstoff ist der Umstand, dass der Geruchssinn des Menschen nur am Anfang etwas wahrnimmt, schon bald aber betäubt wird und gefährliche Portionen des Schwefelgases gar nicht mehr als Gefahr „gerochen" werden können. Es gibt für die Arbeiter an den Bohrstellen nur eine Faustregel: beim kleinsten Anflug eines Gestanks nach faulen Eiern ist die einzige Aussicht auf Rettung eilige Flucht.

In der menschlichen Vorstellungswelt wird das Unheimliche auch personifiziert, u.zw. in dunklen Gestalten, die entweder Fantasiegebilde sein können – wie der Vampir-Glaube – oder die auch positive Konnotationen kennen. Die psychischen Assoziationen des Schwarzen können sich nämlich sozial differenziert artikulieren. Der Stereotyp des schwarz vermummten Unbekannten kann für die einen ein Schreckensbild, für die anderen dagegen ein Symbol der Gerechtigkeit sein. Die Legenden, die sich um Zorro, den amerikanischen Robin Hood, ranken, sprechen von einem Mann mit schwarzer Maske und schwarzem Mantel, der die Unterdrücker bekämpft und den Unterdrückten neuen Lebensmut vermittelt.

Zorro ist schon vor Jahrzehnten zum Filmhelden in den verschiedensten Versionen avanciert. Die jüngste filmische Dramatisierung ist *The Mask of Zorro* (1998) mit der Starbesetzung von Antonio Banderas und Anthony Hopkins. Zorro geht zurück auf eine historische Figur der spanischen Kolonialzeit in der Region von Los Angeles. Durch die schwarze Maske versuchte der wohl in aristokratischen Kreisen zu suchende Held seine wahre Identität zu verbergen, die tatsächlich nie enthüllt wurde.

Schwarz als Stimmungsauslöser

Alle Farben lösen in der einen oder anderen Weise Stimmungen beim Menschen aus. Die Eindruckskraft des Schwarzen ist aber vielleicht um einiges stärker als die anderer Farben, so dass die mit der Schwärze assoziierten Stimmungsbilder besonders plastisch sind. Die Stärke schwarzer Stimmungsbilder ist überraschend selbst in Domänen, die gar nicht in direkter Beziehung mit Farben stehen, beispielsweise in der Welt des gedruckten Wortes. Unverhohlen düster ist die Stimmung, die der Ausdruck „Schwarzbuch" auslöst.

In bestimmten Zusammenhängen assoziiert er Unheimliches, in anderen weckt er Gefühle des dunklen Mächten Unkontrollierbar-Ausgeliefert-seins oder er wirkt wie ein Signal für dunkle Geheimnisse. Der Inhalt des „Schwarzbuch(es) des Kommunismus" (Courtois et al. 1997) ist nicht geeignet, Frohsinn zu verbreiten. Dies ist eine erschütternde Dokumentation der Greuel, die im Namen des kommunistischen Internationalismus in aller Welt begangen worden sind, und denen nach vorsichtigen Schätzungen nicht weniger als 95 Millionen Menschen zum Opfer gefallen sind.

Unheimlich kann einem werden, wenn man an die Zahl der politischen Gegner des Kommunismus denkt, die liquidiert wurden, in den Lagern Stalins verhungerten, an Krankheiten starben oder erfroren, von Maos Gefolgsleuten erschlagen und erschossen, von Pol Pots Schergen ausgerottet wurden. Es ist schwer vorstellbar, dass eine an sich düstere Stimmung noch potenziert werden kann. Noch beklemmender und düsterer aber wird die Stimmung, wenn man in die jüngere Geschichte des Westens blickt.

Im Herzen Europas riss sich die Furie des nationalsozialistischen Rassenwahns los, durchbrach die jahrhundertelang aufgebauten Wälle westlicher Zivilisiertheit und fiel über die vermeintlichen „Untermenschen" her. Hitlers Helfer bauten eine Vernichtungsmaschinerie auf, deren Ziel es war, die jüdische Kultur im wahrsten Sinn des Wortes zu „entmenschlichen". Es fehlen die Worte, um die Greuel in den Vernichtungslagern zu beschreiben. Die Rationalität wird von dumpfen Stimmungen überlagert, und diese sind Ausdruck alptraumhafter Schwermut derjenigen, die überlebten, Ausdruck der Erschütterung und des verzweifelten Aufbegehrens derjenigen, die sich als Aussenstehende mit dieser finsteren Epoche der Geschichte identifizieren müssen. Was bleibt, ist „Dunkelheit, die wir in uns tragen" (Skloot 1988).

Eine literarische Verarbeitung düsterer Stimmung finden wir in den Reisebeschreibungen des Malers José Gutiérrez-Solana (1886-1945), der um die Wende vom 19. zum 20. Jahrhundert Spanien bereiste und die Abgründe menschlichen Daseins analysierte. Sein Werk mit dem Titel *La España negra* (‚Schwarzes Spanien'; 1920) mutet wie ein Schwarzbuch über die Trostlosigkeit menschlicher Existenz an. Gutiérrez-Solana beschäftigt sich ausgiebig – und zwar in seinen Reisebeschreibungen wie in seinen Bildern – mit dem Tod und Beerdigungsritualen. In seiner Vorliebe für die Schwärze ist er als Künstler sogar radikaler als Goya (Durozoi 1992: 583).

In der christlichen Symbolik assoziiert sich mit der schwarzen Farbe die Sünde. Die Seele des Sündigen ist schwarz. Moralische Fehltritte und verbrecherische Machenschaften wirken wie schwarze Flecken auf einer weissen Weste. Das „schwarze Schaf" in der Verwandtschaft ist jemand, der in seinem Verhalten von den „guten" Sitten abweicht und auf den man nicht stolz sein kann, der das gute Ansehen gleichsam „schwärzt". Diese Stimmung dominiert die von dem Journalisten J. Pando (1998) verfasste *Crónica negra de Hollywood* („Die schwarze Chronik von Hollywood'), in der der Autor die Sensationslust seiner potentiellen Leser mit Skandalgeschichten und Analysen moralischer Fehltritte von Filmstars und -regisseuren zu befriedigen sucht.

Häufig ist die Erweckung eines Stimmungsbildes davon abhängig, welche Farbe mit welchem Objekt und in welcher Umgebung auftritt. Ein weiss gestrichener Flur in einem Bürohaus wirkt womöglich steril und ungemütlich und strahlt eine unpersönliche Atmosphäre aus. Ein in Weiss gehaltenes Interieur eines Eigenheims dagegen produziert Helligkeit und schafft eine angenehm-wohnliche Atmosphäre. Der Blick auf weiss getünchte Wände in einer Ortschaft am Mittelmeer vermittelt den Eindruck von Leichtigkeit und Sauberkeit.

Es gibt kalte und warme Farben, und auch diese Stimmungen sind häufig abhängig davon, in welchen funktionalen Kontext die Farben eingebunden sind. Hellblau oder Weiss können „kalt" wirken, während Rot, Orange oder Gelb auf die meisten Menschen einen „warmen" Eindruck machen. Vielleicht assoziieren wir mit den zuletzt genannten Farben unwillkürlich die Vorstellung vom flammenden Feuer, dessen Farbpalette sozusagen den Archetyp für dieses Stimmungsbild liefert. Die Assoziation der warmen Farben mit dem Element des Feuers ist sogar älter als die Existenz des modernen Menschen (d.h. des modernen Homo sapiens).

Schon der Neandertaler (d.h. der archaische Homo sapiens) und vor ihm der Homo erectus, die erste aufrecht gehende Art der Hominiden, beherrschten das Feuer. Zwar gibt es keine Möglichkeit, die archetypische Perzeption warmer Farben als Erfahrung im Umgang mit dem Feuer bei den frühen Menschenarten konkret nachzuweisen, aber mit grosser Wahrscheinlichkeit haben auch der Neandertaler und der Homo erectus, der bereits vor eineinhalb Millionen Jahren die Erde bevölkerte, Farben mit Naturereignissen assoziiert und aus solchen Assoziationen Stimmungen produziert.

So wie bestimmte magische Vorstellungen, etwa Ideen von der Funktion eines Talismans oder von Kraftquellen wie rotem Ocker, bereits für die Welt des Neandertalers nachzuweisen sind, so ist es auch nicht abwegig, für manche Farbstimmungen archetypische Erfahrungen in Rechnung zu stellen, die über den Horizont des modernen Menschen hinaus in die Dunkelheit seiner Evolution zurückreichen. Unsere emotionalen Regungen jedenfalls sind das Ergebnis einer langen biologischen Entwicklung (LeDoux 1996: 104 ff.).

Stimmungen entstehen im Zwischenhirn, dessen Aktivität lediglich in geringem Mass der Kontrolle der Rationalität unterliegt und von kulturellen Kategorien nicht vollständig überformt werden kann. Beispiele für Stimmungen mit dem Charakter von Störfaktoren sind allseits bekannt: Agressivität ist eine Ingredienz unseres Selbstverteidigungsmechanismus, Eifersucht und Neid sind Negativsignale unseres Sozialverhaltens.

Die evolutionären Stränge unseres emotionalen Lebens sind verantwortlich dafür, dass die archetypischen Wurzeln der von Farben ausgelösten Gefühlsregungen in vielen Stimmungsbildern erkennbar bleiben. Schwarz gehört zur Finsternis (mit ihrer bedrohlich-düsteren Kraft, Licht zu absorbieren), Weiss zur Kraftquelle Licht (als Energiespender für alles Leben), Rot zum Lebenselixir Blut oder zum wärmenden Feuer (als Kraftquelle für Menschen und Tiere), Blau zum Himmel (als Begrenzung der anthropozentrischen Welt), Grün zur Vegetation (als Archetyp der organischen Umwelt). Die Einwirkungen des Sonnenlichts (bei Auf- und Untergängen, bei unterschiedlicher Witterung, in unterschiedlichen geographischen Breiten) haben weitere stimmungsmässige Assoziationen mit Farbtönen bedingt.

Einige archetypische Grunderfahrungen des Menschen haben sich in verschiedenen Regionen der Welt erhalten, und sie spiegeln sich in elementarer Weise im Verhältnis zu Farben. Die Farbe „Rot" ist beispielsweise bei den Maasai in Nordwest-Kenya, einem nilotischen Volk, die Hauptfarbe ihrer Welt (Sankan 1995). Als traditionelle Viehnomaden assoziieren die Maasai die rote Farbe mit dem Blut, dem Lebenselixir, das sie den Rindern abzapfen, und das für sie die Hauptnahrungsquelle ist.

In der Kultursymbolik der Maasai steht Rot für Leben, Lebensenergie und Lebendigkeit. Rot dominiert ihre Kleidung, die Accessoires und auch die traditionelle Körperbemalung. Die Farbsymbolik hat sich auch den Verhältnissen der modernen Welt angepasst. Während die Bibelver-

36

sionen in afrikanischen Sprachen im allgemeinen schwarz eingebunden werden, ist der Einband der Maasai-Bibel (*Biblia Sinyati*) rot.

In der westlichen Welt haben sich vielerlei populäre Vorstellungen über die Stimmungsbilder verbreitet, die von Farben ausgelöst werden. Neben substantiellen Forschungsergebnissen, die in erster Linie von Psychologen und Anthropologen erarbeitet worden sind, und durch die differenzierte Aussagen über Farbstimmungen möglich wurden (s. Sahlins 1976: 198 f. zu elementaren Forschungsansätzen), fehlt es nicht an eingleisigen Pauschalaussagen über subjektive Farbeindrücke. Parallel zu physikalischen Farbmodellen sind psychologische Modelle von Farbstimmungen entwickelt worden.

Zu den bekannteren Farbe-Stimmung-Korrelationen in einem psychologischen Schema gehören diejenigen, die von Küppers (1989: 27 ff.) ausgearbeitet worden sind. Die Stimmungsassoziationen wirken stark pauschalierend. Für die besonderen Farben „Weiss" und „Schwarz" findet man folgende Charakterisierungen:

Weiss   – illusionär / Auflösung / realitätsfern

Schwarz – pessimistisch / Zwang / hoffnungslos

Es ist schwer verständlich, weshalb die Wertungen für Schwarz so einseitig negativ ausfallen. Eine Frau, die sich in elegantes Schwarz hüllt, ist bestimmt nicht pessimistisch, sondern möchte sich mysteriös-geheimnisvoll geben. Eine Domina im schwarzen Outfit ist sicher nicht hoffnungslos, sondern im Gegenteil hoffnungsträchtig, sich Männer gefügig zu machen. Und das dominierende Schwarz der gotischen Szene, in Kleidung, Accessoires, Makeup und Haarfarbe, kann kaum als Ausdruck von Zwangsvorstellungen missverstanden werden. Hier dient Schwarz als Symbol intentionaler sozialer Abgrenzung gegenüber der Massenkultur.

Häufig greifen solche psychologisierenden Farbe-Stimmung-Korrelationen auf archetypische Eindrücke zurück, wie sie oben beschrieben worden sind. Viele Psychologen sind sich allerdings nicht bewusst, dass es auf dem Weg, den sie mit ihren Pauschalaussagen über farborientierte Sinneseindrücke beschreiten, zahlreiche Stolpersteine gibt. In unserer modernen Welt sind archetypische Erfahrungen des Menschen kulturell merklich überformt worden. Pauschale Aussagen über Farbeindrücke enthüllen zumeist nur einen Teil der Wahrheit, oder sie beinhalten sogar verfälschende Schlussfolgerungen.

In der Kulturpsychologie Carl Gustav Jungs (1875-1961), der sich ausgiebig mit der psychologischen Wirkung der Farben auseinandersetzt, ist das Problematische gerade die Verquickung von archetypisch-menschlichen Aspekten und den sie überformenden kulturellen Eigenschaften. Jung beschäftigt sich mit der Farbensymbolik der Alchemie und der tibetischen Mandala, der magischen Kreise mit ihrer komplexen Infrastruktur.

Ebenso wie in der Ausdeutung farbsymbolischer Wirkungen unterliegt Jung auch mit Bezug auf seine Kindheitserinnerungen, die er im „schwarzen" und „roten" Buch aufgezeichnet hat, einer Selbsttäuschung, wenn er glaubt, zu den Tiefen der individuellen Psyche vorgedrungen zu sein. Vieles von dem, was Jung generalisierend gleichsam „präkulturellen" Archetypen zuordnet, ist in Wirklichkeit ein Zerrbild im Spiegel von Lokalkulturen (s. Noll 1994: 177 f. zu dieser Problematik).

Die psychologische Ausdeutung von Farbpräferenzen wird auch schamlos vermarktet, so beispielsweise zum Zweck der Imagepflege von Frauen, denen berufliche Erfolgschancen über die Farbwahl ihrer Garderobe suggeriert werden. In den Dienst der Imagepflege stellt Hartman (1998: 95 f.) ihre populistisch-psychologisierende Analyse. Danach gehört Weiss zum Typ der friedliebenden oder auf Ausgleich bedachten Frau, Rot ist die Farbe der nach Macht und Einfluss strebenden Powerfrau, Frauen mit sozialem Engagement und einem Hang zur Wohltätigkeit tragen mit Vorliebe Blau, und Gelb bringt die Mentalität derjenigen Frauen zum Ausdruck, die das Vergnügen lieben.

Schwarz figuriert gar nicht in Hartmans Liste, wohl wegen des populistischen Trends zum Düsteren. In einer anderen Quelle werden auch positive Aspekte bei der Wahl für schwarze Garderobe hervorgehoben: „Wenn sich eine Frau heute schwarz kleidet, so möchte sie zeigen, dass sie stark ist und geheimnisvoll bleiben will" (Lacy 1991: 34).

In der Tat stellt sich der psychologisierende Umgang mit der Farbe „Schwarz" als besonders tückisch heraus. Farbpsychologen sind schnell mit Stellungnahmen bei der Hand, wonach die Vorliebe für Schwarz bei einem Menschen auf eine melancholische Stimmung, ja vielleicht sogar auf eine Neigung zur Depression und zur Lebensverneinung schliessen lässt.

> „Schwarz kann auf krankhafte Zwangshandlungen und Zwangsvorstellungen hindeuten, bis hin zu Selbstmordstimmungen und -absichten. (...) Die Spannweite der Schwarz-Liebhaber reicht vom

Asketen bis hin zum Zwangsneurotiker, vom Pessimisten bis zum Hoffnungslosen" (Küppers 1989: 26).

Die hier zitierte Stimmungszuweisung steht exemplarisch für viele andere, die ähnlich generalisieren. Zuweisungen dieser Art mögen in Einzelfällen tatsächlich zutreffen, aber als Aussage über ein angebliches „Normalprofil" eines Psychogramms im Fall Schwarz hat eine solche Stellungnahme bestimmt keinen Wert. Die Vorliebe für Schwarz begründet sich unter Umständen ganz anders, u.zw. aus bestimmten sozialen und kulturellen Einbettungen heraus.

Schwarz als Identitätssymbol der Schwarzen Szene

Die Vorliebe für schwarze Kleidung und schwarze Accessoires hat dort nichts mit depressiver Neigung zu tun, wo Schwarz als Identifikationssymbol verstanden wird, wie etwa als Erkennungszeichen des Gothic Style in der modernen Underground Culture, in der Schwarzen Szene. Alles an den Gruftis ist scheinbar schwarz, das Äussere wie auch die innere Einstellung. Die Düsternis wird jedem „augenfällig" mit dem modischen Outfit demonstriert: schwarze Kleidung, schwarze Schuhe und Strümpfe, schwarzes Makeup, schwarz gefärbtes Haar.

Die angebliche innere Schwärze der Gruftis beruht wohl eher auf einer Unterstellung derjenigen, die nicht zur Underground Culture gehören und deren Inhalte ohne nähere Betrachtung degradieren. Folgt man populistisch-psychologistischen Ausdeutungen der Vorliebe für das Schwarze, so wären alle Gruftis hochdepressive Nihilisten, litten unter Katastrophenstimmung und wären allesamt reif für eine kollektive psychiatrische Behandlung.

Tatsächlich machen die Gruftis einen recht vitalen Eindruck. So wie das Zufügen von Schmerz in der Philosophie des Marquis de Sade, der nach ihm benannte Sadismus, nicht als Ausdruck psychischer Verkorkstheit gilt, sondern als Mittel zu verstehen ist, durch wohldosierte Schmerzbereitung den sexuellen Lustgewinn zu steigern (Airaksinen 1995: 78 f.), so ist der Umgang mit dem Morbiden und Nekrophilen ein Mittel zum Lustgewinn, das Gütesiegel einer Kultszene, deren Mitglieder über dieses Medium Extremerfahrungen alles Lebendigen auskosten, Stimmungen in der Grenzzone des Irdischen erleben und damit auch den Weg zur Erkenntnis der Relativität des Lebens finden.

Die Gruftis sind keine Aussteiger im herkömmlichen Sinn, wie die Hippies der 1960er Jahre, die die Parks der Städte bevölkerten oder sich in die ländliche Abgeschiedenheit flüchteten, bis in die entlegendsten Winkel. In Michelangelo Antonionis Film *Zabriskie Point* (1970), der als eine Elegie dieses Aussteigertums verstanden worden ist, spielt die Handlung unter anderem im Death Valley, in der kalifornischen Mohave-Wüste. Gruftis sind auch nicht agressiv wie die Satanisten, die die Haustiere braver Bürger schlachten und deren Felle an die Tür nageln, Kirchentüren mit Hexensymbolen beschmieren oder Grabsteine umstürzen.

Gruftis sind Protestler, die ihr Aufbegehren gegen die Gesellschaft mit ihren materialistischen Verzerrungen durch die Schwärze, mit der sie sich umgeben, visualisieren. Es gibt ja auch keine treffendere Farbe, mit der man gegen die Widersprüche der „Normalgesellschaft" und die Rituale ihres grauen Alltags protestieren könnte. Die meisten Menschen leben in einer Welt von Grautönen, die von den Geschäftemachern mit Kunstfarben überdeckt und bunt gemacht wird. Dabei sind sich aufmerksame Beobachter bewusst, „welcher Verengung und Vergewaltigung die Farben in unserer Zeit ausgesetzt sind, welches Geschrei sie in Werbung und Mode vollführen müssen" (Bruns 1997: 39 f.).

Charakteristisch für die Schwarze Szene als Subkultur sind auch deren eigenwillige musikalische und künstlerische Geschmacksrichtungen (Matzke/Seeliger 2002). Die Musik ist melancholisch, die Texte der Songs endzeitlich-düster, die Videos provozierend-morbide. Der Trend heisst Dark Wave oder Dark Trance. Typisch für die Namen der Pop-Bands sind Signale des Unterweltlichen wie Theatre of Tragedy, Type O Negative, Arcana Obscura oder Malochia (‚Böser Blick'). Die Gruppe Fading Colours (‚Verblassende Farben'), das Quartett des Dark Trance-Ethno aus Polen, wurde zu ihrem neuen Album mit dem Titel „I'm scared of ..." (‚Ich habe Angst vor ...') interviewt. Die hübsche Sängerin DeCoy kommentierte:

> „Ich mag es, wenn Musik mystisch, enigmatisch, atmosphärisch klingt. Unsere Musik ist dunkel und melancholisch. Genau darauf kommt es mir an. Ich fühle mich wohl in einer dunklen, trancigen, melancholischen Atmosphäre. Sie passt so gut zu meiner persönlichen Natur" (zitiert bei Sprissler 1998: 58).

2. Beredte Farben
– Farbästhetik und die Klänge der Farben in der Kunst

> „Es war mir immer, (...) als ob es ein Leben der Farben an sich gäbe,
> das schon vor der Welt der Gegenstände da war und davon die Ge-
> genstände ihre Farben entlehnen" (Augusto Giacometti; zitiert nach
> Hess 1993: 155)

In der Natur gibt es vieles, was sprachlich als „schwarz" bezeichnet wird.
Das heisst aber nicht unbedingt, dass die Farbtönung eines so genannten
schwarzen Objekts tatsächlich schwarz ist. Rauchquarz zeichnet sich
durch vielerlei Grau- und Brauntöne aus. Das Wasser in einem morastigen
Tümpel sieht auf den ersten Blick vielleicht schwarz aus, bei genauerem
Hinsehen ist die Färbung eher schmutzig-dunkelbraun. Ob ein braunes
oder dunkelgraues Objekt schwarz aussieht oder nicht, hängt vielfach von
der Lichtmenge ab, die darauf fällt. Allerdings gibt es auch Materialien,
die untrüglich schwarz sind. Ebenholz gehört dazu. Die Rinde und das
Holz, das den Kern ummantelt, sind grau, das Kernholz ist schwarz, ...
eben wie Ebenholz. Unabhängig davon, ob man das Kernholz bei natürlichem oder künstlichem Licht betrachtet, Ebenholz ist schwarz.

Genau genommen ist „Schwarz" ein generischer Begriff, ebenso wie
„Weiss" oder irgendein anderer Farbausdruck. Der umgangssprachliche
Ausdruck „schwarz" ist eigentlich keine Bezeichnung eines bestimmten
Farbtons, sondern eher eine Art prototypischer Farbausdruck, dem aller-
lei dunkle Farbtönungen pauschal zugeordnet werden (Shepard 1997).
Diese Art pauschaler Assoziation ist gleichermassen typisch für alle
Farbwörter. Sogenannte „naturrote Haare" sind nicht unbedingt rot, son-
dern vielleicht hellbraun, kastanien- oder karottenfarben. Die natürliche
Farbe des menschlichen Haars ist niemals ein reines Rot. Wenn Haare
tatsächlich rot aussehen, sind sie mit Sicherheit gefärbt.

Schwarz bezeichnet aber nicht nur ein Farbfeld mit unbestimmer Ausdeh-
nung, sondern es teilt mit dem unbunten Extrem „Weiss" eine besondere
Eigenschaft. Beides sind Grenzmarkierungen. Jenseits der Schwelle von
Schwarz einerseits, von Weiss andererseits, relativiert sich alles, was mit
Farbe zu tun hat. Die Geschichte der theoretischen Auseinandersetzung
mit physiologischen Farbeindrücken geht bis auf die klassisch-griechische
Antike zurück, und die Zahl der Traktate, die darüber verfasst worden

sind, geht in die Tausende (Caivano 2004). Und immer wieder ist versucht worden, die Wirkung der Grenzmarkierungen „Schwarz" und „Weiss" auf die Buntheit des Kontinuums dazwischen zu erklären.

Schwarz: Nuancen und Variationen

Schwarz ist eine eigene Welt, die viele Schattierungen kennt. Es gibt viele Wege, die vom Schwarzen in die Welt der bunten Farben führen. In der Farbtheorie nämlich hat Schwarz einen ganz besonderen Platz; es ist die Basisfarbe schlechthin. Das Farbensehen funktioniert eigentlich nur unter der Bedingung, dass verschiedene Grundfarben in vielerlei Abtönungen optische Reize auf der Netzhaut auslösen, und schwarze Tönungen sind für die Identifizierung sowie Mischung von Farben unerlässlich. In der Sprache eines Fachmanns für Farbtheorie liest sich dies wie folgt:

> „Das Gesetz der Additiven Mischung (AddMi) entspricht dem Funktionsprinzip des Sehorgans. S[chwarz] ist die Basisfarbe, die die Aufgabe hat, sämtliche Differenzwerte auszufüllen. Sie muss als Dunkelheit vorhanden sein. Deshalb weisen die schwarzen Rhomben auf die drei bunten Primärfarben in diesem Prozess, auf V[iolettblau], G[rün] und O[rangerot], hin, die als Farblichter zur Verfügung stehen müssen. Wo zwei von ihnen auf die gleiche Netzhautstelle fallen, entstehen die bunten Farbempfindungen Y [gelb], M[agentarot] und C[yanblau] als Sekundärfarben, die dazwischen angeordnet sind. Werden auf der gleichen Netzhautstelle alle drei gleichzeitig wirksam, entsteht die unbunte Farbempfindung W[eiss] als Tertiärfarbe. Sie ist gekennzeichnet durch die weissen Rhomben" (Küppers 1991: 16; Einschübe von mir).

Schwarz ist also der „Königmacher", die graue Eminenz der Farbenwelt, die im Hintergrund wirkt und ohne die Farbkontraste nicht zustande kämen, jedenfalls nicht in der Art und Weise, wie sie von unserem Auge als Impulse rezipiert und in unserer Begrifflichkeit der Farben konstruiert werden. Kontraste sind wiederum für die Orientierung in unserer Umwelt unerlässlich. Fehlte die Schwärze in unserer Welt, so hätten wir kein Medium für die Kontrastierung.

Solche Überlegungen sind nicht neu. Die Rolle der Kontrastierung bunter Farben mit Schwarz hat bereits Leonardo da Vinci (1452-1519) beschrieben. In seinem *Trattato sulla pittura* (‚Traktat über die Malerei') von 1651 beschäftigt sich Leonardo mit den Blautönen, die das menschliche Auge am Himmel wahrnimmt. Das was wir als blau sehen, beruht nach Leonardo einerseits auf der Wirkung der Atmosphäre, die das Sonnenlicht in bestimmter Weise reflektiert, andererseits auf Kontrastwirkung.

Nicht zu Unrecht wird Leonardo als das Universalgenie der Renaissance bezeichnet. Der scharfe Blick seines künstlerisch geschulten Auges und sein analytischer Geist führen ihn zu der korrekten Schlussfolgerung, dass die blaue Tönung des Himmels erst dadurch zustandekommt, dass die atmosphärischen Lichtreflexionen mit dem Dunkel des Weltalls kontrastieren.

In den meisten Theorien zur Farbenlehre, die sich mit der Problematik der Farbkontrastierung auseinandersetzen, spielt Schwarz eine besondere Rolle, und diese Rolle ist mehr oder weniger zentral. Dies gilt für die oben angesprochene Theorie von Küppers wie auch für verschiedene historische Ansätze. Dazu gehören das Farbkreismodell des Engländers Moses Harris in dessen Werk *The natural system of colors* (1766) und das Sternmodell in Philipp Otto Runges Werk *Die Farbenkugel* (1810).

Eines der extravagantesten historischen Farbenmodelle ist sicher das des deutschen Naturwissenschaftlers Wilhelm Ostwald (1853-1932), dem im Jahre 1909 der Nobelpreis für Chemie verliehen wurde. Ostwald versucht sich an einem exakten naturwissenschaftlichen Modell, in dem Farbvariationen zwischen den Extrempolen „Weiss" (oben) und „Schwarz" (unten) in Form einer geometrischen, nicht arithmetischen Progression entstehen (s. Schwarz 1999: 255 ff. zu Ostwalds Lehre von der Farbenharmonie). Ein wichtiger Parameter ist für Ostwald die Wirkung des Lichts, das auf die Oberfläche eines Objekts fällt. Farbvariationen sind in seinem Modell davon abhängig, in welcher Weise die Oberfläche Licht reflektiert oder absorbiert. Bunte Farben setzen sich nach Ostwald aus Schwarz-Weiss-Mischungen zusammen. Für die spezifischen Mischverhältnisse einzelner bunter Farben gibt der Theoretiker Prozentanteile.

Das hohe wissenschaftliche Niveau von Ostwalds Farbtheorie brachte ihm von Seiten so mancher Künstler Unverständnis ein. Paul Klee warf ihm sogar vor, er hätte eine „negative Einstellung zur Farbe". Was immer man auch von Ostwalds Theorie halten mag, seine Überlegungen zur Kontrastierung der bunten Farben zwischen den beiden unbunten Farben Schwarz und Weiss sind sehr nützlich, denn sie heben die elementare Bedeutung des Schwarz-Weiss-Kontrastes für den Umgang mit Farben im allgemeinen hervor.

Der Schwarz-Weiss-Kontrast spielt in vielen Bereichen der Kunst eine wichtige Rolle, beim künstlerischen Zeichnen ebenso wie in der Malerei, in der Kalligraphie ebenso wie in der Welt, die von technischen Hilfsmitteln dominiert wird, nämlich dem Computerdesign und in der Fotografie. In der Schwarz-Weiss-Fotografie ist Kontrast alles, und beide unbunten Farben gravitieren von ihren Zentren in graue Abtönungen.

Man muss kein Berufsfotograf sein, um zu wissen, dass ein schwarzer Gegenstand in einer Hochglanzfotografie ganz anders wirkt als in einem Foto mit matter Oberfläche. In der Fachterminologie kennt man eine Abstufung von verschiedenen Schwarztönungen. Das intensivste Schwarz ist das sogenannte „Maximum-Schwarz". „Maximum-Schwarz ist ein Ausdruck, der sich auf die dunkelste visuelle Tönung bezieht, die in einer bestimmten Kombination von Papier und Entwicklerflüssigkeit erreicht werden kann" (Suess 1995: 75).

Jemand, der Aufnahmen in der Natur macht, ist sich bewusst, dass Schatten je nach der Lichtstärke oder dem Sonnenstand heller oder dunkler sein können. Auch das Mondlicht bringt je nach Intensität Schatten unterschiedlicher Schwärze hervor. Bäume in einem Park oder Gebäude, die um einen Platz stehen, werfen in einer wolkenlosen Vollmondnacht ganz anders getönte Schatten als bei Halbmond.

Allein die Abtönungen zwischen Tiefschwarz und Hellgrau im Kontrast von Licht und Schatten verleihen dem – oberflächlich betrachteten – Pauschal-Dunklen den Charakter einer selbständigen Farbskala. Schwarz-Weiss-Fotografie wird dort zur Kunst, wo aus dem Kontrast von Hell und Dunkel, der sich an geometrischen Formen festmacht, etwas entsteht, was im flächigen Bild nicht selbstverständlich ist: Dreidimensionalität und Perspektive.

Die Abtönungen von Schwarz in verschiedenen Graden, mit Übergängen in den Graubereich, rufen Stufenkontraste hervor, die weicher als scharfe Schwarz-Weiss-Kontraste sind. Schwarz-Schwarz- oder Schwarz-Grau-Kontraste drängen sich als solche dem Auge nicht auf, sie fordern es vielmehr heraus, sich darauf einzustimmen. Schwarz-Schwarz-Kontraste werden als künstlerisches Stilmittel eingesetzt, unter anderem in Kunstwerken, in denen die Idee „Schwarz auf Schwarz" verwirklicht wird. Verschiedene Künstler haben sich mit dieser Thematik auseinandergesetzt.

Alexander Rodchenko (1881-1956) hat ausser seinen abstrakten monochromen Werken (z.B. *Reine rote Farbe, Reine blaue Farbe, Reine gelbe
Farbe*, alle entstanden 1921) auch eine Komposition *Schwarz auf Schwarz*
(1918) geschaffen. Mark Rothko (1903-1970) hat mit Farbkompositionen
und -abtönungen experimentiert. Schwarz ist eine Komponente in zahlreichen seiner Werke (*Light Red over Black*, 1957; *Brown and Black in
Reds*, 1958; *Black on Maroon*, 1959 oder *Black on Black*, 1964). Eine
Abtönung schwarzer Farbnuancen kann aber auch in der gegenständli-
chen Kunst eingesetzt werden, wie dies Andy Warhol (1928-1987) in
seinem Werk *Last Supper Black on Black* (1986) demonstriert hat.

Bestimmte Künstler haben auf die Übergänge von der Zwei- zur Dreidimensionalität besonderes Augenmerk gelegt. Hohe Ansprüche an das
Können eines Künstlers werden dann gestellt, wenn es gelingen soll,
Dreidimensionalität aus dem Ensemble sich verändernder geometrischer
Formen im Schwarz-Weiss-Kontrast ohne Beteiligung naturalistischer
Motive zu kreieren, wie in einigen Werken (z.B. *Zebras*, 1943, *Vega-II*,
1957-59, *Manipur*, 1952-60) von Viktor Vasarely (geb. 1908); (Diehl
1993: 23 ff.). Ein Künstler kann den technischen Effekt flächig proje-
zierter Räumlichkeit bewusst weiter entwickeln, indem er den Wechsel
von der Zwei- zur Dreidimensionalität für symbolische Zwecke einsetzt.

Der Niederländer M.C. Escher (1898-1972) ist ein Meister der Dimensio-
nalität. Bemerkenswert an seinem künstlerischen Schaffen ist, dass er erst
spät die Technik des Schwarz-Weiss-Kontrastes für seine kreative Arbeit
entdeckt hat.

> „Ein einziges Mal noch gewann mein Interesse für das „Métier" die
> Oberhand. Das war, als ich 1946 zum erstenmal mit der altehrwür-
> digen Schwarz-Weiss-Technik, der Aquatinta, in Berührung kam,
> deren samtige dunkelgraue und schwarze Tönungen mich so reiz-
> ten, dass ich viel Zeit darauf verwandte, mir das Kupferdruckver-
> fahren zu eigen zu machen, das heute wohl fast völlig ausser Ge-
> brauch geraten ist" (Escher 1967: 10).

Eines seiner Werke, das in dieser Technik ausgeführt worden ist, fesselt
den Betrachter durch seine Kontrastfülle. Dies ist *Bevrijding* („Befreiung')
aus dem Jahre 1955. Hier entfaltet sich nicht nur eine Vielfalt von Grautönen zwischen den Extremen Schwarz und Weiss, hier wandelt sich
nicht nur die Flächigkeit in Räumlichkeit, sondern hier wechseln auch

geometrische mit natürlichen Formen, hier steht statischer Ruhezustand in Polarität zu dynamischer Bewegung.

Auf einer grauen Papierrolle nehmen zunächst blassgraue, dann dunkelgraue und schwarze Motive immer markantere Konturen an. In der Mitte schärft sich das Profil im harten Schwarz-Weiss-Kontrast. Die geometrischen Motive erleben ihre Metamorphose zu lebenden Dingen der Natur, Gänsen. Diese erheben sich und steigen auf in den Himmel. Die graue Rolle löst sich im Weiss des Firmaments auf. Die Gänse erleben im Prozess der Metamorphose im wahrsten Sinn des Wortes ihre „Befreiung".

Das Verhältnis zwischen unbunten und bunten Farben ist nicht nur in der Theorie der Farbenlehre – für die theoretische Analyse von Farbmischung und -kontrastierung – relevant, auch in der Sphäre visueller Eindrücke gibt es vielerlei Wechselwirkungen zwischen den Farben beider Kategorien. Die elementaren Bindungen von Bunt und Unbunt mögen sich dem Blick des ungeübten Betrachters vielleicht entziehen, einem künstlerisch geschulten Auge aber entgeht nicht, dass die Farbe „Schwarz" – obwohl selbst unbunt – sehr wohl auf die physiologischen Impulse einwirken kann, die bunte Farben vermitteln:

> „Wenn man davon ausgeht, dass ‚Schwarz' Farben addiert, ‚Weiss' Farben subtrahiert und ‚Grau' Farben neutralisiert, so wird deutlich, dass ein schwarzes Passepartout die Leuchtkraft der Farben zu intensivieren vermag" (Weber 1989: 31 f.).

Monochrome Bilder erwecken beim Betrachter andersartige Stimmungen als Werke in vielen Farben. Woran liegt das? Gegen Ende des 19. Jahrhunderts ist in der westeuropäischen Kunst die Tendenz zu einer Ritualisierung der Monochromie zu beobachten, ein Bestreben nämlich, die Idee der absoluten Einheit, die sich in der Monochromie manifestiert, zu thematisieren (McEvilley 1996: 55 f.). In der Kunsttheorie hat man in diesem Zusammenhang den Unterschied zwischen einem „absoluten" und einem „relativen" Eindruck hervorgehoben, den eine beliebige Farbe vermitteln kann. In einem monochromen Umfeld kommt der Farbeindruck absolut zur Geltung, in Korrelation mit anderen Farben relativiert er sich.

Ein Künstler, der in der Tradition der monochromen Absolutheitsideologie steht und der die Monochromie des Schwarzen gleichsam zum Kult erhoben hat, ist der russische Maler Kasimir Malevitsch (1878-1935). Malevitsch ist als Verfechter des Suprematismus bekannt geworden (Russkie chudožniki 1998: 376 ff.). Von ihm stammen insgesamt acht Werke mit dem Titel *Schwarzes Quadrat*. Das erste Gemälde dieser Serie entstand wohl schon 1914, das letzte ist eines von Malevitschs Spätwerken. Im Jahre 1924 malte Malevitsch drei Werke mit der Grundfarbe „Schwarz" für die Biennale in Venedig, u.zw. eine Version des *Schwarzen Quadrats*, ein Werk mit dem Titel *Schwarzes Kreuz* und als Drittes *Schwarzer Kreis*. Malevitsch fiel unter Stalin in Ungnade und seine Werke verschwanden auf Jahrzehnte in den Kellern des Russischen Museums in St. Petersburg. Etliche der inzwischen wieder zugänglichen Werke des Künstlers sind restaurationsbedürftig.

Was die Monochromie betrifft, so hatte bereits Johann Wolfgang von Goethe (1748-1832) in seinem zweibändigen Werk *Zur Farbenlehre* (1810) betont, dass eine monochrome Umgebung oder ein monochromes Bild beim Betrachter ein Bewusstsein für das Mysterium der Einheit und Ganzheit und damit der Universalität erweckt. Die Rezeption von Goethes Werk bei den Zeitgenossen war überwiegend negativ. Dies lag in erster Linie an dem Irrtum, dem Goethe erlag; er lehnte nämlich die naturwissenschaftlich-korrekte Erklärung der Farbenvielfalt aus der Zerlegung des weissen Sonnenlichts im Prisma ab, wie sie von Isaac Newton (1642-1727) in dessen Traktat *Opticks* (1704) dargestellt worden war.

Ironie des Schicksals: an seiner Farbenlehre hat Goethe mehr als vierzig Jahre gearbeitet; es ist sein „umfangreichstes, aber am wenigsten gelesenes Werk, das er als seine grösste Leistung betrachtete und seinem literarischen Werk gleichstellte, (...)" (Wilpert 1998: 300). Die Stärke von Goethes Farbenlehre liegt aber im Bereich der Farbphysiologie und Farbästhetik, und auch in seinen Betrachtungen zur Wirkung von Farben in der Malerei.

Die Idee der Einheit oder ganzheitlichen Totalität wird aber nicht nur in der Monochromie gesucht und verwirklicht; die Suche nach der Ausdruckskraft für das Einheitliche erstreckt sich auch auf mehrfarbige Kunstwerke. Piet Mondrian (1872-1944) ist bekannt dafür, dass er mit seinen Bildern anstrebte, in sehr komprimierter Form den Eindruck von Einheitlichkeit und Totalität zu vermitteln. Er selbst war überzeugt, dass die Mittel, mit denen dieser Eindruck erreicht werden kann – Farbe und Form in geeigneten Konfigurationen –, arbiträr sind, dass

> „... deren fiktionale Totalität oder Einheit etwas erreichtes, nicht vorgegebenes ist. Es geht also nicht um eine ideale Ordnung, die bereits existiert, und die bildnerisch zum Ausdruck gebracht wird;

die Beziehungen von Linie und Farbe, Abteilung und Fläche verwirklichen keine prä-existenten Regeln, sondern sie werden in jedem Werk zusammengefügt" (Fer 1997: 50).

Schwarz gehörte ebenso wie die bunten Farben zu Mondrians Aus-
drucksmitteln. Es bleibt dem Betrachter überlassen, ob Farben und Formen in seinen Werken *Lozenge Composition with Yellow, Black, Blue,
Red and Grey* (1921) und *Lozenge Composition with Four Lines and
Grey* (1926) den Eindruck ganzheitlicher Totalität vermitteln oder nicht.

Schwarz als Kontrastfarbe in der Kunst

Die Extremfarben „Schwarz" und „Weiss" enthüllen das Mysterium ihrer absoluten Wirkung vollends erst im Kontrast, und so werden sie mit
Vorliebe in ihrer Kontrastfülle betrachtet. Das Dunkle zieht vielleicht die
Aufmerksamkeit stärker auf sich, da der Mensch Dunkelheit, in der sich
Farbunterschiede relativieren und „alle Katzen grau" sind, besser erträgt
als gleissende Helligkeit. Das Sonnenlicht oder Scheinwerfer können
blenden, so dass der Farbsinn für einige Zeit wie betäubt ist. Im Unterschied zur Lichtlosigkeit, an die sich jeder gewöhnen kann, schadet die
totale Lichtfülle dem menschlichen Auge, falls die Netzhaut längere Zeit
schutzlos grellem Licht ausgesetzt ist.

Dass man in absoluter Dunkelheit nichts mehr erkennen kann, weil sich
nicht nur Farben relativieren, sondern auch Konturen auflösen, setzt dem
Menschen Grenzen in seiner Wahrnehmungsfähigkeit und Bewegungs-
freiheit. Der Mensch ist bei vollständiger Finsternis orientierungslos.
Wenn man sich aber mit einem Nachtglas oder einer Videokamera mit
Restlichtverstärker ausrüstet, dann ermittelt die technische Optik in der
Dunkelheit selbst dort noch Konturen, wo das menschliche Auge versagt.
Die Situation der relativen Orientierungslosigkeit wird ironisch thematisiert in den Postkarten, die überall auf der Welt verkauft werden. Die Foto-
fläche ist absolut schwarz, und je nach Stadt und Sprachmilieu steht dann
zu lesen *London by night, Paris de nuit* oder *Madrid de noche*.

Diese Postkartenidee mit ihrer Thematisierung der absoluten Dunkelheit
ist nicht neu und basiert ihrerseits auf älteren Ideen in der Geschichte der
Kunst. Vielleicht ist die älteste Quelle ein Bild von Alphonse Allais, das
Anfang der 1880er Jahre entstand und in einer Sammlung aus dem Jahre
1897 veröffentlicht wurde (Welchman 1997: 106 f.).

Monochrome Bilder von Alphonse Allais aus dem Album primo-avrilesque (1897)

Im Bild sieht man nichts ausser einer vollständig schwarzen Fläche. Als Titel zu diesem monochromen Bild finden wir *Combat de nègres dans une cave, pendant la nuit* (‚Kampf von Negern in einem Keller bei Nacht'). Allais bietet auch eine ironische Version der absoluten Weissheit an, u.zw. mit seinem monochromen Bild, das den Titel trägt *Première communion de jeunes filles chlorotiques par un temps de neige* (‚Erste Kommunion von bleichsüchtigen Mädchen bei Schneefall').

Schwarz ist seit den Zeiten ein beständiges Element im Kunstschaffen, als der Mensch Bilder an die Wände von Höhlen gemalt hat. Schwarz sind die Konturen vieler naturalistischer Tierbilder, wie auch die Umrisse abstrakter Symbole. In den Höhlenbildern kommt eine breite Skala von Farbtönen zur Anwendung, die mit Hilfe von Mineralien und deren Mischungen erzielt wurden. Die Künstler der Höhlenmalerei verfügten über erstaunliche mineralogische Kenntnisse. Allein für die Erzeugung schwarzer Farbtöne wurde eine ganze Palette von Mineralien verwendet.

> „Eine andere Gruppe von Farben (Mangane) produziert schwarze Farbtöne (Hausmanit, Manganit, Braunit, Polianit). Schliesslich gibt es noch schwarzen Ocker oder „Schwarzerde", das reich an Mangan-Dioxyd und Graphit ist" (Ruspoli 1987: 193).

Die ältesten bekannten Schwarz-Konturen-Bilder stammen aus der erst 1994 entdeckten Höhle von Chauvet im französischen Département Ardèche. Die Bilder in dieser Höhle sind entsprechend dem Mittelwert der Radiokarbondaten vor etwa 31.000 Jahren entstanden (Chauvet et al. 1996: 122). Die Bilder der berühmten Höhle von Lascaux sind um einige Jahrtausende „jünger".

Schwarz ist in der Kunsttradition aller archaischen Zivilisationen vertreten, man findet die schwarze Farbe sogar als Erkennungsmerkmal eines eigenen Genre, wie in der Tradition der attischen Schwarz-Figuren-Vasen, die seit dem ausgehenden 7. Jahrhundert v. Chr. hergestellt wurden. Lange Zeit war die chemotechnische Zusammensetzung des schwarzen Farbtons geheimnisumwoben. Erst mit modernen Forschungsmethoden hat man festgestellt, dass dazu ein Ton mit hohem Eisengehalt verwendet wurde (Richter 1992: 316 f.).

Auch in der Malerei hat Schwarz immer eine Rolle gespielt. In den Werken bestimmter Künstler scheint diese unbunte Farbe sogar das Hauptinstrument für die Vermittlung von Stimmungen zu sein. Die Schwarztöne in den Bildern von Caspar David Friedrich (1774-1840) vermitteln Impulse, die sich beim Betrachter zu einer schwermütig-düsteren Stimmung verdichten (Wright 1992/I: 663 f.).

Im Lebenswerk einiger Künstler kann man feststellen, dass sich ihre Einstellung zu bestimmten Farben im Verlauf ihrer Schaffensperiode verändert hat. Deutlich wird dies bei Paul Klee (1879-1940). Von all den Farben, die er in seinen Gemälden verarbeitet hat, haben nur zwei zentrale Bedeutung in seinem Spätwerk, nämlich Rot und Schwarz. Mit Bezug auf sein letztes Bild Paukenspieler von 1940 heisst es:

> „Feuriges Zinnober-Rot, die Farbe die (nach Goethe und Kandinsky) die stärkste und positivste Wirkung erzielt, ist in einen scharfen Kontrast mit tiefem Schwarz gestellt (nach Kandinsky die „am wenigsten wirkungsvolle Farbe"), eine Farbe die Klee mit monumentalem Einsatz in seinem Spätwerk verwendete" (Düchting 1997: 87).

Es gibt auch Künstler, deren meisterhafter Umgang mit Hell-Dunkel-Kontrasten, mit hellen und dunklen Farben in zahlreichen Abtönungen erst in jüngster Zeit gebührend gewürdigt worden ist (Bonsanti 1991). Zu diesen gehört Michelangelo Merisi (1573-1610), den man allgemein unter seinem Beinamen kennt, u.zw. nach dem Dorf bei Mailand, wo er geboren wurde: Caravaggio. Waren die Renaissancemaler vor ihm Vertreter einer realistischen Kunst, so schuf Caravaggio einen eigenen Trend.

> „Aber Caravaggios Realismus ist so schroff, dass man einen neuen
> Begriff verwenden muss, um ihn zu charakterisieren, ‚Naturalis-
> mus', damit er vom Realismus der Zeit davor zu unterscheiden ist"
> (Janson 1965: 405).

Es ist berechtigt, Caravaggio als den ersten Naturalisten zu bezeichnen, denn seine Gestalten sind mehr als nur reale Figuren, sie sind bis ins Detail aus dem Leben gegriffen. Zu den Eigenheiten seines Naturalismus gehört die künstlerische Umsetzung von Kontrasten zwischen Licht und Schatten. Caravaggio konstruierte damit seine Philosophie einer Polarität von himmlischer Lichtfülle und irdischer Düsterkeit. Schwärze und Helligkeit werden von Caravaggio mit einer meisterlichen Akribie eingesetzt, wie sie bis heute ihresgleichen sucht.

Licht und Dunkelheit stehen bei Caravaggio in einem besonderen Spannungsverhältnis. Es geht dabei für den Künstler nicht um eine einfache Polarität, sondern um eine Art Autoritätsgefälle. Licht bzw. Weiss dominiert Dunkelheit bzw. Schwarz. „Begrenzte Lichtmengen werden nach Caravaggio verantwortlich gemacht für die Dunkelheit, die sie hervorbringen" (Bal 1999: 192). Hier tut sich eine Dynamik auf, die Caravaggio meisterlich auszunutzen und kreativ einzusetzen wusste. Es ist bemerkenswert, dass sich gerade Künstler des ausgehenden 20. Jahrhunderts wie Andres Serrano, Carrie Mae Weems, Ken Aptekar, David Reed, Ana Mendieta und andere von den Werken Caravaggios inspiriert fühlen und entweder bewusst mit der Hell-Dunkel-Technik des Barockmeisters operieren oder sich unbewusst auf eine an Caravaggio erinnernde Auseinandersetzung mit den Lichtverhältnissen einlassen.

Der Schwarz-Weiss-Kontrast wird in der Kunstgeschichte in vielfältigen Variationen eingesetzt. Die längste Tradition ihrer Art, die immer wieder aufs neue vitalisiert worden ist, tritt uns in der spanischen Kunstgeschichte entgegen. Hier wird mit Schwärze und Helligkeit in symbolischen Ausdeutungen experimentiert. Schwarze Abtönungen stehen dabei im Vordergrund und sind in hohem Masse symbolträchtig. Die dunklen Bilder mit religiöser Thematik, die Diego de Velázquez (1599-1660) gemalt hat, strahlen eine tiefe, ernste und ehrerbietige Frömmigkeit aus.

Demgegenüber hat die schwarze Farbe bei Francisco Goya (1746-1828) ein anderes Gewicht. In den Auftragswerken, die Goya als Hofmaler ausführte, dominiert Schwarz die Garderobe der adligen Oberschicht, in seiner Grafikenserie über die Schrecken des Krieges (mit Bezug auf die Besetzung Spaniens durch napoleonische Truppen) und in seinem berühmten Gemälde über die Erschiessungen in Madrid vom Mai 1808 unterstreicht die schwarze Farbe die düstere Stimmung.

Goya war eine zentrale Figur im Prozess der koloritgeschichtlichen Wandlungen, die ab 1800 der Farbe Schwarz einen neuen Stellenwert zur Realisierung des Schwarz-Weiss-Kontrasts zuwiesen. „Am Anfang dieses Prozesses steht Goya, und seine Erschütterung des luminaristischen Helldunkelsystems erfolgt paradoxerweise durch die Farbe Schwarz" (Prater 1999: 67). Gleichsam zum symbolträchtigen Farbstandard werden Schwarz-, Grau- und Brauntöne in der Serie der vor 1815 entstandenen *pinturas negras* (‚schwarze Gemälde’). Darin geisselt Goya mit beissender Schärfe allerlei menschliche Schwächen wie den Aberglauben, Bigotterie, die Hingabe an den geisttötenden Mummenschanz kirchlicher Prozessionen, Gewalttätigkeit und anderes mehr.

Schwarze und graue Töne beherrschen auch die Werke von Künstlern der spanischen Moderne. Hier sind zu nennen Maria Gutiérrez Blancharol (1881-1932), José Gutiérrez Solana (1886-1945), Juan Gris (1887-1927) und andere, in deren Gemälden die verschiedensten Themen in den Schwarz-Weiss-Kontrast eingebunden werden. Der Bildhauer Pablo Gargallo (1881-1934) eröffnet dem Kontrast der unbunten Farben mit seinen Werken *Máscara de Greta Garbo* (‚Maske Greta Garbos’; 1930) und *Gran Profeta* (‚Grosser Prophet’; 1933) die dritte Dimension (Konturen aus schwarzem Eisen vor weissem Hintergrund).

Der Tradition der Schwarz-Weiss-Skalierung zeigen sich auch Joan Miró (1893-1983), Salvador Dalí (1904-1989) und Pablo Picasso (1881-1973) mit einigen bekannten Werken verpflichtet. Dalis Gemälde *El enigma de Hitler* (‚Das Rätsel Hitler’) aus dem Jahre 1939 wird beherrscht vom Motiv des schwarzen Telefons, des Mediums, über das der Totalitarismus damals die Gesellschaft im Griff hielt. In Mirós Werk *Sin título* (‚Ohne Titel’; 1973) wird der Betrachter durch Einfachheit überrascht:

auf weissem Grund sind insgesamt dreizehn schwarze Punkte in unterschiedlichen Gruppierungen plaziert. Ist dies Werk ein Protest gegen die Verkomplizierung unserer Welt?

Das vielleicht berühmteste Werk der spanischen Tradition des Schwarz-Weiss-Kontrastes ist Picassos Monumentalgemälde *Guernica* (1937), das seine eigene politische Geschichte hat. Guernica ist der Name einer Stadt im Baskenland, die am 26. April 1937 von der deutschen Luftwaffe während des spanischen Bürgerkriegs bombardiert wurde. Auf Seiten der spanischen Faschisten unter Francos Führung standen auch deutsche Freiwillige, die Legion Condor. Die deutschen Verbände in Spanien waren die Vorreiter für das Wirken der deutschen Kriegsmaschinerie späterer Jahre.

Dass die Wahl für das Luftbombardement auf Guernica fiel, war kein Zufall. Die Stadt war der alte Versammlungsort der baskischen Landtage und galt wegen der „heiligen Eiche" als Nationalheiligtum der Basken. Der Luftangriff auf Guernica war der erste in der modernen Kriegsgeschichte, wo ein Ort flächendeckend – das heisst, ohne Rücksicht auf zivile Wohngebiete – bombardiert wurde. Die Stadt wurde damals fast vollständig zerstört.

Picassos Gemälde *Guernica* ist wie ein Aufschrei der geschundenen Menschlichkeit, ein aufwühlendes Denkmal des dem Terror Hilflos-Ausgeliefertseins, ein flammender Protest gegen den Krieg. Das Leben ist zum Ausnahmezustand geworden, es gibt keine bunten Farben mehr, nur noch graue Konturen zwischen Schwarz und Weiss. Picasso wollte nicht, dass sein Werk *Guernica* in Spanien gezeigt würde, solange dort der Faschismus herrschte. Lange Jahre war *Guernica* im Metropolitan Museum in New York zu sehen. Im Jahre 1981, sechs Jahre nach Francos Tod, wurde *Guernica* nach Spanien gebracht und hängt heute im Centro de Arte Reina Sofia in Madrid.

Der Schwarz-Weiss-Kontrast ist aber nicht immer befrachtet mit der Symbolik des Düsteren, er kann auch eine rein technisch-funktionale Rolle übernehmen, so wie bei Henri Matisse (1869-1954) in dessen Aktserie mit verschiedenen Farben im Kontrast zu Weiss. Hierzu gehört auch das Bild *Nu assis, jambes croisées* (‚Sitzender Akt mit gekreuzten Beinen') von 1941-42. Hier dient der schwarze Hintergrund allein als Kontrastschirm, der das Profil der weiblichen Gestalt hervortreten lässt. Irgendwelche symbolischen Assoziationen mit dem Farbkontrast sind nicht auszumachen.

Nach dem Zweiten Weltkrieg erlebt die Farbe Schwarz in der Malerei eine ungeahnte Renaissance, und dies in Nordamerika wie in Europa (Schor 1999). In Paris wird die Rolle von Schwarz von Künstlern wie Hartung, Schneider, Bryen, Soulages und Atlan diskutiert. Im Jahre 1948 organisiert die Galerie des Deux Îles eine Ausstellung mit dem Titel „Black and White". Es folgen weitere schwarzorientierte Ausstellungen, an denen sich auch amerikanische Künstler mit ihren Werken beteiligen. In den USA entwickelt sich die Richtung des „Abstrakten Expressionismus", für deren Vertreter Schwarz zur Kultfarbe wird.

> „Schwarz war eine heilige Farbe für die Abstrakten Expressionisten; sie war ihr Lapislazuli. Sie mystifizierten sie, teilweise wegen ihrer Nüchternheit, teilweise weil die Fähigkeit, ein gutes, starkes Schwarz produzieren zu können, etwas exquisit Machohaftes an sich hatte" (Sylvester 1997: 397).

Der Schwarz-Weiss-Kontrast als künstlerisches Stilmittel

Die Realisierung von Kontrasten zwischen dem extrem Dunklen und dem extrem Hellen waren früher auf die Malerei beschränkt. Mit der Erfindung der Fotografie, deren Technologie in den Anfängen nach ihrem Erfinder, Louis Daguerre (1787-1851), Daguerreotypie genannt wurde, konnte sich der künstlerische Schwarz-Weiss-Kontrast in einem neuen Medium ausdrücken (Scheid/Romer 1997). Die frühen Daguerreotypisten haben ausgiebig mit Schatten- und Licht-Effekten experimentiert. Ein Genre, in dem diese Experimente erfolgreich zur Anwendung kamen, waren der bildenden Kunst nachempfundene Stilleben, wobei das bevorzugte Hauptobjekt der weibliche Akt war.

Hellhäutige Frauen posierten inmitten einer Landschaft von dunklen drapierten Stoffen und dunklen Möbeln in einem ebenfalls dunklen Interieur. Den stärksten Kontrast erreichten die Fotokünstler in solchen Konfigurationen, wo eine weisse Frau mit schwarzem Haar und irgendeinem schwarzen Accessoire (z.B. schwarzen Strümpfen oder einem Spitzenhemdchen) auf einem schwarzen Canapé oder auf einem Bett mit dunkler Decke posierte.

Über hundert Jahre lang haben Künstler und Designer mit fotografischer Technik das Genre des Stillebens mit weiblichem Akt als Schauobjekt gepflegt. In der Moderne ist man auch darauf gekommen, dass eine Frau nicht unbedingt dann und dadurch erotische Wirkung ausstrahlt, dass sie vollständig nackt abgelichtet wird, sondern auch – oder vielleicht eher – durch die Art, wie ihr bedeckter Körper in einer bestimmten Pose die erotische Fantasie anregt. Die Wahl geeigneter Posen erfordert Fantasie und den kreativen Einsatz fototechnischen Know-hows. Dieser intentionale Einsatz menschlicher Schauobjekte, der einen besonderen Sinn für Arrangements erfordert, heisst in der Fachsprache der Fotografen das Posing.

Von einem Fotofachmann stammt auch die folgende Stellungnahme über dieses Genre:

> „Aktfotografie bleibt eines der fantasievollsten Aufnahmegebiete, vereint sie doch Regiekünste, Technik, Kreativität, Ästhetik und nicht zuletzt die Freude an Erotik und Sinnlichkeit" (Sigrist 1998: 30).

Die grösste Herausforderung der Aktfotografie ist vielleicht der Umgang mit der Schwarz-Weiss-Technik, wobei es um das kreative Umsetzen von Farben in Grautönungen geht (Schwarz und Weiss 1999).

Im Schwarz-Weiss-Kontrast kommt dem Posing eine ganz besondere Rolle zu. Ein modernes Stilleben mit einer Frau in erotischer Pose kann – wie Silverman (1996: 211 f.) zeigt – zum Objekt einer Kunstinterpretation werden, wie jedes beliebige, andere Stilleben mit anderen Objekten auch (z.B. mit Früchten, Blumen, Schreibutensilien). Auf einen Unterschied gegenüber Stilleben ohne Menschen geht Silverman im besonderen ein, nämlich auf den sensuellen Spannungsbogen, der durch den dunklen Untergrund (schwarze Bettlaken) und das schwarze Haar im Kontrast mit dem weissen Körper und der weissen Bluse erzeugt wird. Die Aufmerksamkeit des Betrachters wird auf das Schauobjekt „Frau" in erotischer Pose gelenkt, denn der Blick konzentriert sich zwangsläufig auf die lichtvollen Partien.

In der Schwarz-Weiss-Fotografie wird die bunte Welt in ein unbuntes Gefüge von Grau-Abtönungen zwischen den Extremen Schwarz und Weiss transformiert. Manche Kontraste werden schärfer als in der Realität, andere werden schwächer. Schwarz-Weiss-Fotografie bietet nicht einfach eine Reduktion der Buntheit auf die Kategorien des Unbunten, sondern sie liefert eine eigene Interpretation der Realität. Während sich diese besondere Interpretation der Realität im Fall der Schwarz-Weiss-Fotografie auf das Visuelle beschränkt, gibt es eine Kunstform, die ausschliesslich auf Hell-Dunkel-Kontraste ausgerichtet ist, und bei deren Umsetzung von Buntheit ins Unbunte sich ein weites Feld audio-visueller Eindrücke öffnet.

Dies ist die Welt der javanischen *wayang purwa*, der ‚Schattenpuppe(n)‘; (Pausacker 1996). Von der Farbenpracht der Puppen sieht der Zuschauer nichts; die Theatervorführung konzentriert sich auf die Interaktion der Puppen in Form ihrer Schatten. Hinter der Bühne bewegt der Puppenmeister (javan. *dhalang*) die Puppen vor einer Lampe, die die Schatten auf eine lichtdurchlässige weisse Leinwand wirft. Der Puppenmeister ist zugleich Choreograph und Erzähler, der ganze Theaterstücke auswendig rezitiert.

Das Schattenpuppentheater (*wayang kulit*) hat rituelle Ursprünge. Heutzutage werden Aufführungen nur zu bestimmten Anlässen geboten, anlässlich einer Kindtaufe oder einer Beschneidung. Es heisst, dass die Aufführung des Schattenpuppentheaters demjenigen, der sie als festlichen Akt für die Familienfeier bestellt, Glück bringt.

3. Farben im Griff der Sprache
– Farbterminologien und Farbmetaphern

> „ROT ist nicht „rot" ist nicht [rot]"
> (Lehmann 1998)

Die tiefgreifende Wirkung, die die unbunte Farbe Schwarz auf die menschliche Vorstellungswelt und auf das Unterbewusstsein ausübt, spiegelt sich im Facettenreichtum der Sprachbilder, die sich am Schwarzsein orientieren. Die betreffenden Wortungsprozesse verlaufen nicht nach objektiv festgelegten Regeln, die es im Labyrinth unserer Sprache nicht gibt, sondern wie Farben benannt werden, hängt untrennbar mit unseren kulturellen Wertmasstäben zusammen. Die Farbwortskala einer jeden Sprache ist so relativ wie das Verständnis der Wirklichkeit, in und mit der wir leben.

Die sprachlichen Zeichen für unsere bunte und unbunte Welt sind ebenso wie unsere Vorstellungen davon abhängig von unseren subjektiven Wertungen. Die vielschichtige Metaphorik unseres Sprachgebrauchs verwirrt unser Denken womöglich mehr, als dass sie klärende Sprachbilder bereitstellt. Ein Ding, das wir schwarz nennen (z.B. ein „Schwarzer" = Neger, Farbiger), ist nicht notwendigerweise wirklich schwarz, und Dinge, die unsere Fantasiegebilde sind (z.B. der Teufel als Personifikation des Bösen) sind nur deshalb schwarz, weil wir diese Farbe in unserer irrationalen Vorstellung damit assoziieren.

Am Beispiel der sprachlichen Konstruktion unserer farbigen Umwelt lässt sich beispielhaft demonstrieren, dass Sprache das effektivste Instrument für den Aufbau unserer Kultur ist und gleichzeitig Medium des grössten Verwirrspiels für unsere gedankliche Orientierung.

Sprachliche Konstruktionen des Schwarz-Seins und die Relativität von Farbwörtern

Nicht nur die Beziehungen zwischen optischen Farbimpulsen und deren Umsetzung in kognitive Kategorien sind komplex, auch die Umsetzung von Farbbegriffen auf der mentalen Ebene in sprachliche Zeichen ist ein vielschichtiger Prozess. An der Transposition von Farbbegriffen in Farbausdrücke ist zu erkennen, dass die begriffliche Differenzierung in der

Welt der Farben mit der Infrastruktur der farbigen Objektwelt assoziiert ist, dass also Farbterminologien mit ihren semantischen Strukturen keine isolierten Engramme unseres Gehirns sind.

Wenn man nach Bezeichnungsfeldern sucht, in denen sprachorientiertes Denken aufs engste mit visuellen Eindrücken verknüpft ist, so bietet die Domäne der Farbausdrücke einen exemplarischen Einblick. Die farborientierte Metaphorik verdeutlicht auf ihre Weise, dass Sprache und Denken in einer engen Wechselbeziehung zur Verarbeitung und Umsetzung visueller Erfahrungen stehen. Betrachtungen über Farbterminologie sind jedenfalls geeignet, die These zu erhärten, wonach das menschliche Denken von visuellen Eindrücken abhängig ist (Arnheim 1969).

Der Umgang mit Farbeindrücken gehört mit Sicherheit zu den Grunderfahrungen des Menschen, und die sprachliche Konstruktion der farbigen Welt ist damit Teil uralter Begrifflichkeit. Farbausdrücke finden wir in den ältesten Schichten des Wortschatzes unserer Sprachen, und diese Elemente gehören zum lexikalischen Bestand, mit deren Hilfe Sprachverwandtschaften rekonstruiert werden. Ein besonders stabiles Element in solchen Rekonstruktionen ist der Begriff „schwarz" und der damit eng assoziierte Begriff „dunkel".

Diese Begriffe spielen nicht nur bei der Rekonstruktion des Wortschatzes grundsprachlicher Protoformen einzelner Sprachfamilien (z.B. Khoisan- bzw. Buschmann-Sprachen) eine Rolle, sondern sie sind auch von zentraler Bedeutung für die Erschliessung von verwandtschaftlichen Beziehungen zwischen Sprachfamilien in Makrogruppierungen selbst. Die Rekonstruktion solcher ursprachlicher Verwandtschaften weist in eine Zeit zurück, die vor der Ausbildung individueller Sprachfamilien liegt, also etwa 8.000 bis 10.000 Jahre vor der Jetztzeit. Solche Rekonstruktionen gehören zum Aufgabenbereich der Glottogonie (Wissenschaft von der Sprachentstehung) oder der linguistischen Taxonomie.

Für den Wortschatz der nostratischen Makrogruppierung, zu der indoeuropäische, afroasiatische, uralische, altaische, dravidische und andere Sprachen gehören (z.B. Sprachen Amerikas), ist auch ein Grundwort für den Begriff ‚schwarz' erschlossen worden (Ruhlen 1994: 225):

- Nostratisch *k'arä ‚schwarz; dunkel'
- Proto-Afroasiatisch *k'r/kr; Proto-Indoeuropäisch *ker-/ker-s; Proto-Altaisch *karä, Proto-Dravidisch *kar/kar, japanisch kuroi, amerind

*k'ara (z.B. Tutelo *ikare*, Atacameño *kirikiri*, araukanisch *kuru*, Opaie *kora*).

Die lexikalischen Rekonstruktionen älterer Vorstufen der historischen Sprachfamilien in Amerika berücksichtigen etliche andere Farbbegriffe wie ‚rot', ‚gelb', ‚weiss', usw.

Wenn hier hervorgehoben wird, dass Farbausdrücke zu den ältesten Bestandteilen des Wortschatzes gehören, so besagt dies nicht automatisch, dass sämtliche Farbwörter in allen Sprachen alt und einheimisch (d.h. nicht entlehnt) sind. Einzelne Farbausdrücke können sehr wohl im Lauf der Sprachgeschichte ausgewechselt werden (s.u.). Immer aber gibt es in jeder Sprachfamilie und deren Einzelsprachen einige Farbbezeichnungen, die zum alten lexikalischen Bestand gehören.

Relative Realität und ihre relative Kategorisierung in der Sprache

Alle Sprachen der Welt kennen einen Ausdruck für „schwarz", ebenso für „weiss". Diese Feststellung entspringt der Logik, dass der Hell-Dunkel-Kontrast überall den Hintergrund für die bunte Welt darstellt. Die Eins-zu-Eins-Entsprechung von Farbton und sprachlichem Farbausdruck gilt aber nicht für alle bunten Farben. So wird in manchen Sprachen nicht zwischen grün, blau und grau unterschieden, wie beispielsweise in den keltischen Sprachen (z.B. irisch *gorm* ‚blau'; ‚grün'; ‚grau', kymrisch/walisisch *glas* ‚dass.'). Einfachen Geistern ist dazu im vergangenen Jahrhundert eingefallen, die Kelten der Antike wären vielleicht farbenblind gewesen, und deshalb hätte auch nicht die Notwendigkeit bestanden, entsprechende Unterschiede sprachlich auszudrücken.

Es lohnt nicht, über vermeintliche optische Kollektivschwächen ganzer Völker zu spekulieren, da die Erklärung für die fehlende sprachliche Farbunterscheidung ganz woanders zu suchen ist. Die keltischen Farbausdrücke waren ursprünglich alle gebunden an konkrete Objekte. Der kymrische Ausdruck *glas*, für den es so viele Übersetzungen gibt, bedeutete ursprünglich ‚naturfarben', was je nach der Assoziation mit einem bestimmten Naturphänomen als ‚blau' (wie in *mor glas* ‚blaues Meer'), ‚grün' (wie

in *pren glas* ‚grüner Baum') oder ‚grau' (wie in *craig las*[1] ‚grauer Fels-
block') zu übersetzen ist.

Objektgebundene Farbwörter (z.B. dt. falb für einen bestimmten Farbton
des Fells von Pferden) gibt es in vielen Sprachen der Welt, und manche
Farbterminologien beruhen vollständig auf assoziativen Vernetzungen
mit Objektbereichen, die für eine gegebene Lokalkultur besonders relevant sind. Auf diese Weise ist die Welt der Farben im Luri konstruiert,
einer Sprache, die in Luristan, im Südwesten Irans von iranischen Viehnomaden gesprochen wird. Nach Friedl (1979: 53) gibt es für die meisten Farbbegriffe gar keinen einheitlichen Ausdruck, da jede Farbe mit
einer bestimmten Tierart assoziiert ist:

	Farben			
Tierart	*‚schwarz'*	*‚weiss'*	*‚braun'*	*‚grau'*
Pferd	se	sorkhan	kehar	ghazl
Esel	zarda	souz	–	gheza
Schaf	kal	sisar	bur	kou
Ziege	se / kou	alus	sor / seri	tal
Kuh	se	souz	mur / zard	kou
Huhn	se / ghaz	sefid	zard	kou

Die Verwendung objektgebundener Farbwörter ist als spezifische Erscheinung einer lexikalischen Strukturierung der Farbterminologie nicht
beschränkt auf die Sprachentwicklung in traditionalen oder vorindustriel-
len Gesellschaften. Auch in unserer modernen Welt spielen objektgebundene Farbwörter eine wichtige Rolle. Eine Domäne, wo die fachspezifi-
sche Farbterminologie bis zum gewöhnlichen Konsumenten durchdringt,
ist die Mode. Die Farbskala in dieser Fachbranche ist selbstverständlich
viel ausgedehnter als in der Normalsprache (Klaus 1989).

Die zahlreichen Nuancen von Grundfarben werden überwiegend objekt-
gebunden bezeichnet, wobei jeweils ein Farbträger aus dem Erfahrungs-

---

[1] In den keltischen Sprachen gibt es eine phonosyntaktische Besonderheit, die sogenannten „Mutationen". Der Anlaut eines Adjektivs, das einem Substantiv mit femi-
ninem Genus nachgestellt wird, verändert sich nach bestimmten Lautregeln. Kymr.
craig ‚Felsen' ist feminin, daher verändert das Adjektiv *glas* seine Form zu *las* (s.
Russell 1995: 115 f.).

bereich der Menschen als Bezugspunkt gewählt wird. Während in den 1980er Jahren noch viele objektbezogene Farbwörter in adjektivischer Form auftraten (z.B. lagunengrün, honigblond, currygelb, sandbeige, olivgrün), sind seit Mitte der 1990er Jahre immer mehr substantivische Farbattribute in den Modezeitschriften zu finden: z.B.

Analogiefeld	Farbnuancen
Pflanzen	*Brombeer, Tanne, Schilf, Mais, Olive, Kirsch, Hasel, Zitrone*
Tiere	*Hummer, Camel, Taupe*
Naturprodukte, Esswaren	*Honig, Vanille, Nougat, Esswaren Crème*
Metalle	*Silber, Kupfer, Platin, Gold*
Mineralien	*Amethyst, Anthrazit, Ocker*

Analogien bauen unter Umständen auf kulturelle Sachverhalte. Das in der Modesprache übliche Farbattribut Bordeaux ist ein Beispiel dafür. Die traditionsreiche Winzerregion in Südwest-Frankreich produziert Weine, die einen charakteristischen Rotton annehmen. Diese spezifische Schattierung eines Weinrot dient als Analogie für die beliebte Modefarbe. Auch der Farbton Taupe erklärt sich kulturell. Die Übersetzung dieses französischen Ausdrucks, der unverändert ins Deutsche übernommen wird, ist ‚Maulwurf'. Da dieses wenig geliebte Tier recht ordinär ist, passt es schlecht zum Chic der Modewelt. In seiner französischen Verkleidung ist der Ausdruck dagegen hoffähig.

In der Sprachwissenschaft hat man sich seit Jahrzehnten darüber gestritten, ob die Farbterminologie geeignet ist, die Existenz eines linguistischen Relativitätsprinzips zu bekräftigen oder nicht. Die Theorie, wonach die Sprache unser Denken determiniere, wurde von B.L. Whorf und E. Sapir in den 1940er Jahren aufgestellt. Es hat nicht an Versuchen gefehlt, die Gültigkeit der Sapir-Whorf-Hypothese von der linguistischen Relativität in den Strukturen der Farbterminologie aufzuspüren oder eine solche zu negieren (z.B. Gipper 1955, Berlin/Kay 1969, Durbin 1972, Kay/McDaniel 1978, MacLaury 1992).

Die Radikalität der Standortbestimmungen in dieser Kontroverse verliert allerdings ihre Brisanz, wenn man sich bemüht, den Begriff der linguistischen Relativität selbst zu differenzieren. Die Relativität sprachlicher Strukturen als solche kann nicht negiert werden, da historische Einzelsprachen beliebige Bezeichnungsbereiche – ob nun die Farbterminologie, die Bezeichnungen der Körperteile, Zeitbestimmungen oder die Terminologie sozialer Beziehungen – einzelsprachlich spezifisch strukturieren. Unterschiede treten bereits in der intralingualen Perspektive zu Tage, etwa bei einem Vergleich der Bezeichnungsstrukturen verschiedener Varianten derselben Sprache (z.B. Schriftsprache versus lokaler Dialekt versus Fachsprache = Technolekt). Auf diesen Aspekt der linguistischen Relativität weist Lehmann (1998: 132 f.) ausdrücklich hin.

Beispielsweise weicht das Ausdruckspotential der Modefarbwörter signifikant von der alltagssprachlichen Terminologie ab. In der Modesprache werden Farbabtönungen bezeichnet, die in der Alltagskommunikation gar nicht thematisiert werden, u.zw. deshalb nicht, weil entsprechende Nuancierungen keine Rolle spielen. Diese Feststellung gilt für alle Sprachen, in denen sich ein Technolekt der Modewelt entwickelt hat.

Schwieriger ist die Beurteilung der linguistischen Relativität, wenn es um den Aspekt der Beziehung von Sprache und Denken geht. Prägen die Strukturen unserer Sprache unsere Denkweisen oder verhält es sich gerade umgekehrt, dass unser Denken Priorität besitzt? Es kommt eine dritte Komponente ins Spiel, und dies ist die Perzeption, im Fall der Farben die Umsetzung optischer Impulse in Farbbegriffe und -ausdrücke. Neuerlich haben sich Erkenntnisse durchgesetzt, wonach nicht das sprachliche Instrumentarium, sondern der Mechanismus der Perzeption von Farbimpulsen unser Denken entscheidend beeinflusst. Dies schliesst die Annahme linguistischer Relativität nicht aus, plaziert die Problematik allerdings auf eine neue Ebene.

Es lohnt sich zu fragen, ob unser Umgang mit Farben nicht Ausdruck einer komplexen Relativität ist, wonach nicht nur die Mechanismen, wie Menschen unter unterschiedlichen Umweltbedingungen Farben perzipieren, nicht nur die Parameter, nach denen sie ihre bunte und unbunte Umgebung sprachlich aufbauen, sondern auch die Präferenzen, denen sie Farbbegriffe in ihrem Denken unterwerfen, dafür verantwortlich sind, wie unterschiedlich die bunte und unbunte Welt in Lokalkulturen konstruiert wird. Die Lebensbedingungen der erwähnten Viehnomaden Luristans sind dafür verantwortlich, dass die dortigen Menschen ihre auf Tiere gerichtete besondere Aufmerksamkeit auch sprachlich umgesetzt haben.

Über die kulturelle Wertung dessen, was in der sozialen Umwelt für relevant gehalten wird, wird die Aufmerksamkeit auf spezifische Sachverhalte

62

gelenkt, die Perzeption entsprechend manipuliert und auf diese Weise das Profil der lexikalischen Strukturen geprägt. Ist erst einmal die Farbterminologie ausgebildet, wird diese von einer Generation zur nächsten tradiert und dominiert ihrerseits das Denken und Sozialverhalten der Sprecher. Im Zusammenhang mit der Tradierung eines bestimmten Kulturmusters wirkt dann die Sprache als Motor kulturellen Handelns determinierend.

Farben als Ideenkonstrukte und ihre sprachlichen Äquivalente

Je mehr Sprachen man vergleicht, desto mehr Divergenzen stellt man in den Terminologien fest. Die meisten europäischen Sprachen unterscheiden die Grundfarbtöne auch durch jeweils eigene Ausdrücke. Die Situation ist aber vielfach ganz anders in solchen Sprachen, die weitab von unserem Kulturkreis gesprochen werden. Als Beispiele für starke Divergenzen im Panorama der Farbausdrücke sei hier auf einige Indianersprachen Mexikos hingewiesen, die keine strikte Trennung zwischen Grundfarben kennen. Die Wortung der Farbskala wird hier in einen Kontrast zur Farbterminologie des Spanischen gestellt (Castañeda 1988: 96 f.):

Spanisch

Einheimische Terminologie (sechsgliedrig)	Deutsche Äquivalente (Farbschattierungen)
Rojo	Hell- bis Mittelrot
Morado	Dunkelrot
	Braun
	Grau-Braun
Azul	Tiefblau bis Mittelgrün
Verde	Hellgrün bis Gelb-Grün
Amarillo	Zartgelb bis Mittelorange
Anaranjado	Orange bis Orangerot

Tarahumara (eine uto-aztekische Sprache)

Einheimische Terminologie (viergliedrig)	Deutsche Äquivalente
Sitana	Mittelorange bis Mittelbraun
Siyomerinara	Braun bis Dunkelblau
Siyoname	Mittelblau bis Gelb-Grün
Behuari	Zartgelb bis Orange

Totonaco von Papantla (totonakische Sprachfamilie)

Einheimische Terminologie (viergliedrig)	Deutsche Äquivalente
Tz'utz'oco	Mittelorange, Rot bis Hellbraun
Sp'up'oko	Braun, Blau bis Mittelgrün
Xtacni	Grün bis Gelb-Grün
Smucucu	Gelb bis Orange

Popoluca von Oluta (eine Mixe-Zoque-Sprache)

Einheimische Terminologie (dreigliedrig)	Deutsche Äquivalente
Zábatz	Mittelorange, Rot bis Dunkelblau
Xuxuc	Mittelblau bis Zartgrün
Pútzputz	Gelb-Grün bis Orange

Die Terminologie der hier verglichenen mexikanischen Indianersprachen für die bunten Farben ist entweder drei- oder viergliedrig. Dabei kann die begriffliche (bzw. visuell-physiologische) Differenzierung der Farbskala in einer Vierer-Terminologie durchaus von Sprache zu Sprache variieren (vgl. Tarahumara versus Totonaco von Papantla). Im Vergleich dazu fungiert im Spanischen eine sechsgliedrige Skala von Ausdrücken für bunte Grundfarben.

Die hier in einen Vergleich gestellten Farbterminologien legen die Vermutung nahe, dass die in der sprachwissenschaftlichen Forschung üblichen Differenzierungen zwischen sogenannten Grundfarbwörtern (basic color terms) und solchen, die nicht zu dieser Gruppe gehören, als a priori-Kategorisierung offensichtlich zu künstlich sind und sich kaum sinnvoll für einen Reihenvergleich von Einzelsprachen eignen. Als besondere

64

Einschränkung für die Anwendung eines Vergleichsschemas mit angeblich universeller Gültigkeit gilt die empirische Feststellung, dass die Gravitationen der Abtönungen angeblicher Grundfarben in den verglichenen Sprachen variieren können (z.B. ein Oszillieren zwischen hellgrün und türkis, zwischen hellrot und hellbraun).

Das Oszillieren von Abtönungen nimmt zu, wenn sich die Farbskala in den Bereich von „Sonderfarben" ausdehnt. Beispielsweise ist bereits seit der Antike bekannt, dass es keine einheitliche Farbe „Purpur" gibt, sondern dass man im terminologischen Wortschatz der Färber jeweils Spezialtermini für einzelne Farbnuancen findet (Sandberg 1997: 37). Im Alten Testament findet sich die sprachliche Differenzierung zwischen hebräisch *tekhelet* (‚purpur-blau') versus *argaman* (‚purpur-rot'). Der römische Schriftsteller Marcus Vitruvius (1. Jh. v. Chr.) unterscheidet zwischen rotem Purpur aus Tyros und blauem Hyazinthen-Purpur.

Die Farben, die für ein lokales kulturelles Milieu relevant sind, werden jeweils von der einzelsprachlichen Terminologie herausgestellt und gegenüber den weniger wichtigen Ausdrücken abgesetzt. Daher ist die Transposition des Systems von Farbbegriffen, die für Europäer relevant sind, auf afrikanische oder australische Sprachen äusserst bedenklich.

Einzelsprachlich-relativ ist nicht nur die Ausdifferenzierung der Farbwortskala als solche, sondern auch die Verflechtung dieser Skala mit anderen Bezeichnungsbereichen des Wortschatzes einer Sprache. In vielen Sprachen – so auch in den europäischen – ist jeweils eine eigene Sektion des Lexikons für Farbbenennungen reserviert. Es gibt andererseits Sprachen, wo die Farbwörter unmittelbar mit anderen lexikalischen Sektionen assoziiert sind. Beispielsweise kennt das Altägyptische keine „absoluten" (d.h. exklusiven) Farbwörter. Altägyptische Bezeichnungen für Farben kennzeichnen gleichzeitig Stimmungen oder Wertungen, d.h. dieselben Ausdrücke werden sowohl für Farben als auch für Wertungsattribute verwendet (Quirke 2001: 188 f.):

Ägyptischer Ausdruck	Übersetzungen
km	schwarz, dunkel
ḥḏ	weiss, hell
dšr	rot, bräunlich, aus Jaspis gemacht
w3d	grün, frisch
ḫsbd	blau, Lapislazuli

Die ägyptischen Farbwörter definieren sich also in einer komplexen, gleichsam doppelt ausgerichteten Weise im Kontrast mit anderen Ausdrücken, zum einen bezogen auf die Unterscheidung reiner Farbtöne, zum anderen eingebunden in einen spezifischen Wahrnehmungshorizont mit kulturell vorgegebenen Assoziationen.

Bedingungen des Farbwortgebrauchs im Sprachkontakt

Eines der zählebigsten und scheinbar unausrottbaren Vorurteile über Sprache ist die landläufige Annahme, Begriffe, die durch Anschauung bekannt sind, würden nicht entlehnt. Danach gehören Begriffe aus dem Bereich der Verwandtschaftsbeziehungen wie ‚Mutter' oder ‚Onkel', der Gliederung von Körperteilen wie ‚Schenkel' oder ‚Stirn', der Strukturierung des Farbspektrums wie ‚weiss' oder ‚rot' zu einem imaginären präkulturellen „Basiswortschatz", der sich in jeder Sprache angeblich nur aus einheimischen Ausdrücken zusammensetzt.

In den Untersuchungen zum „Basiswortschatz" von Sprachen bedient man sich mit Vorliebe einer Auswahlliste von sogenannten „präkulturellen" Begriffen (in der älteren Forschung mit 200 Elementen, in der neueren Fassung mit 100 Elementen), wozu auch die Grundfarbwörter zählen. Die Idee solcher Listen zum „Basiswortschatz" stammt von M. Swadesh, dessen wichtigste Texte von J. Sherzer (1971) ediert worden sind.

Die Zahl der Sprachen ist gross, deren angeblich „präkultureller" Wortschatz mehr oder weniger stark von Fremdeinflüssen überformt worden ist. In Haarmann (1991: 232 f.) werden zwei Sprachen mit exemplarisch starker Durchdringung dieses Teils ihrer lexikalischen Strukturen, Hethitisch und Khmer (Kambodschanisch) vorgestellt. In beiden Sprachen finden wir zu mehr als der Hälfte der Begriffe in der 100-Liste Entlehnungen. Im Hethitischen gehören dazu auch etliche Farbwörter sumerischen Ursprungs, u.zw. für ‚rot' (< sumer. *sa*), ‚grün' (< *sig*), ‚weiss' (< *babbar*) und ‚schwarz' (< *gíg*).

Die Annahme von der angeblichen Nicht-Entlehnbarkeit bestimmter Wörter ist ein eigentlicher Mythos über Sprache. Beispiele von entlehnten Ausdrücken für einige der erwähnten, angeblich „präkulturellen" Begriffe sind finnisch *äiti* ‚Mutter' (< germanischer Herkunft), deutsch *Onkel* (< französisch), albanisch *kofshë* ‚Schenkel' (< lateinisch), baskisch

66

boronte ‚Stirn' (< lateinisch), kymrisch *coch* ‚rot' (< lateinisch), spanisch *blanco* ‚weiss' (< germanisch). Das Spanische ist hier stellvertretend für die westromanischen Sprachen erwähnt worden, denn die Entlehnung des germanischen Farbausdrucks für Weiss und andere Farben gilt ebenfalls für das Französische, Italienische, Portugiesische, u.a.

In einigen ostseefinnischen Sprachen ist der Ausdruck für „gelb" entlehnt, u.zw. aus dem Baltischen (Vorstufe der modernen Sprachen Litauisch und Lettisch); finn. *kelta* ‚gelber Farbton', *keltainen* ‚gelb', estn. *kold*, *koldne*, wot. *kelta*, *kelten*, u.a. Die Lehnwörter für „gelb" stammen aus der Periode vorchristlicher Kontakte von finnischen (d.h. uralischen) und baltischen (d.h. indoeuropäischen) Bevölkerungsgruppen im Baltikum. Entlehnte Farbwörter im Baskischen sind *gorri* ‚rot' (keltischer Herkunft) und *berde/perde* ‚grün' (spanischer Herkunft); (Trask 1997: 267). Bask. *gorri* ist ein sehr altes Lehnwort; es stammt aus der vorrömischen Epoche, als Festlandkelten im nördlichen Teil Spaniens und im Südwesten Frankreichs siedelten. Bask. *berde* dagegen ist frühestens im Mittelalter entlehnt worden.

Auch der Farbbegriff „schwarz" ist nicht gegen Entlehnung immun, auch wenn jeder Sprecher irgendeiner Sprache der Welt die Schwärze der Nacht und damit den Farbton kennt. Ausser dem bereits erwähnten Fall des sumerischen Lehnworts im Hethitischen gehört hierher auch das Sanskrit, eine der ältesten schriftlich überlieferten indoeuropäischen Sprachen, wo der Ausdruck für ‚schwarz', *kala*, nichtindoeuropäischer (u.zw. drawidischer) Herkunft ist. In der Sprache der Iban auf der Insel Kalimantan (Borneo) ist der Ausdruck für „schwarz" (*itam*) ebenfalls entlehnt, u.zw. aus dem Festlandmalaiischen (Haarmann 1990a: 16, 1990b: 75 f.).

Im Tagalog, der nationalsprache der Philippinen, sind verschiedene Synonyme zur Bezeichnung von „schwarz" in Gebrauch. Zwei Ausdrücke sind einheimisch (malaiisch), u.zw. *itim* sowie *maitim*. Der dritte Ausdruck ist *negro*, und dieses Wort ist spanischer Herkunft (English 1991: 930). Länger als drei Jahrhunderte waren die Philippinen spanische Kolonie, bis zum amerikanisch-spanischen Krieg des Jahres 1898, als die USA die politische Kontrolle über das Land übernahmen. Noch heute sind im Tagalog Hunderte von spanischen Lehnwörtern erhalten, unter anderem auch die spanische Zahlenreihe, die synonym zu den einheimischen Zahlausdrücken verwendet wird.

Die Entlehnung von Farbwörtern ist geradezu typisch für bestimmte Branchen der industrialisierten Welt, unter anderem für die Fachsprache der Mode. Das in europäischen Sprachen weit verbreitete Farbwort *beige* ist französischer Herkunft und stammt ursprünglich aus der am Französischen orientierten Modefachsprache. In deutschen Modezeitschriften finden wir zahlreiche entlehnte Farbwörter, insbesondere zur Bezeichnung von bestimmten Abtönungen; z.B. *taupe* (ein ins Bräunliche gehender Grauton), *grège* (Grauton mit leichter Rottönung), *bleu* (lichtblau), *azur* (meeresblau).

Ein Beispiel für die Übernahme eines kompletten Satzes von Farbwörtern bietet der Umgang mit modischen Farbausdrücken englischer Herkunft in japanischen Massenmedien. Natürlich besitzt das Japanische seine eigene heimische Farbterminologie. Die einheimischen Ausdrücke für unbunte Farben sind jap. *kuroi* ,schwarz' und *shiroi* ,weiss'. Bunte Farben werden mit *midori* ,grün', *aoi* ,blau', *akai* ,rot' und mit dem typisch japanischen Farbwort *murasaki* (Farbskala von Purpurrot bis Dunkelviolett) bezeichnet.

Ein zusätzlicher Faktor in der modernen Sprachlandschaft Japans ist das Englische, das als Modernitätssymbol fungiert, und daher werden die Modefarben mit englischen Lehnwörtern bezeichnet. Dazu gehören ausser den unbunten Farbwörtern *burakku* ,schwarz' (< black) und *howaito* ,weiss' (< white) auch *gure* ,grau' (< grey), *buru* ,blau' (< blue), *gurin* ,grün' (< green), *reddo* ,rot' (< red), *yero* ,gelb' (< yellow), *pinku* ,rosa' (< pink), *orenji* ,orange' (< orange); (Haarmann 1989: 190 f.). In der kommerziellen Werbung werden englische Originalfarbwörter in Lateinschrift auch in japanische Texte integriert.

Abschied von der vertrauten Welt sprachlicher Farben

Die nüchterne Welt des Informationszeitalters fordert mehr als die konventionellen Farbterminologien bereitstellen können. Schon längst reichen die Benennungen von Grundfarben nicht mehr aus, und auch das Ausweichen auf Objekte mit typischen Farbtönen (z.B. Olive, Kirsche, Gold) als Zusatzattribute von Farbwörtern bietet nicht genug Nuancenreichtum. Die moderne Technik ist auf exakte Definitionen von Farbschattierungen angewiesen, und deren Zahl geht für praktische Zwecke in die Hunderte.

Autohersteller operieren im Produktionsprozess schon seit langem nicht mehr mit Farbbenennungen, sondern orientieren sich an numerischen Farbskalen, wo Farbtöne exakt gegeneinander abgegrenzt werden. Erst zur Beschreibung des Endprodukts, des Wagens, für den Käufer wird in der Werbung die Farbe wieder sprachlich identifiziert. Dies ist möglich, weil für den potentiellen Käufer die technisch-exakte Abgrenzung einzelner Farbtöne kaum relevant ist. Für ihn ist der farbästhetische Gesamteindruck entscheidend.

In den verschiedenen Branchen der Industrie, wo exakte Farbdefinitionen verlangt werden, sind seit Jahren Kartierungen von Farbfeldern in Gebrauch, deren einzelne Nuancen durch einen Code identifizierbar sind. Textilhersteller, Schuh- und Möbelfabrikanten, die Produzenten von elektronischen Artikeln (Handys, Fernseher, Stereoanlagen, u.a.), Designer und Künstler verlassen sich auf diese Codes, die aus Buchstaben oder Ziffern bestehen, oder aus einer Kombination von beiden.

Eine der grossen Erfolgsstories unserer Zeit ist die Geschichte der Firma Pantone, die im Jahre 1942 von Lawrence Herbert gegründet wurde, und die ihren Sitz im US-Bundesstaat New Jersey hat (Finlay 2002: 435 f.). Herberts Traum war es, irgendeinem Hersteller irgendwo in der Welt gerade den Farbton zu liefern, den er haben wollte, und sei er noch so ausgefallen. Pantone entwickelte ein System von Farbcodes und stellte eine Color Chart auf. In dieser Farbskala werden 1.114 Farbtöne mit Hilfe eines ausgeklügelten Zifferncodes identifiziert.

Die Nummer 280c entspricht einem Blauton, der typisch für die Wasserflächen in der finnischen Seenlandschaft ist. Dieses Blau ist das Kennzeichen für die Verpackung von Schokolade der finnischen Firma Fazer, und diese Farbnuance ist mit dem Pantone-Code als Patent registriert worden. Exakte Identifizierungen nach der Pantone Color Chart sind für viele Farbschattierungen möglich, für die es gar keine passenden sprachlichen Beschreibungen gibt. Die Nummer 308 steht für eine Nuance von Türkis, mit 369c wird ein Grünton beschrieben, und 428u ist ein Grau, das in Richtung Schwarz tendiert (Eiseman 2000).

Ihren Aufschwung hat Pantone in den 1990er Jahren erlebt. Zunächst setzte sich die Pantone Color Chart in der Designbranche durch, und ihre praktische Bedeutung wurde schnell in anderen Industriebereichen erkannt. Heutzutage gibt es kaum noch Domänen, wo die Pantone-Codes nicht verwendet würden. Im OHIM (Office for Harmonization in the Internal Market) mit Sitz in Alicante (Spanien), in dieser wichtigsten Instanz für die Harmonisierung von Warenzeichen in der Europäischen Gemeinschaft, werden Farbkennzeichen von Warenzeichen mit Vorliebe auf der Basis der Pantone-Codes registriert. Zwar sind sprachliche Identifizierungen von Farbtönen weiterhin zugelassen, deren definitorische Unschärfe erschwert aber die Registratur.

Auf Dauer werden wir wohl mehr und mehr – auch im Alltagsleben – mit numerischen Codes für Farbtöne konfrontiert und werden uns daran gewöhnen müssen, damit zu leben. Unsere Welt der besprochenen Farben wird eingeengt und unser vertrautes sprachliches Instrumentarium wird schliesslich nurmehr Nischenplätze besetzen.

4. Farben und die Sprache der Seele
– Farbsymbolik in Religion und Okkultismus

> „Schwärze bedeutet zu begreifen, dass wir eine Welt bevölkern, wo
> wir alle Priester einer verlorenen Religion sind, und wir sind nur
> durch eine Art ästhetische Melancholie verbunden. Schwarz ist eine
> Metapher für Geburt: aus dem Nichts tauchen wir auf und wissen,
> dass wir ins Nichts zurückkehren, wie Schatten, die über die Bühne
> der Welt huschen" (Walter Le Moli, zitiert in Sozzani 1998: 115)

Schwarz ist nicht nur ein optisch-physiologischer Eindruck oder eine begriffliche Entität, die sprachlich mit eigenen oder entlehnten Ausdrücken
bezeichnet werden kann, es ist auch ein Begriff, der von kultureller
Sinngebung überfrachtet ist. Das Schwarz-Sein spielt eine Rolle in den
religiösen Traditionen, in der magischen Vorstellungswelt und in vielen
anderen symbolträchtigen Bereichen des menschlichen Kulturschaffens.

Dabei haben die Inhalte der am Schwarzen orientierten Sinngebung sowohl negative als auch positive Konnotationen, und diese rangieren in
einer breiten Palette vom Traurigen, Schrecklichen und Verwerflichen
bis hin zum Eleganten und zur Glücksverheissung, ja sogar bis zur göttlichen Erhabenheit.

Die Assoziationen der unbunten Farbe „Schwarz" mit der Sphäre des
Magisch-Religiösen stehen ebenso wenig isoliert da wie der sprachliche
Terminus für diesen Farbbegriff im Gefüge der Farbausdrücke. In vielen
kulturellen Milieus kann man beobachten, dass sich Assoziationen von
Schwarz in der Polarität zu denen von Weiss konstituieren, dass also der
Schwarz-Weiss-Kontrast – nicht die eine oder andere unbunte Farbe für
sich – das bestimmende Element der Metaphorik ist.

Gemäss der jüdischen und christlichen Tradition gehört zu den Eigenschaften des Schöpfergottes ein lichtvolles, strahlendes Wesen. Die Bindung der Lichtfülle an den Hochgott ist eine Reminiszenz des ägyptischen
Aton, dessen abstrakte Metaphorik sich auf die Strahlen der Sonne kon-
zentrierte (Haarmann 1998a: 96 f.). Wenn der Hochgott durch Lichtfülle
charakterisiert ist, assoziiert sich mit seinem Gegenpart, der Personifizierung des Bösen im Teufel, das Gegenteil, nämlich lichtlose Schwärze.

Die Metaphorik des Weissen vermittelt positive Eindrücke, wie im weissen Brautkleid, im weissen Taufkleid, im weissen Kommunionskleid. Das Weisse assoziiert auch eine traditionell von Christen hochgeschätzte Tugend: jungfräuliche Keuschheit. In den Gemälden der Renaissance-künstler, in denen die Verkündigung – die Ankündigung des Erzengels Gabriels, wonach Maria den Sohn Gottes gebären wird – thematisiert wird, finden wir die Requisite der weissen Lilie.

Schwarz ist im Kontrast dazu in unserem Kulturkreis negativ konnotiert. Schwarz ist im Christentum die Farbe der Trauer. Mit Schwarz versucht der gläubige Mensch unter anderem, sein Schmuckbedürfnis zu verdek-ken und dadurch seine bescheidene Rolle als Erdling im Angesicht des Herrn zum Ausdruck zu bringen. Schwarz und schmucklos ist die Klei-dung orthodoxer Juden und verschiedener christlicher Sekten.

Gläubige Unterwürfigkeit artikuliert sich aber auch ambivalent in beiden unbunten Farben. Im Iran ist die Farbmetaphorik in dieser Funktion auf das Schwarze festgelegt. Die typische Kleidung der Frauen ist der tief-schwarze Dschador (iran. *cador* ‚Schleier'), das Gewand mit Kapuze. Im arabisch-islamischen Kulturmilieu finden wir sowohl dunkle als auch weisse Kleidung. Schwarz dominiert beispielsweise in den arabischen Emiraten, Weiss dagegen im Sudan. Weiss gekleidet sind die Gläubigen, die sich im Heiligtum von Mekka bewegen. In Marokko sieht man Frau-en mit einerseits schwarzen, andererseits weissen Gesichtsschleiern.

Hinter der Assoziation der Farbe „Schwarz" mit der Trauer in der christ-lichen Welt verbirgt sich wohl eine lange nichtchristliche Tradition, nämlich die Identifizierung der westlichen Himmelsrichtung mit dem Sonnenuntergang, mit dem Sterben des Tages, mit dem Reich der Fin-sternis, mit der Unterwelt, mit dem Totenreich. Diese symbolische Kor-relation der Farbe „Schwarz" mit dem Westen ist in den Kulturen der Welt weit verbreitet. Beispiele für archaische Zivilisationen sind Ägyp-ten, der etruskische Kulturkreis und die präkolumbische Kultur der Maya.

Dunkle Schicksalsmächte, schwarze Magie und Hexenglaube

Schwarz ist die Farbe des Unglücks. Für die Assoziation der Farbe „Schwarz" mit einer unglücklichen Fügung finden wir Manifestationen seit der Antike. Es heisst, dass ein Unglücksvogel, nämlich ein Rabe, der im Flug seinen Schatten über den Platz warf, wo Alexander der Grosse (356-323 v. Chr.) die Götter um Rat für seine zukünftigen Feldzüge fragte, ein weiteres Vordringen des makedonischen Feldherrn über Indien hinaus verhinderte. In einer der sieben Tragödien, die als Werke des Aischylos (ca. 525-456 v. Chr.) erhalten geblieben sind, im *Agamemnon*, wird der in seinem düsteren Schicksal verstrickte Titelheld mit einem schwarzen Adler assoziiert.

> „Die Adler sind die Atreidae, aber der erste, der erwähnt wird, der schwarze Adler, der dunkle, definitiv dem Unglück anheim gefallene Jäger, kann niemand anderer sein als der Held des Dramas, Agamemnon" (Vernant/Vidal-Naquet 1990: 147).

Die Idee des schwarzen Schicksalsvogels ist nicht vergessen worden; sie wird sogar in den Massenmedien der Moderne revitalisiert. Ein Beispiel hierfür ist der US-amerikanische Horrorfilm *The Crow* (1994), in dem eine Krähe zur Mittlerin zwischen der Welt des Jenseits und des Diesseits wird. Der Titelheld der Geschichte, der aufstrebende Rockstar Eric Draven (gespielt von Brandon Lee), wird zusammen mit seiner Freundin Shelley (gespielt von Sofia Shinas) brutal ermordet. Ihre Seelen finden keine Ruhe, und einige Jahre später kriecht Draven aus seinem Grab, um sich und seine Freundin zu rächen. Die düstere Filmstory färbte auf das wirkliche Leben ab; während der Dreharbeiten verunglückte Lee tödlich.

Schicksalsglaube ist nicht aus der Mode gekommen, und die Angst vor dunklen Schicksalsmächten sitzt vielleicht einem jeden von uns in den Knochen. Die Menschen der modernen Welt sind abergläubisch wie ihre Vorfahren, nur ist heutzutage eine freie Hinwendung zum Schicksalsglauben, wie dies aus früheren Zeiten bekannt ist, nicht gesellschaftsfähig. Aberglaube wird zwar als ein Element in der Privatsphäre akzeptiert, wer sich aber öffentlich dazu bekennt, steht im Abseits der Esoterik.

Wenn die Zeiten unruhig sind, lassen sich sogar Spitzenpolitiker von Wahrsagern die Karten legen. Die Welt zeigte sich schockiert, als man erfuhr, dass François Mitterrand (1916-1996), der frühere Präsident Frankreichs, jahrelang die Dienste einer Wahrsagerin in Anspruch genommen hatte. Die Geschicke seines Landes lagen in den Händen der attraktiven Madame Elizabeth Teissier, deren Enthüllungen (Teissier 1997) zum Verkaufsschlager wurden.

Schwarz wirkt angstauslösend. So mancher fürchtet sich vor dem was kommt, wenn eine schwarze Katze von links nach rechts den Weg kreuzt. Angst kann einem werden, wenn man irgendwo in eine „schwarze Liste" gerät, etwa als Abtrünniger in einer Gewerkschaft, als Risikoträger bei Versicherungen, als unzuverlässiger Partner in Firmenregistern, als Name auf der polizeilichen Fahndungsliste, u.ä. Auch hartgesottene Materialisten verfallen in Ausnahmefällen in abergläubische Terminologie. Der Börsenkrach des Jahres 1929, der die erste grosse Weltwirtschaftskrise des 20. Jahrhunderts auslöste, ist in die Geschichte als der „schwarze Freitag" eingegangen. Der schwärzeste Tag in der jüngsten Geschichte ist aber ohne Zweifel der 11. September 2001, als der durch den Terroranschlag verursachte Einsturz der beiden Türme des World Trade Center in New York den Beginn einer neuen Ära global-politischer Instabilität markierte.

Assoziationen mit dem Schwarzen sind in der Welt magischer Begriffe nicht nur unheimlich, sondern sogar unheilverheissend. Die Bezeichnung „schwarze Magie" spielt auf den Schaden an, der durch sie angerichtet werden kann. Der Glaube an Schadenszauber ist praktisch in allen traditionalen Kulturen verbreitet (Müller 1987: 255 f., 323 f.). Bis in unsere Tage und bis in die moderne Umwelt haben sich in manchen Gegenden der Welt Techniken der schwarzen Magie erhalten, und bis heute werden sie angewendet.

Der Schadenszauber des karibischen Voodoo-Kultes, so heisst es, sei besonders effektiv. Der Name des Kultes, Voodoo, stammt aus der Sprache der Fon, die in Benin (ehemals Dahomey) und Togo leben. Voodoo heisst ‚Geist, Wesen mit übernatürlicher Kraft'. Der Kult des Voodoo ist also eigentlich der Dienst am und für den Geist. Mit den Negersklaven gelangte der Kult von Afrika aus in die Karibik (Davis 1988).

Die Wirksamkeit des Voodoo-Zaubers hängt im besonderen mit den Einstellungen der Menschen und mit der Atmosphäre zusammen, die der Houngan (Voodoo-Priester) für die Rituale schafft. Es ist bezeugt, dass magiegläubige Menschen einen Herzschlag erlitten haben, nachdem sie in ihrem Haus Zeichen (z.B. eine blutige Hühnerkralle) dafür entdeckt hatten, dass sie Objekt der schwarzen Magie eines Todfeindes geworden waren.

Der Voodoo-Kult wurde zum Politikum, als François Duvalier, der ehemalige Staatschef Haitis, den Kult als öffentliche Religion gegen den Protest der katholischen Kirche anerkannte. Duvaliers Anhänger nannten ihn respektvoll „Papa Doc". Seine Gegner scheuten sich davor, gegen ihn zu agieren, weil sie sich vor der Macht seiner schwarzen Magie

74

fürchteten. Es hiess nämlich, Duvalier sei praktizierender Houngan (Haarmann 1992: 131 f.). Mit den Einwanderern aus Haiti, Jamaica und anderen karibischen Inseln wurde auch die schwarze Voodoo-Magie in die USA exportiert, wo sie in den Immigranten-Ghettos wie im Heimatland gepflegt wird.

Die Angst vor Schadenszauber der schwarzen Magie ist in den Regionen Westafrikas, wo der Voodoo-Kult seine Ursprünge hat, und weit darüber hinaus auch in anderen Kulturen Schwarzafrikas verbreitet. Obwohl afrikanische Staaten nach aussen hin demokratisch-politischen Gepflogenheiten der westlichen Welt folgen, wirken hinter den Kulissen einheimische Traditionen des Irrationalismus. Dort wo sich in Europa der Konkurrenzkampf zwischen Rivalen im verbalen Power-Play und im Intrigenspiel um Vorteile verstrickt, öffnet sich für Afrikaner eine weitere Dimension, die der schwarzen Magie.

> „Während der Kolonialzeit verurteilten die europäischen Verwalter diese jahrhundertealten Vorstellungen und Praktiken als heidnischen Humbug. (...) Viele Länder verbieten noch heute die Anwendung von Schadenszauber. In Kenya wurden vor kurzem zwei Männer zu Gefängnisstrafen verurteilt, weil sie Kücken getötet hatten mit der Absicht, einen bösen Zauber auf eine gegnerische Fussballmannschaft zu lenken, und es ist gang und gebe für einen Bewerber um ein Amt, einen Schadensfluch auf seinen Konkurrenten zu lenken" (Lamb 1990: 272).

Wir modernen Europäer neigen dazu, uns über magische Vorstellungen zu belustigen, wonach durch Voodoo-Zauber einem Menschen auf Distanz Schaden zugefügt werden könne. Dabei ist die Zeit, als die Europäer dem Glauben an Schadenszauber und Hexerei verfallen waren, noch gar nicht so lange vorbei (Ankarloo/Henningsen 1993). Die Ära der Hexenverfolgung ist im historischen Gedächtnis der heutigen Menschen noch lebendig.

Durch öffentliche Verleumdung konnten Frauen und Männer gleichermassen der Hexerei bezichtigt werden, obwohl Frauen die eigentlichen Opfer waren. Mädchen oder junge Frauen, die aufsässig waren, überdurchschnittliche Intelligenz demonstrierten, besondere sexuelle Wirkung auf Männer hatten oder deren Verhalten sonstwie abwich von den Durchschnittserwartungen, die an weibliche Personen gestellt wurden, liefen Gefahr, der Hexerei und der Buhlerei mit dem Teufel bezichtigt zu werden.

Die Folgen solcher Anschuldigungen waren grausam: Folterungen, erniedrigende Scheingerichtsverfahren, Verbrennung auf dem Scheiterhaufen (Behringer 1988). Die Hexen wurden für alles erdenkliche Unglück verantwortlich gemacht, für das Vertrocknen der Brunnen, für Hagelschläge und Dürrekatastrophen, für Viehseuchen und Kindbettfieber. Auch die Pest war nach der Ansicht vieler Hexenwerk. Reminiszenzen an jene Zeit des sexistischen Terrors sind die lustigen Hexenpuppen (die in schwarze Lumpen gehüllte Brockenhexe auf ihrem Besenstiel), die man zum 1. Mai in den Ortschaften des Harzes an die Häuser und über die Strassen hängt, und Beschimpfungen von Frauen wie „alte Hexe!".

Allerdings erleben wir in der Moderne eine Renaissance des Hexenglaubens, der sich besonderer Beliebtheit in England und in den USA erfreut. Wie im Fall vieler anderer populärer Bewegungen, so nimmt auch der moderne Hexenkult als Variante des Satanismus seinen Ausgang von Amerika. Im Jahre 1966 wird in San Francisco die Satanskirche gegründet (Dvorak 1989: 93 f.). Ihre anfängliche Popularität verdankt diese satanische Institution nicht ihrem nominellen Gründer La Vey, einem Fotografen, der bis dahin auf der Jagd nach Schnappschüssen übersinnlicher Phänomene war, sondern seiner Begleiterin, dem amerikanischen Busenstar Jayne Mansfield, die sich auch an den orgiastischen schwarzen Ritualen beteiligte. La Vey erhielt den Spitznamen „Der schwarze Papst", und als seinen Bewacher hielt er sich einen ausgewachsenen Löwen, der angeblich die Kraft der Sonne symbolisierte.

Hexenkult und Satanismus sind in England seit den 1970er Jahren populär (La Fontaine 1998). Zum Hexenkult haben sich öffentlich Akademiker, Geschäftsleute und andere bekannt, die in geordneten Verhältnissen leben. Für wohlsituierte Bürger bietet das Erlebnis, eine lebende Hexe anzubeten und ihr willfährig zu sein, vielleicht einen besonderen pervers-erotischen Nervenkitzel. Sich zum Hexenkult zu bekennen, ist in den angelsächsischen Ländern durchaus gesellschaftsfähig und schadet nicht unbedingt der beruflichen Karriere. Eine der populärsten Figuren in den USA ist Phyllis Curott, Rechtsanwältin, die sich „Wiccan High Priestess" nennt und erfolgreiche Buchautorin ist (z.B. Curott 2002).

Für viele Gestrandete der Gesellschaft, die sich im Risikomilieu von Drogensucht und Kriminalität bewegen, scheint die Hinwendung zu Hexenkult und Satanismus der verzweifelte Versuch einer Flucht aus der rücksichtslosen Ellbogengesellschaft zu sein. Nach aussen hin aber mutet ihr Tun wie eine radikale Selbstaufgabe in einem spirituellen Zwielicht an. Besonderes Aufsehen hat die Autobiographie einer ehemaligen Hexe, Doreen Irvine, erregt, die aus der Anonymität von Drogenabhängigkeit und Prostitution zum Rang einer „Königin der schwarzen Hexen" aufstieg (Irvine 1973). Ihr Buch hat bis Ende der 1980er Jahre siebzehn Auflagen erlebt.

In der Allegorie des Todes sind die Requisiten schwarze Kleidung und ein düsteres Gehabe. Die christliche Ikonographie vermittelt uns das Bild vom Tod als schwarz vermummtem Sensenmann. Die Pest war im Volksmund als „schwarzer Tod" bekannt. In der Tradition des venezianischen Karnevals lebt die Erinnerung an die grausame Ernte des schwarzen Todes in Europa im Kostüm des Pestarztes weiter. Diese Figur geht auf eine historische Person des 16. Jahrhunderts zurück, auf den französischen Pestarzt Charles de Lorme.

Man hat darüber gerätselt, warum ausgerechnet das Schreckensbild des Pestarztes Eingang in den venezianischen Karneval gefunden hat. Vielleicht ist dies eine Ermahnung an alle, sich der Gefahren einer Hafenstadt mit weiten Seeverbindungen bewusst zu sein: „(...) der Karneval greift dieses schreckliche Todessymbol auf, gleichsam um das Bewusstsein zu betäuben" (Reato 1988: 54).

Die Horror-Visionen, die sich mit dem „Schwarzen" assoziieren, haben sich in den abstrusesten Motiven artikuliert, und die Horror-Symbolik hat den Menschen bis in die Moderne begleitet. Schwarz als Farbe der urgewaltigen Macht des Bösen, des Satans, finden wir in der religiösen Kunst (Rachleff 1993: 53 f.), beispielsweise in dem Gemälde *Il giudizio universale* (,Das jüngste Gericht') von Fra Angelico (1395-1455). Dort ist der „Chef-Teufel" als bösartiges, Menschen zerstückelndes schwarzes Monster dargestellt. Die „Hilfsteufel" sehen weniger schreckenerregend aus und haben rostbraune Farbe.

Schwarze Dämonen und Vampire: Die düstere Welt der Untoten

Die griechische Mythologie kennt düstere Horrorgestalten, die Erinyen, die die Tragiker (Aischylos, Sophokles, Euripides) die „Töchter der Nacht" nannten. Dies sind namentlich bekannte unterirdische Rachegöttinnen. Mit Vorliebe erscheinen sie als Trio, u.zw. Allekto (,die Unablässige'), Teisiphone (,die den Mord Rächende') und Megaira (,die Neidische'). In der römischen Mythologie entsprechen den Erinyen die Furien, ,die Rasenden'.

„Die Erinyen sind alte Weiber. Sie haben Schlangenhaare, Hunde-häupter, kohlschwarze Körper, Fledermausflügel und blutunterlaufene Augen. In ihren Händen tragen sie messingumwickelte Geisseln; ihre Opfer sterben unter Qualen" (Ranke-Graves 1989: 107).

In den Kreis der historischen Horror-Visionen gehört auch der Vampir-Glaube, der sich durch die Jahrhunderte als erstaunlich anpassungsfähig erwiesen hat und heutzutage in der Unterhaltungsindustrie professionell vermarktet wird. Dracula wurde mit dem Roman von Bram Stoker aus dem Jahre 1897 zum ewig populären Prototyp eines Vampirs. Der Klassiker der Dracula-Filme ist die Stummfilmversion *Nosferatu* (1922) von F.W. Murnau, auf deren Basis W. Herzog im Jahre 1979 eine Neufassung (*Nosferatu, the vampire*) produzierte.

Die älteste US-amerikanische Filmversion ist *Dracula* (1931) des Produzenten C. Laemmle Jr. Dracula-Filme sind Legion, die wenigsten jedoch können sich von der Faszination des Grusels lösen und konzentrieren sich auf die Menschenschicksale. Eine konstante Requisite in allen Vampirgruslern ist die schwarze Kleidung des Herrn der Finsternis. In einigen Filmversionen ist auch von Draculas Tochter die Rede (z.B. im Universal-Film *Dracula's daughter* von 1936). Die weiblichen Protagonisten sind weibliche Vampire mit pechschwarzem Haar (McNally, R./ Florescu, R. 1996: 151 f.).

In der Romanliteratur gibt es auch einen klassischen weiblichen Vampir, der allerdings nicht so berühmt geworden ist wie Stokers Dracula. In der Novelle *Carmilla* (1871) von J. Sheridan Le Fanu wird die Erinnerung an die Gräfin Elisabeth Bathory lebendig, die im 16. Jahrhundert angeblich über sechshundert Mädchen folterte und ermordete. Die Gräfin trank das Blut ihrer Opfer, weil sie von dem Irrglauben besessen war, dass dieses Lebenselixir sie ewig jung und schön erhalten würde (Penrose 1996). Elisabeth wurde zum Tode verurteilt und in ihrem Schloss eingemauert.

In der Zeit der sexuellen Befreiung der 1970er Jahre entstanden zahlreiche Filme mit weiblichen Vampiren in den Hauptrollen, in denen Sadismus, Bondage und lesbische Liebe thematisiert wurden. Die Hauptdarstellerinnen nehmen in diesen Filmen entweder mehr sadistische Züge an und nähern sich der historischen Figur der Gräfin Bathory oder sie verkörpern den verführerischen, lesbischen und nekrophilen Typ des nicht männer-, sondern mädchenmordenden Vamps (Zalcock 1998: 168 ff.).

Die Irrationalität des menschlichen Aberglaubens kennt keine Grenzen, und so ist es auch unerklärlich, wie ausgerechnet aus dem Schornsteinfeger ein Glücksbringer geworden ist, wo doch ansonsten der „schwarze Mann", mit denen früher unartigen Kindern gedroht wurde, eher ungute Gefühle erweckt. Nach volkstümlicher Auffassung hat man Glück, wenn man einem Schornsteinfeger begegnet, je schwärzer desto glücklicher die Fügung. Kein Wunder, dass die Organisatoren von Lotterien den Schornsteinfeger in ihre Werbung eingespannt haben, am besten in Kombination mit dem vierblättrigen Kleeblatt, nach dem Motto: doppelt hält besser.

Schwarze Weiblichkeit als göttliches Mysterium

Die Assoziation des Schwarzen mit der Weiblichkeit geht aber auch ganz andere Wege, die nicht in die Dunkelheit der Unterwelt mit ihren Schicksalsfurien führen. Schwarz kann symbolisch für göttliche Erhabenheit stehen, die auch respektheischend ist, aber ohne unterschwellige erotische oder sexistische Konnotationen. Eine Besonderheit in den verschiedensten Religionen der Welt, von der Antike bis in den modernen Monotheismus, ist die Symbolisierung göttlicher Weiblichkeit in schwarzen Frauengestalten.

Die grösste Vielfalt schwarzer weiblicher Gottheiten im selben Kulturmilieu finden wir in Tibet. Die acht Kerimas, die Zornvollen, „offenbaren sich dem Verstorbenen als grausame Gestalten, die aus blutgefüllten Schalen trinken, Leichname zerfetzen und mit Eingeweiden spielen" (Lavizzari-Raeuber 1986: 211). Es gibt auch eine Reihe von tierköpfigen Göttinnen, die in den acht Himmelsrichtungen stehen. Von diesen sind zwei schwarz:

Himmelsrichtung Tiergöttin	Farbattribut
Osten die Löwenköpfige	dunkelblau
Südosten die Geierköpfige	gelb-weiss
Süden die Tigerköpfige	rot
Südwesten die Friedhofsvogelköpfige	dunkelrot
Westen die Fuchsköpfige	schwarz
Nordwesten die Eulenköpfige	dunkelblau
Norden die Wolfsköpfige	dunkelblau
Nordosten die Rabenköpfige	schwarz

Die altehrwürdigste der schwarzen Göttinnen ist vielleicht die in Indien verehrte schwarze Kali, die Gemahlin des allmächtigen Shiva. Ihr Kult ist mehr als dreitausend Jahre alt. Kali war ursprünglich eine rein hinduistische Göttin. Als Gestalt im hinduistischen Götterpantheon wird Kali in ihrem Hauptheiligtum, im Tempel von Dakshineswar verehrt, der in der Nähe von Calcutta steht. Im Himalaya hat die stolze Kali aber eine eigenwillige Transformation erlebt. In Bhutan ist sie zur Hauptgöttin der lokalen buddhistischen Kulturgemeinschaft avanciert. In Thimphu, der Hauptstadt Bhutans, steht ihr Hauptheiligtum. Kali hat in Bhutan eine besonders ehrenvolle Rolle, sie ist Schutzpatronin des Königreichs. Kali wird auch in Nepal von Buddhisten verehrt, und zwar in ihrem Heiligtum in Bhaktapur.

Kali hat zahlreiche Beinamen; sie wird auch Mahakali ‚grosse Schwarze’, Kalikamata ‚schwarze Erdmutter’ und Kalaratri ‚schwarze Nacht’ genannt. So wie im Schwarzen alle Farben, werden in Kali alle Namen und Formen göttlicher Weiblichkeit absorbiert. Kali verkörpert viele Eigenschaften. Sie ist die liebende Mutter ebenso wie die kriegerische Amazone, sie ist der Lebensquell ebenso wie die Todesgöttin. In der Tradition hinduistischer Interpretationen erkennt man die Rolle der Göttin an ihrer Fusshaltung.

> „Wenn Kali ihren rechten Fuss vorsetzt und das Schwert in ihrer linken Hand hält, ist sie die Dakshina Kali [wohlwollende, schützende Göttin]. Und wenn sie ihren linken Fuss vorsetzt und das Schwert in ihrer rechten Hand hält, ist sie die schreckliche Form der Mutter, die Smashan Kali des Platzes, wo die Toten verbrannt werden“ (Harding 1993: 38; Einschub von mir).

Schwarze Göttinnen gibt es in zahlreichen Kulturen der Welt, und ihre Existenz in einem polytheistischen Pantheon in Gesellschaft anderer Gottheiten ist nicht verwunderlich. Vom Schleier eines Mysteriums umhüllt ist aber die schwarze Madonna der Christen, die an vielen Orten verehrt wird. Seit dem frühen Mittelalter sind in den Ländern West- und Mitteleuropas schwarze Madonnen aufgetaucht, deren Besonderheit ihr Ruf ist, sie seien wundertätig. Die Liste ihrer Heiligtümer ist lang, und im folgenden sind nur die wichtigsten erwähnt:

- Altötting (Deutschland),

- Hal (Belgien),

- Montserrat, Zaragoza (Spanien),

- Liesse, Chartres, Le Puy, Rocamadour (Frankreich),

- Loreto, Oropa, Padua (Italien),
- Einsiedeln (Schweiz),
- Březnice (Tschechien),
- Alba (Ungarn),
- Częstochowa (Polen).

Mit der spanischen Kolonisation ist die Gestalt der schwarzen Madonna auch nach Übersee exportiert worden. „Unsere liebe Frau von Guadalupe" wird in ganz Lateinamerika als wundertätige Patronin angebetet. Ihr Hauptheiligtum liegt in der Nähe von Mexico City. Das Domizil der schwarzen Madonna, die Basilika von Guadalupe, „gehört zu den beliebtesten Kirchen in ganz Mexiko. Dort steht sie auf einer schwarzen Mondsichel mit einem blauen Sternenmantel bekleidet. Ihr Haar ist pechschwarz genau wie ihre Augen. Dazu die gebräunte Haut einer Indio-Frau. Heute wird in ganz Lateinamerika unter ihrem Banner für die Befreiung der Unterdrückten gekämpft, und zwar nicht im Namen, sondern trotz der Kirche" (Mulack 1988: 74).

Die Skulptur der schwarzen Madonna von Mexico selbst scheint wundersame Geheimnisse zu verbergen. Erst kürzlich glaubte ein Forscher, mit Hilfe einer elektronischen Spektralanalyse der Pupillen der Madonnenskulptur festgestellt zu haben, dass sich darin die Konturen wichtiger historischer Persönlichkeiten der katholischen Kirche Mexikos spiegeln (Tonsmann 1987).

Es sind zahlreiche schwarze Madonnen gemalt worden, die aber im allgemeinen kaum Beachtung gefunden haben. Die einzige, die bekannter ist, ist die von Padua; und diese stammt von Donatello (1386-1466). In der Tradition der christlichen Kunst Europas wird Maria immer als hellhäutige Frau dargestellt, niemals mit negroiden Zügen. Dort, wo die schwarze Madonna verehrt wird, zeigt die Ikonographie ebenfalls keine anthropologischen Anspielungen an Menschen in Schwarzafrika. Statuen der schwarzen Madonna zeigen eine Frau mit europäischen Gesichtszügen, aber mit dunkler Haut.

In den Regionen ausserhalb Europas, wohin sich das Christentum verbreitet hat, nimmt dagegen nicht nur die Madonna, sondern auch die Gestalt ihres Sohnes lokal-anthropologische Züge an. So verwundert es nicht, dass in den bildlichen Darstellungen der göttlichen Familie in Südafrika oder Kenya negroide Züge dominieren, und dass Maria und

Jesus im Süden Mexikos, zum Beispiel in Kirchen auf der Halbinsel Yucatán, aussehen wie Maya-Indianer.

Die Jungfrau Maria hat in der christlichen, insbesondere in der katholischen und orthodoxen Tradition eine faszinierende Metamorphose erlebt; ihre Gestalt hat sich zu einem kulturellen Archetyp entwickelt (Haarmann 1998c). Aus der Mutter Jesu, die im Zusammenhang mit dem Neuen Testament eher eine Statistenrolle spielt, wird in der persönlichen Frömmigkeit breiter Massen der Bevölkerung in den Mittelmeerkulturen die meist verehrte Frauengestalt der Christenheit, die Königin des Himmels. In der Ikonostase der orthodoxen Kirchen ist die Madonna ihrem Sohn gleichgestellt. Das Bild des erwachsenen Jesus ist auf der rechten Seite des Durchgangs plaziert, das ebenso grosse Bild der Madonna auf der linken.

Was bedeutet die dunkle Färbung, und warum spricht man von der „schwarzen Madonna"? Am wenigsten überzeugen Antworten, die sich auf rein physikalische Realitäten beschränken (s. Begg 1996: 7 f. mit einer Auswahl). Ein immer wieder von Priestern angeführtes „Argument" ist der Hinweis auf das Abbrennen von Kerzen an den Altären, die im Lauf der Zeit die Gesichtszüge der Madonna geschwärzt hätten. Bei genauerer Betrachtung fällt aber auf, dass die Kerzen nicht die Kleidung geschwärzt haben, was doch ebenso zu erwarten wäre. Die ad hoc-Erklärung einer Verrussung der Statuen oder Madonnenbilder ist also nur ein Scheinargument, ein eher ungeschickter Versuch fadenscheiniger Tarnung der Amtskirche, der es seit den Anfängen ihrer Geschichte schwer gefallen ist, natürlich mit der volkstümlichen Frömmigkeit umzugehen.

Versuche mittelalterlicher Theologen, die Schwärze der Madonnenbilder symbolisch zu deuten, sind ebenso schwach. Nach allgemeiner christlicher Überlieferung ist Schwarz die Farbe der Sünde. Da es in der Welt so viel Sünde gibt und Maria von sündigen Menschen umgeben war, hat sie in ihrer Barmherzigkeit – ähnlich wie ihr Sohn – einen Teil dieser immensen Sündenlast auf sich genommen. Ihre Schwärze wäre daher ein Zeichen dieser Hilfe für die Sündigen (Schreiner 1994: 225 f.). Dieser Theorie zufolge müssten eigentlich alle Madonnenbilder schwarz sein, nicht nur ausgewählte an bestimmten Wallfahrtsorten.

Die Amtskirche zeigt sich trotz mechanistischer und symbolisch-interpretativer Versuche von Marias Schwärze hilflos. In der Tat hilft hierbei der klerikale Kanon der christlichen Lehre nicht weiter. Der Marienkult hat keine, von christlicher Doktrin untermauerte Funktion, er ist aus der volkstümlichen Frömmigkeit erwachsen (Eliade 1982, 2: 410). Eine Erklärung für Marias Popularität bietet sich an, wenn man sich den Kulten der antiken Göttinnen zuwendet. Die Assoziationen der Schwärze mit der Muttergottes sind auf funktionaler und metaphorischer Ebene in der kulturhistorischen Tradition antiker Göttinnenkulte der Mittelmeerländer zu suchen, d.h. in Bereichen, von denen sich die christliche Amtskirche abzukoppeln pflegt.

> „Der Bildtypus der schwarzen Madonna ist in Kunst und Kirche des mittelalterlichen Okzidents erstaunlich weit verbreitet" (Schreiner 1994: 213).

Es gibt eine mysteriöse Anspielung auf eine ehrwürdige schwarze Frau in der Bibel. Im Hohelied (1, 4) heisst es: ‚Ich bin schwarz aber schön, ihr Töchter Jerusalems.' Dies sind die Worte einer unbekannten Schönen, die von Salomon besungen wird. Die Anspielung auf ihre dunkle Hautfarbe macht eine Identifizierung dieser Gestalt mit der Königin von Saba wahrscheinlicher als mit einer Pharaonentochter. Eine der Frauen Salomons stammte aus Ägypten. Der Hinweis auf die Dunkelhäutigkeit steht vielleicht auch symbolisch für die Beziehung zur Dynastie der äthiopischen Könige, als deren Stammvater der Sohn gilt, der aus der Verbindung von Salomon mit der Königin von Saba entsprang.

Die Königin von Saba ist wohl die am meisten geschätzte Ausländerin in der biblischen Geschichte (Breton 1998). Aufgrund ihrer Weisheit und ihrer Bereitschaft, den Glauben an den einzigen Gott anzunehmen, wird ihr im Neuen Testament (Matthäus 12, 42) sogar das Recht eingeräumt, am Jüngsten Tag als Richterin über die Menschen zu richten. Vielleicht ist die Gestalt der Maria in der populären Frömmigkeit mit der dunkelhäutigen Königin von Saba identifiziert worden.

Es gibt aber noch viele andere Bezüge der Madonna zur Welt dunkelhäutiger Menschen. Maria hat in den Mittelmeerländern elementare Züge der in der Antike verehrten weiblichen Gottheiten angenommen. Etliche der Göttinnenkulte haben asiatische Ursprünge. Dies gilt für Astarte, aus deren Kult wahrscheinlich sogar das Thema der „heiligen Hochzeit" (im Text des Hoheliedes) in die biblische Tradition übernommen wurde, für die anatolische Cybele, die in Rom als Magna Mater verehrt wurde, für die ephesische Artemis, die kleinasiatische Domina, für die ägyptische Isis und für andere. Birnbaum (1993) vertritt die These, wonach gerade die Eigenschaften der schwarzen Madonnen in einigen Regionen Italiens (in Siponto, Loreto und Foggia) auf ihre Assoziationen mit den antiken Göttinnen weisen.

Das Schwarz-Sein in der äusseren Erscheinung der Madonna mag eine Reminiszenz an jene alten Beziehungen zwischen Maria und den orientalischen Göttinnen sein, wobei „schwarz" hier symbolisch für „dunkelhäutig" bzw. „orientalisch" steht. Nicht alle „schwarzen Madonnen" sind schwarz. Beispielsweise hat die von Montserrat (Katalonien) im Katalanischen den Beinamen la Moreneta ,die kleine Braune'. Auch die Madonna der Zigeuner, die „schwarz" genannt wird, ist nicht pechschwarz. Mit ihrem dunklen Äusseren stellt die schwarze Madonna der Zigeuner vielleicht eine Beziehung her zur dunklen Haut- und Haarfarbe ihrer Verehrer, die sich deshalb leicht mit ihr als Schutzpatronin identifizieren können. Die schwarze Madonna der Zigeuner hat ihren Wallfahrtsort in Saintes-Maries-de-la-Mer an der Küste der Camargue in Südfrankreich, wohin alljährlich Tausende von Pilgern fahren.

5. Anthropologische Farbmetaphorik und kulturelles Gedächtnis – Der Mensch als Objekt rassistischer und sexistischer Allüren

„Die an rassischen Kategorien orientierte Bildlichkeit ist ein zentrales Element für die Organisation der modernen Welt. Zu welchen Kosten Regionen und Länder ihre Waren exportieren, welchen Stimmen man in internationalen Versammlungen zuhört, wer Bomben wirft und auf wen Bomben geworfen werden, wer welchen Job, welche Wohnung, Zugang zur Krankenfürsorge und Ausbildung bekommt, welche kulturellen Aktivitäten subventioniert und vermarktet werden, nach welchen Massstäben sie bewertet werden – dies alles ist weitgehend untrennbar von rassi(sti)scher Symbolik" (Dyer 1997: 1)

Weit über optische Kontraste im Lichtspektrum, divergente Impulse im Kontinuum physiologischer Wahrnehmungen, sprachliche Begrifflichkeit, Stimmungsbilder und ästhetische Assoziationen hinaus vernetzen sich Farbbegriffe in den kulturellen Wertvorstellungen der Menschen und werden zu anthropozentrischen Kategorien. Vorzugsweise im Kontrast zwischen „schwarz" und „weiss" spiegeln sich Auffassungen über die ethnisch-kulturelle Verschiedenheit der Menschen.

Schwarze Kultursymbolik begleitet uns wie selbstverständlich in unserem Alltag, u.zw. in Gestalt anthropologischer und/oder rassistischer Stereotypen. Seit der Antike gehen die Menschen mit Werturteilen über Andersfarbige um. Nach Ansicht einiger Kulturwissenschaftler ist die anthropologische Metaphorik des Schwarz-Weiss-Kontrastes eines der Grundmuster, mit deren Hilfe wir Menschen unsere Kultur aufbauen.

Die moderne Humangenetik hat klare Erkenntnisse vermittelt, wonach die anthropologische Zugehörigkeit zu einer bestimmten Population, die nach ihrer Hautfarbe unterschieden werden kann, gänzlich irrelevant für potentielle Kulturleistungen ist. Um es auf einen einfachen Nenner zu bringen: die Menschen jeder beliebigen Hautfarbe sind zu kulturellen Höchstleistungen befähigt. Es ist allerdings zu beobachten, dass sich in den Kulturen der Weissen andere Wertmasstäbe entwickelt haben als im Kulturmilieu von Farbigen.

Ein illustratives Experimentierfeld für Unterschiede im schwarz-weissen Kulturkontrast bietet die US-amerikanische Gesellschaft, wo bis heute weisse Amerikaner ihre kulturelle Identität verschieden von der der Afro-Amerikaner begründen. Es reicht nicht, US-Amerikaner zu sein, man ist eben weiss (u.zw. in verschiedenen Schattierungen), schwarz (als US-Amerikaner mit Afro-Identität), Latino oder man findet seine Identität in Asian roots.

Seit jeher haben sich Menschen auf oberflächliche Erscheinungen wie die Hautfarbe verlassen, um sich und andere zu kategorisieren. Im Zeitalter des Nationalismus und Kolonialismus sind die Hautfarben-Zuordnungen mit immer mehr Wertungen überfrachtet worden. Aufgrund des Gefälles zwischen der technologisch fortgeschrittenen Welt der „Weissen" und der damit verglichen unterentwickelten Welt der „Schwarzen" assoziierten sich mit dem Schwarz-Sein allerlei abwertende Konnotationen, die in den banalen Rassismus des 20. Jahrhunderts einmündeten.

Die kritische Auseinandersetzung mit schwarz-weissen Stereotypen im Diskurs über ethnische Fragen ist geeignet, uns vor Augen zu führen, wie komplex die Ideen sind, mit denen man es in diesem Bereich zu tun hat. Noch komplexer wird die Problematik, wenn wir in Rechnung stellen, dass die differentielle Terminologie, mit der wir umgehen, selbst das Ergebnis komplexer Wortungsprozesse ist.

Die Menschenrechtsmaxime „Alle Menschen sind gleich" ist ein Versuch der Wiedergutmachung an der geschundenen Menschlichkeit, die in den Auswüchsen des Zweiten Weltkriegs, in den Greueln der rassistischen Verirrungen der Hitleristen und in der Verrohung interethnischer Beziehungen durch die Untermenschen-Ideologie schweren Schaden genommen hatte. Dabei wissen wir aus Erfahrung, dass die Diskriminierung der ethnisch „anderen" (d.h. nicht-weissen) Menschen nach der Annahme der UN-Menschenrechte-Erklärung von 1948 durch die Staaten der Welt nicht aufgehört hat. Am vehementesten hat sich ethnischer Zündstoff im Kontrast des Weiss- und Schwarz-Seins entladen.

Die Zuordnung von Menschen aufgrund ihrer Hautfarbe in eine Kategorie „Weiss" und in eine andere „Schwarz" ist im Zusammenhang mit der kulturellen Evolution der Menschen absolut irrelevant (Cavalli-Sforza et al. 1994). Das anthropologische Schwarz-Sein stellt sich in konkreten Fällen eher als ein imaginärer Sammelbegriff heraus, denn eine eindeutige Kontrastierung gegenüber dem Weiss-Sein ist oft gar nicht möglich.

Trotzdem haben sich die Europäer seit den Zeiten des aufstrebenden Kolonialismus darin gefallen, den physiologischen Kontrast zwischen Schwarz und Weiss rassistisch auszudeuten (Burgin 1990: 69).

Wenn Weiss eine Manifestation der äussersten Lichtfülle ist, und Schwarz das absolute Gegenteil, nämlich die Abwesenheit von Licht repräsentiert, dann tappt der unkritische Geist leicht in die Falle einer populistischen Metaphorik: die Menschen weisser Hautfarbe zeichnen sich durch einen lichtvollen Geist aus, während die Schwarzen dumpf sind und eine düster-fatalistische Mentalität haben.

Wurzeln des modernen Rassismus, Ursprünge des rassistischen Sexismus

Diese mentale Verunglimpfung nicht-weisser Rassen passte ideal mit den Denkweisen einer Sklavenhaltergesellschaft zusammen, wie wir sie exemplarisch in den Südstaaten der USA bis zum Bürgerkrieg finden. Afrikaner waren für die britischen Sklavenhändler eine Ware, die nach Amerika verschifft wurde, und über die sozialen Konsequenzen der rassischen Arbeitsteilung – mit den Weissen als Gutsherren und Sklavenbesitzern und den Schwarzafrikanern als abhängigen Arbeitskräften – machte sich in der Gründerzeit niemand ernsthaft Gedanken.

Die schwarzen Plantagenarbeiter erwirtschafteten den weissen Grossgrundbesitzern das Kapital, das diese später im Bürgerkrieg gegen die Nordstaaten (1861-65) verschleuderten. Europäer schufen die Voraussetzungen für die Entstehung eines Afroamerika (Benedetti-Cruz 1992), und die weissen Amerikaner kultivierten den Rassismus als Reaktion darauf.

In jenem geistigen Milieu der amerikanischen Sklavenhaltergesellschaft wurzelt in der Tat der banale Rassismus der Moderne (Banton 1987). Im Jahre 1830 hielt Samuel George Morton in Philadelphia eine historische Vorlesung über die Unterschiede der menschlichen Rassen. Aufgrund von Schädelvergleichen gelangte Morton zu der Schlussfolgerung, dass die Menschen der weissen Rasse das grösste Gehirnvolumen hätten, die Schwarzen dagegen das kleinste. Daraus folgere zwangsläufig, dass die Weissen die besten Voraussetzungen für den Aufbau von Zivilisationen hätten, die Schwarzen dagegen wären untauglich für höhere Kulturleistungen.

Mortons „Erkenntnisse" wurden rasch aufgegriffen und fanden Eingang in den Kanon der europäischen Anthropologie. Wegbereiter des populistisch-pseudowissenschaftlichen Rassismus waren im 19. Jahrhundert der Deutsche Carl Gustav Carus und der Franzose Joseph Arthur de Gobineau, dessen Traktat *Essai sur l'inégalité des races humaines* (1855) weithin Aufsehen erregte.

Die rassistischen Ideengebäude der Anthropologen wurden zusätzlich sexistisch verbrämt. Schwarzafrika wurde feminisiert. Die Feminität wurde in den romanischen Sprachen nahegelegt, wo der Name des Kontinents feminin ist (z.B. franz. *l'Afrique noire* ‚Schwarzafrika'). In der sexistischen Metaphorik entstand die Abstrusität einer „Feminität, die sich wahlweise als domestizierte Sensualität oder als unkontrollierbare Sinneslust artikulierte" (Pacteau 1994: 125). Gobineau spricht über die Eigenschaften der Menschen schwarzer Rasse in weiblichen Kategorien; er erkennt sie als gefühlsbetont, arm an Intellekt und kreativen Fähigkeiten, ihre Sprache als weniger differenziert. Immerhin wird den Schwarzen eine Art ästhetischer Instinkt unterstellt, der sogar schärfer sei als der der Weissen.

Die akademische Welt Europas in ihrer rassistisch-sexistischen Verwirrung schlug seit den Zeiten der Aufklärung abstruse Purzelbäume, und man machte auch vor degradierenden Perversionen nicht halt. Im Jahre 1810 wurde in London eine Afrikanerin der Öffentlichkeit präsentiert, nackt, wie ein zur Fleischbeschau bestimmtes lebendes Objekt. Diese Afrikanerin stammte aus Südafrika und hiess Saartjie Baartman. Bei den Europäern wurde sie allerdings bekannt als die „Hottentotten-Venus" (Nederveen Pieterse 1992: 181 f.). Fünf Jahre lang wurde sie in vielen Städten Europas zur Schau gestellt, mit ihrem für die Khoisan-Völker typischen, hervortretenden Hinterteil, eine Eigenschaft, die anatomisch als Steatopygie bezeichnet wird. Im Alter von fünfundzwanzig Jahren starb Saartjie in Paris.

Ihre Seele kam aber nicht zur Ruhe, denn ihr Körper wurde zerstückelt. Noch heute sind ihr Hinterteil und ihre Genitalien, in Spiritus konserviert, im Musée de l'Homme in Paris zu besichtigen. Die Form und Grösse von Saartjies Genitalien wurden zum Masstab für viele Anatomen, die Vergleiche zwischen den Frauen Afrikas und Europas anstellten. In einer Studie über die Eigenschaften krimineller Frauen (*La donna delinquente, la prostituta e la donna normale*, 1893) kommt der Italiener Cesare Lombroso

88

zu dem Ergebnis, dass kriminelle Frauen grosse Genitalien wie die zur Sinnlichkeit neigenden Afrikanerinnen hätten.

Vorurteile haben die Eigenschaft, zäh und langlebig zu sein, und bis in unser Jahrhundert hat sich der Stereotyp von der animalischen Sinnlichkeit gehalten, die Europäer in Schwarzafrikanern, insbesondere in Frauen suchen. Diese Art von Vorurteil schlummert vielleicht in jedem von uns; es bedarf nur einer Personifizierung, an der sich der Stereotyp auskristallisieren kann.

Eine solche Personifizierung war beispielsweise die schwarze Tänzerin Josephine Baker (1906-1975), die in den 1920er Jahren in Paris auftrat, und die als ihre Requisiten nackte Brüste und ein Bananenröckchen wirkungsvoll zur Schau stellte. Ihr Tanz hat auf viele enorm erotisch gewirkt, wohl deshalb, weil sie angeblich den Archetyp schwarzer Schönheit und Wildheit verkörperte. Der Tanzkritiker André Levinson schrieb damals über Josephine in der Zeitschrift Vogue:

> „Einige von Fräulein Bakers Posen – der gekrümmte Rücken, die ausladenden Hüften, die wie ein phallisches Symbol erhobenen, verschlungenen Arme – vermittelten die unmittelbare Ausstrahlungskraft der schönsten Schaustücke schwarzafrikanischer Skulptur. Der plastische Sinn einer Rasse von Bildhauern wurde lebendig, und die Ekstase des afrikanischen Eros wirbelte über die Zuschauer dahin. Was da vor ihnen stand, war kein groteskes Tanzmädchen mehr, es war die schwarze Venus, die schon Baudelaire verzaubert hatte" (zitiert in Rose 1989: 31).

Josephine Baker setzte die Tradition sinnlich-erotischer Weiblichkeit fort, an die sich die Pariser seit der zweiten Hälfte des 19. Jahrhunderts gewöhnt hatten. Die schwarze Tänzerin wurde mit Baudelaires (1821-1867) schwarzer Muse, Jeanne Duval, verglichen, die den Dichter zu seinem berühmten Gedicht *La Vénus noire* (‚die schwarze Venus') inspiriert hatte. Schwarze Weiblichkeit wurde zwischen 1890 und 1920 mit Vorliebe in den orientalischen Fantasien der darstellenden Kunst thematisiert, so in den populären Haremszenen, wo weisse Odalisken in Gesellschaft von schwarzen Frauen posieren, die entweder als deren Dienerinnen oder Begleiterinnen dargestellt sind (Alloula 1987). Noch eindeutiger sind die erotischen Assoziationen in dem bekannten Gemälde *Olympia* (1863) von Édouard Manet (1832-1883), das eine junge weisse Prostituierte und ihre schwarze Freundin zeigt.

Auch in unseren Tagen wirkt das sexistische Klischee von der Sinnlichkeit farbiger Frauen und ihrem animalischen Flair, wenn nicht immer offen, so doch unterschwellig. Im Showbusiness werden diese Assoziationen mitunter sogar vom Management als Teil der Imago-Pflege der Stars eingesetzt. Zu den Zeiten als Tina Turner auf die Bühne kam, um zu singen und zu tanzen, erwarteten ihre Fans, dass sie ihre langen Beine zeigte, entweder nackt oder schwarz bestrumpft.

Selbst noch in ihren 50ern bot Tina Turner ihren explosiv-dynamischen Tanzstil, für den sie in jüngeren Jahren berühmt geworden war. Die rauchige Stimme mit ihrem für Farbige so typischen Flair rundete dieses Gesamtbild sensueller Farbigkeit ab. Das Vorurteil sagt, dass Farbigen Musik und Rhythmus im Blut liegen. Wie eine Bestätigung dieses Klischees mutet Tinas Lebensphilosophie an:

> „Ich bin eine Sängerin. Und jeder, der auch nur irgendetwas über das Singen weiss, weiss, dass du alles in deinem Leben wieder ins Lot bringen kannst, wenn du jeden Tag singst" (zitiert bei Orth 1993: 70).

Tina Turner ist nicht irgendeine farbige Sängerin. Sie wird wie eine schwarze Göttin verehrt. Die einen nennen sie die „Königinmutter des Rock'n' Roll", die anderen „Rockmutter aller Nationen", ja sogar als „Gottesmutter des Rock" ist sie tituliert worden. Berichte über ihre Auftritte lesen sich wie die Kommentare von damals, als Josephine Baker ihre Fans beeindruckte:

> „Wie sie [Tina] über die Bühne fegt, mit den Schenkeln stampft, den grellroten Mund aufreisst, als wolle sie das Mikro samt Antenne verschlingen. Tina im kurzen weissen Kettenkleid mit fleischfarbenem Unterzeug, schweissüberströmt nach dem dritten Lied, tropfenversprühend bei jeder schnellen Bewegung wie ein Boxer in der zwölften Runde – schön animalisch, aber auch irgendwie beängstigend, für beide Geschlechter im Saal" (Röhl 1990: 26 f.).

Dunkelhäutige Sensualität verkauft sich aber auch ohne Tanzen und Singen, es reicht das Talent, einen gut gebauten Körper geschickt in Szene zu setzen. Naomi Campbell, das aus Jamaica stammende Top-Model, macht Schlagzeilen mit ihren langen Schenkeln und ihrem Schmollmund. Ein Foto von ihr ging um die ganze Welt: Naomi im Leopardendress. Dieser Public-Relations-Geck mit seiner Anspielung auf das Animalisch-Sinnliche in farbigen Frauen hatte durchschlagenden Erfolg, denn an dieses Foto erinnern sich alle, selbst wenn sie ansonsten wenig von Naomi Campbell wissen.

Eigentlich ist Naomi keine „Schwarze", sondern eine Mulattin, und ihre Familiengeschichte ist ethnisch-kunterbunt (ihre Grossmutter war Chinesin, ihre Urgrossmutter eine Weisse). Trotzdem entspricht sie nach ihrem Äusseren ohne weiteres der stereotypischen Vorstellung von farbig-femininer Sensualität, in der sich Europäer und Amerikaner bis heute gefallen (Manceaux/Jensen 1995).

Anthropologische Kategorisierungen, rassistische Stereotypen und ihre sprachliche Metaphorik

Die Menschen der Moderne müssen mit der Erinnerung an die sexistisch-diskriminierenden Auswüchse der Intellektualität des 19. Jahrhunderts leben. Dies wird erträglich, indem man diese dunklen Zeiten kritisch aufarbeitet. Auch mit den unterschwelligen sexistischen Assoziationen, die sich in farbigen Idolen kristallisieren, kann man leben.

Penetrant allerdings werden bestimmte Allüren des sprachlichen Handelns, wenn man sich die ungeschminkte Terminologie des banalen Rassismus auch heute noch gefallen lassen muss. Im Umgang mit rassistischer Terminologie abstrahiert sich sprachlich die Anspielung auf „Schwarz" als beleidigendes Attribut in Namen selbst für Menschen, die gar nicht schwarz sind und nur wenig dunklere Haut als Nordeuropäer haben.

Rassistische Anspielungen auf die Schwärze in Menschen, die nicht notwendigerweise real existiert, finden wir in vielen Sprachen. Negativ konnotiert sind beispielsweise russische Benennungen von Nichtrussen, in denen auf das Schwarzsein angespielt wird. In den Völkernamen, die im russischen Slang verwendet werden, manifestiert sich banaler Rassismus. Zu den am wenigsten schmeichelhaften gehören *šašlyk* ‚Schaschlik' und *černožopyj* ‚Schwarz-Arsch', mit denen einheimische Kaukasier, unter anderem auch die Tschetschenen, benannt werden (Shlyakhov/Adler 1995).

Während in den meisten europäischen Sprachen die Benennung der Zigeuner ein semantisch nicht transparentes Ethnonym wie dt. *Zigeuner*, franz. *gitan*, engl. *gypsy* ist, hat sich im Finnischen andererseits ein historischer Terminus gehalten, der auf die dunkle Hautfarbe anspielt (finn. *mu-*

stalainen ,Schwärzling'). Das finnische Farbwort *musta* ,schwarz' konnotiert auch negative Bedeutungen, wie zum Beispiel im Ausdruck *musta-sukkainen* (,eifersüchtig', wörtl. ,schwarz-strümpfig'). Der finnische Name für die Zigeuner ist heutzutage nicht mehr rassistisch überfrachtet wie noch vor hundert Jahren, denn er wird selbst von Zigeunern verwendet. Im öffentlichen Sprachgebrauch allerdings hat sich die Eigenbenennung, Romani, eingebürgert.

Generalisierungen über die „Schwarzen" sind bis heute gang und gebe. Die Europäer sprechen von „Schwarzafrika" und meinen damit die Länder südlich der Sahara und ihre Bevölkerung. Aus der Sicht solcher Generalisierung ist es auch nicht verwunderlich, wenn die Europäer den Rassenkonflikt Südafrikas während der Apartheid als ausschliessliche Auseinandersetzung zwischen Schwarzen und Weissen missverstanden haben.

Tatsächlich gehörten diejenigen, die in Südafrika bis 1994 diskriminiert wurden, den verschiedensten Rassen mit den verschiedensten Hautfarben an. Bischof Desmond Tutu, der sich seit vielen Jahren um einen Ausgleich der Interessen bemüht hatte, sprach von den Völkern Südafrikas als einer „Regenbogen-Nation".

Die Kategorien „black", „white", „coloured" und „aboriginal" werden bis heute zur ethnischen Differenzierung der Bevölkerungsgruppen in Südafrika verwendet (Desai 1995). Vor 1994 dienten solche Kategorien den weissen Behörden als Mittel der Aus- und Abgrenzung, heutzutage sind die ethnischen Etiketten von den Betroffenen selbst gewählt, denn die interne Gruppensolidarität der Schwarzen unter sich, ebenso der Farbigen, der Ureinwohner und der Weissen – jeweils in ihrer ethnisch-spezifischen Gruppenorientierung – ist dafür verantwortlich, dass die Rassenterminologie auch nach Aufhebung der Apartheid lebendig geblieben ist.

Wer die Verhältnisse in Südafrika und deren Menschen kennt, weiss, dass ein San (Buschmann) kein Schwarzer ist. Ein San gehört zu den Ureinwohnern Südafrikas, und dieser Status kommt nur den Khoisan-Völkern, nicht aber den später aus dem Nordosten eingewanderten Schwarzafrikanern zu, von denen die meisten Bantu sind (Cavalli-Sforza et al. 1994: 185 f.). Kein San will mit einem Neger verwechselt werden, erstens weil er gar nicht so schwarz wie einer ist, zum anderen, weil auch kein Neger mit einem Buschmann verwechselt werden will.

Die Bantu-Völker Südafrikas sind schwarz, z.B. die Zulu, Xhosa oder Ndebele. Die San dagegen haben eine hellere Haut und einen ganz anderen Körperbau. Die „coloured people" Südafrikas, von denen die meisten in der Industriestadt Durban und deren Umgebung an der Ostküste leben, sind entweder rein asiatischen Ursprungs (u.zw. Einwanderer aus dem indischen Subkontinent wie dunkelhäutige Tamilen oder hellhäutige Bengalen) oder es sind Mischlinge (u.zw. Kinder aus Beziehungen zwischen Europäern und Asiaten); (Newman 1995: 195 f.).

Die Europäer sind in früheren Jahrhunderten ihrer Geschichte mit dem Schwarz-Sein recht unbefangen umgegangen. Im anthropologischen Sinn besass „Schwarz" das Flair des Exotischen. Das Element des Exotischen zieht die Aufmerksamkeit des Betrachters auf sich, im Fall eines griechischen Kantharos-Gefässes mit zwei modellierten Gesichtern, einem weissen und einem schwarzen, aus dem 5. Jahrhundert v. Chr. ebenso wie bei der eigenwilligen Dekoration venezianischer Kronleuchter mit „Mohrenköpfen" aus der frühen Neuzeit. Seit der Zeit der Antike haben sich europäische Künstler mit schwarzer Exotik beschäftigt, und das Image des Schwarzen in der westlichen Kunsttradition hat vielfältige Blüten und Stilblüten hervorgebracht (Bugner 1991).

In der fantasievollen Welt des Theaters und der Oper gehören dunkelhäutige Gestalten zu den exotischen Motiven, die besondere Aufmerksamkeit erregen. Beliebte Stoffe wurden mehrmals bearbeitet, beispielsweise Othello. Die erste literarische Version, die Berühmtheit erlangte, war die Tragödie *Othello, the moore of Venice* (um 1603) von William Shakespeare. Shakespeare hat seinen Stoff einer italienischen Quelle entnommen, einer Novelle von Giraldi Cinthio aus dem Jahre 1566. Der Mohr Othello ist die Hauptperson in der gleichnamigen Oper (1887) von Giuseppe Verdi. Die weltberühmte Version Verdis hat die lyrische Tragödie *Othello* (1816) von Gioacchino Rossini weit überflügelt.

Orientalisch-exotisch ist die Atmosphäre auch in Verdis tragischer Oper *Aida* (1871), die in Kairo uraufgeführt wurde. Aida, die Hauptperson, ist eine dunkelhäutige äthiopische Sklavin, deren Rolle mit Vorliebe von schwarzen Sopranistinnen vertreten wird. Auch die Rolle der Königin der Nacht in Mozarts *Die Zauberflöte* (1791) wird häufig mit schwarzen Sopranistinnen besetzt. In den Inszenierungen, wo weisse Sängerinnen den Part übernehmen, sind sie vorzugsweise in schwarze Kleider gehüllt.

Der Umgang mit dem anthropologischen „Schwarz-Sein" ist heutzutage nicht jedermanns Sache. In den Akten der deutschen Immigrationsbürokratie findet sich ebenso wenig wie in den Formularen von Asylanträgen irgendeine Rubrik, in der Hinweise auf anthropologische Merkmale wie etwa die Hautfarbe zu vermerken wären. Über den deutschen Demokraten der Nachkriegszeit schwebt der Schatten der jüngsten Geschichte des deutschen Rassismus wie ein Gespenst. Das öffentliche Leben ist von der Berührungsangst vor ethnischen Realitäten gelähmt, und man verzichtet auf jegliche Anspielung auf anthropologische Spezifika.

Ganz ungezwungen gehen andererseits britische Behörden mit rassischen Merkmalen um. In Einbürgerungsanträgen oder in Bewerbungen um einen Arbeitsplatz erwartet man ganz detaillierte Angaben zur ethnischen Herkunft (ethnic origin). Im Unterschied zum generalisierenden Begriff „weiss" (white) wird der Pauschalbegriff „schwarz" (black) differenziert nach „Black Caribbean", „Black African" und weiteren Variationen schwarzer Hautfarbe (im Formular „Black Other").

Die britischen Behörden berufen sich auf eine Bestimmung der Commission for Racial Equality, die detaillierte Hinweise auf die ethnische Zugehörigkeit vorschreibt. Hierbei geht es wohl vorrangig um die Idee der Chancengleichheit auch unter der schwarzen Bevölkerung, damit nicht etwa Schwarzafrikaner gegenüber Schwarzen aus der Karibik oder Schwarzamerikanern benachteiligt werden.

Der Umgang mit dem anthropologischen „Schwarz-Sein" erstreckt sich natürlich auch auf die Terminologie selbst. Im Englischen war der Ausdruck *nigger* zu allen Zeiten abwertend, während *negro* noch bis in die 1960er Jahre salonfähig blieb. Als der Bürgerrechtler Martin Luther King (1929-1968) im Jahre 1956 die Entscheidung des Obersten US-Gerichtshofes feierte, wonach die Rassentrennung verfassungswidrig sei, redete er seine schwarzen Landsleute als *negro fellow citizens* an.

Noch zu Lebzeiten Kings, dem 1964 der Friedensnobelpreis zuerkannt wurde, veränderte sich das Image des Ausdrucks *negro* bei der farbigen Bevölkerung, und schon Ende der 1960er Jahre wurde dieser Ausdruck als rassistisch konnotiert empfunden. Dies war die Zeit der Black Power-Bewegung und der sozialen Mobilisation der Afroamerikaner. „Black is beautiful" kam als Slogan damals auf. Inzwischen scheint sich aber auch der Ausdruck *black* abgenutzt zu haben. Synonym zu *black people* bzw.

black Americans werden Benennungen wie *Afro-Americans* oder *African Americans* verwendet (Kinder/Sanders 1996, Boston 1997).

Als Bezeichnung für das Englisch der Afroamerikaner ist zwar weiterhin *black American English* in Gebrauch, häufiger aber wird die Eigenbezeichnung *ebonics* (wörtlich ‚die Ebenholzsprache', nach *ebony* ‚Ebenholz') verwendet. Diese metaphorische Anspielung auf die dunkle Hautfarbe ist zum Identitätsfaktor geworden. *Ebony* ist der Titel einer Zeitschrift, deren Zielgruppe die schwarze Bevölkerung der USA ist. Dies geht eindeutig aus dem Untertitel *incorporating black world magazine* hervor. Die Welt der Schwarzen (wörtlich „schwarze Welt") ist in der Tat ein eigenes Milieu mit sozialen Standards und Schwerpunkten im Kulturschaffen, die bewusst von denen der „weissen Welt" abweichen. Ebony macht sich als Presseorgan zum Sprachrohr eben dieser abweichenden Interessenlage.

Schwarz-Sein als gesellschaftliches Anders-Sein

Die Realitäten in der „schwarzen Welt" gründen sich auf andere Gesetzmässigkeiten als in der „weissen Welt" (Thomas 1996: 79 f.). Obwohl die Rassensegregation in der Öffentlichkeit längst aufgehoben ist, schafft sich die schwarze Bevölkerung in ihrem sozialen und kulturellen Umfeld eine selbstgewählte Segregation, die im Unterschied zu der früher von den Weissen aufgezwungenen ein Ausdruck freier Wahl und interner Solidarität ist.

Die „schwarze Welt" hat ihre eigene Infrastruktur. Die Vorstellung, dass heutzutage weisse und schwarze Amerikaner als Nachbarn leben und in der Arbeitswelt miteinander auskommen, ist trügerisch, denn als Reaktion auf den unausrottbaren subversiven oder offenen Rassismus der Weissen organisieren sich schwarze Einwohner in ihrer monoethnischen Wohngegend ebenso selbständig wie in rein schwarzen Firmen.

Für das Wirtschaftsmanagement und das Marketing in den USA stellt sich heutzutage dringlicher denn je die Aufgabe, mit den unterschiedlichen Mentalitäten in weissen und schwarzen Firmen umzugehen, bzw. Kollisionen in gemischt-ethnischen Betrieben zu vermeiden (Boston 1997). Im Zeichen des Multikulturalismus ist es zur Mode geworden, dass von Weissen kontrollierte Unternehmen ihre Popularität unter Beweis zu stellen suchen, indem sie sich um besonders hohe Quoten an

Minderheitenbeteiligung bemühen. Den Vorreiter macht die Firma Ford, die in Reklamen ihr Image auf die Weise pflegt, dass sie ihr multiethnisches Verkaufsnetz herausstellt. Denn von allen amerikanischen Autoherstellern, so heisst es, biete Ford das mit den meisten nicht-weissen Vertragsunterhändlern. In der Public Relations-Kampagne heisst es: Ford and minorities, partners in progress (‚Ford und Minderheiten, Partner im Fortschritt').

Zwischen der „schwarzen" und der „weissen" Welt Amerikas existiert heutzutage immer noch – wie früher – ein Ungleichgewicht. Schwarze sind trotz verbesserter Ausbildungschancen weiterhin unterprivilegiert. In den meisten Firmen, wo Weisse und Schwarze arbeiten, sind Weisse in den führenden Positionen. Kriminalität ist bei der schwarzen Bevölkerung ein grösseres Problem als bei der weissen, und in der Ideenwelt der Weissen hat sich ein neuer Stereotyp schwarzer Kriminalität gefestigt:

> „Heute ist die Vorstellung vom Afroamerikaner von einer neuen Variante des bösen Wilden geprägt, dem entmenschten, wild um sich schiessenden Ghettojungmann. Ihm gilt der Ruf der Volksstimme nach Disziplinierung mit allen Mitteln, nach verschärfter Strafgesetzgebung und Todesstrafe" (Heider 1996: 34).

Es werden mehr Schwarze von weissen Polizisten misshandelt als Weisse von schwarzen. Die Idee vom melting pot ist veraltet und unrealistisch, aber die Idee von konfliktfreier Kooperation zwischen Schwarz und Weiss ist eher eine Wunschvorstellung. Die US-amerikanische Gesellschaft ist bis heute „durch die Farbe geteilt" (Kinder/Sanders 1996).

Die freiwillige Segregation und der Druck, unter dem diejenigen Farbigen stehen, die sich in die Welt der Weissen integrieren, stehen im Widerstreit, und nicht selten drückt sich Zwiespältigkeit auch in der Selbstidentifizierung aus. Selbstidentifizierung ist nicht nur eine Sache der Einstellung zum Schwarz-Sein oder Weiss-Sein. Es hat auch damit zu tun, wie man sein Äusseres gestaltet.

Während sich Weisse darum bemühen, ihre Haare im Afro-Look krausen zu lassen, sind viele Farbige daran interessiert, die Krausheit ihres Haares verschwinden zu lassen zugunsten eines glatten Haares wie bei den Weissen. Eine Firma mit dem sinnigen Namen *African Pride* (‚afrikanischer Stolz') bietet als Markenprodukte besonderes Gel an, das krauses Haar glättet, und Spray, das es glatt hält. Völlig aus den Fugen geraten kann aber die Selbstidentifizierung in der Ablehnung des eigenen physischen Schwarz-Seins. Die „schwarze Welt" kennt einen weltberühmten Fall von Identitätskonflikt, den des Showstars Michael Jackson.

Der Jackson-Clan mit seinem Potential an musikalischen Talenten wäre einer von vielen anderen Gruppierungen der schwarzen Musikszene, wenn sich die Jacksons nicht aufgrund zweier Faktoren von der Masse der Durchschnittsentertainer abheben würden. Zum einen sind zwei Sänger des Clans weltberühmt geworden, u.zw. Michael sowie seine Schwester Janet. Zum anderen ist die Transformation, die Michael durch seine Hauttransplantationen erlebt hat, einzigartig im Showbusiness. Auf den ersten Blick fällt es schwer, bei einem Vergleich von Fotos aus der Jugendzeit und der Musikkarriere die Identität der Person zu erkennen.

Die Realität der Jugendzeit, so durchschnittlich auszusehen wie viele andere Schwarze auch, hat in Michael den grossen Traum vom Anderssein geweckt. Und den konnte er sich nach seinen ersten finanziellen Erfolgen (insbesondere mit *Thriller* Anfang der 1980er Jahre) dann tatsächlich durch Schönheitschirurgie verwirklichen. Seine Schwester Janet hat sich mit ihrem Äusseren offensichtlich immer problemlos identifizieren können, und sie hat in der Tat bei ihrem Aussehen auch keinen Grund für chirurgische Korrekturen.

Janet verkörpert die schwarze Identität, Michael den Identitätskonflikt in der Kollision von „schwarzer" und „weisser Welt". Die augenfällige Identitätskrise und gelegentliche pädophile Anschuldigungen taten Michaels Image als Megastar früher keinen Abbruch. Seine Fans kommen nicht nur aus dem schwarzen und weissen Lager, sondern repräsentieren den gesamten Regenbogen populär-ethnischer Kategorisierungen. Sein derzeit anhängiges Gerichtsverfahren wegen sexuellen Missbrauchs von Minderjährigen hat wohl seinen Identitätskonflikt enorm verstärkt, von den katastrophalen Auswirkungen für sein Image ganz zu schweigen.

Symbolisch konnotiert ist der Titel von Michaels hauseigener Zeitschrift *Black & White*, das offizielle Magazin des King of Pop. Hiermit ist wohl ein humanitärer Brückenschlag zwischen den Welten intendiert, im Stil einiger von Michaels Songs. Wer allerdings nach tieferer Symbolik sucht, findet sie womöglich im Konfliktpotential von Michaels Metamorphose. Michael ist aber nicht durch die Revolution in seinem Äusseren zum Megastar geworden. Dies ist ein Nebeneffekt seiner Showkarriere und nicht deren Auslöser. Was ihn zum Dauerbrenner der Popszene macht, ist vielleicht der Umstand, dass er alle Register der populären

Kultur gezogen hat und sich zwischen „Kitsch, Kunst und Unterhaltung" (Ebmeier 1997: 138 f.) bewegt.

In der Vielfalt der Begabungen in der schwarzen Musikszene scheint sich das Vorurteil der Weissen zu bestätigen, dass Farbige mit Musik ganz anders umgehen können, eine viel urtümlichere Einstellung dazu haben als die weniger sensibilisierten Weissen. Die Welt verdankt den Farbigen Musikgenres, die überall Anklang gefunden haben. Jazz, Rhythm and Blues oder Negro Spiritual zählen schon lange zu den klassischen Genres. Auch neuere wie Rap haben Breitenwirkung erlangt. In der Entwicklungsgeschichte einiger dieser Genres kann man deutlich erkennen, dass die Initialzündung in einem Milieu rassischer Segregation erfolgte, oder dass die Weissen die schwarze Musikszene für ihre Interessen instrumentalisiert haben.

Die Entstehung von Rap, diesem bis Mitte der 1970er Jahre unbekannten Sprechgesang, hat damit zu tun, dass damals die Discos feine und teure Tanzlokale waren, die von Weissen betrieben und besucht wurden. Für die schwarze Bevölkerung waren solche Musikschuppen zu teuer oder Farbige wurden einfach nicht hineingelassen. In Brooklyn gingen die Farbigen auf die Strasse und machten ihre eigene Musik, ohne Instrumentalbegleitung, und allein der Rhythmus dominierte den Gesang. Aus dieser Segregationsmusik entwickelte sich ein Modetrend, der um die Welt ging und auch von Weissen imitiert wurde.

Der Jazz entstand im Milieu einer rein schwarzen Kulturszene und war lange Zeit bei Weissen nicht hoffähig. Seinen Durchbruch verdankt dieses Genre nicht zuletzt dem legendären Satchmo, dem Musiker Louis D. Armstrong (1900-1971). Er selbst war der uneheliche Sohn einer schwarzen Prostituierten aus New Orleans. In der amerikanischen Gesellschaft der Jahrhundertwende war diese Bündelung von „Negativfaktoren" so ungefähr das schwerste soziale Stigma, das einen Menschen belasten konnte.

Satchmo machte seine Karriere in der schwarzen Musikszene, bis über eine Kette von Zufällen weisse Bosse der Unterhaltungsbranche eine erträgliche Finanzquelle witterten. Satchmo wurde eingespannt in die Klischee-Industrie der weissen Filmemacher, wo er – als wenig begabter Schauspieler, aber in seiner Rolle als begabter Trompeter – stereotypische Rollen spielte.

In Filmen der 1930er Jahre verkörperte Satchmo den Stereotyp vom gutmütigen Schwarzen, vom unbedarften Uncle Tom, der die Weissen mit seiner Musik unterhält. Satchmos Erkennungszeichen, sein unnachahmliches Grinsen, unterstrich dieses Image. Es fragt sich, ob Satchmo den Interessen der „schwarzen Welt" nicht geschadet hat durch seine Filmauftritte. Aber vielleicht empfand er dies nicht als Konflikt, er wollte Musik machen und nutzte jede Gelegenheit für Publicity. Sicher aber ist, dass die Geschichte des Jazz ohne Satchmo nicht geschrieben werden kann, und dass dieses Musik-Genre in erster Linie wohl ihm seine weltweite Beliebtheit verdankt.

Der Jazz hat sich nicht direkt von New Orleans aus als Modemusik verbreitet, sondern ihre Berühmtheit erlangte diese Musik über Umwege. New Orleans produzierte zwar das auf Improvisation basierende Musikgenre, die Subkultur der Vergnügungsviertel blieb aber immer isoliert vom kulturellen Mainstream der USA. Exportiert wurde der Jazz von den schwarzen Binnenmigranten, die während der Jahre des Ersten Weltkriegs (1914-18) aus dem Süden nach Norden abwanderten und sich besonders im New Yorker Stadtteil Harlem niederliessen. In Harlem fanden sich Musiker zusammen, die die Traditionen ihrer Heimatstadt New Orleans weiterführten. Die ältesten Jazzorchester New Yorks setzen sich ausschliesslich aus schwarzen Musikern zusammen.

Das New York der 1920er Jahre war damals schon ein Platz grosser ethnisch-kultureller Kontraste, und das Kulturleben bot jedes Jahr modische Neuigkeiten an, wobei die meisten kaum die Schneeschmelze des nächsten Frühjahrs erlebten. Auch in der Wintersaison 1924/25 lechzte die New Yorker Kulturszene nach Neuem. Damals schrieb Carl Van Vechten, eine der schillerndsten Figuren der New Yorker Avantgarde, in einem Brief an Gertrude Stein vom 15. November 1924, eine der grossen Mäzenatinnen der Pariser Avantgarde: „Es gibt immer irgendetwas in New York, und in diesem Winter sind es mit Sicherheit schwarze Dichter und Jazz-Pianisten" (Stein 1986: 108 f.). Was die Kurzlebigkeit der Moden betrifft, an die Van Vechten dachte, so hat er sich in diesem Fall gründlich geirrt. Die von Harlemer Orchestern gespielte Jazzmusik wurde in jenem Winter 1924/25 bei anderen New Yorkern bekannt und sollte die Musikszene der gesamten 1920er und 1930er Jahre prägen.

Was in New York beliebt ist, wird weltberühmt. Obwohl die Orchester bis in die 1930er Jahre entweder rein schwarz oder weiss, aber nicht gemischt waren, war der Jazz bei Schwarzen wie Weissen gleichermassen populär, und das gab den Ausschlag dafür, dass Jazzmusik in den USA gesellschaftsfähig wurde. Als die Musikszene längst vom Jazz dominiert war, interessierte sich kein Weisser mehr dafür, dass die von ihm geliebte Musik ihren Ursprung im schwarzen Rotlichtviertel von New Orleans hatte. Die Herkunft des Ausdrucks „Jazz" ist nicht geklärt. Lautlich ähnelt Jazz einem Wort, mit dem im Bordellslang von New Orleans der Geschlechtsakt beschrieben wurde (Scott/Rutkoff 1999: 146).

Die Welttradition der Musik wäre ohne die kreativen Leistungen der schwarzen Kulturszene um manchen innovativen Trend ärmer. Bei diesen Innovationen handelt es sich nicht nur um Musikgenres, die ihr typisches Eigenprofil allein im schwarzen Kulturmilieu entfalten (wie im Fall des Jazz oder des Ragtime in seiner Urheimat New Orleans). Es geht auch um Innovationen, die in kanonische, ursprünglich von der weissen Kulturszene dominierte Musiktraditionen einbricht (wie die Negro Spirituals). Vielleicht haben Schwarze eine beneidenswert-unmittelbare Beziehung zur Musik. Sie besitzen eine urtümliche Einfühlgabe, da wo sie uns Weissen fehlt.

Ich selbst habe ein Scenario erlebt, wo schwarze Amateursänger ihrem weissen Publikum eine christlich-festliche Stimmung bereitet haben, wie dies professionellen weissen Sänger kaum gelungen wäre. In einem Strandhotel bei Mombasa wurde am Karfreitag des Jahres 1996 zum Abendessen eingeladen, das für die weissen Touristen auf einer grossen Aussenterrasse gerichtet war. Die Belegschaft des Hotels gruppierte sich um den Fuss eines riesig-ausladenden Affenbrotbaums, und vom Managing Director über die Köche bis hin zum Zimmermädchen trugen sie Spirituals vor.

Einige, die es gut konnten, tanzten in schwingenden Bewegungen und unterstrichen den Rhythmus des Gesangs. Da kam Stimmung auf, die die Herzen öffnete, da wurde Ostern zum Fest. Schwer vorzustellen, dass das Absingen spröde-nüchterner Lieder in einem protestantischen Gottesdienst oder der rituelle Pomp, mit dem die Liturgie in einer katholischen Messe überfrachtet ist, eine ähnliche bewegende Wirkung haben könnte.

Je mehr man in die „schwarze Welt" hineinschaut und sich von deren Kulturleistungen beeindrucken lässt, desto mehr Respekt macht sich breit. Gleichzeitig bedauert man die Rassisten, die sich eine Bereicherung ihres geistigen Horizonts versagen. Auf eine Bereicherung ihrer

Welt verzichten eigentlich auch alle die Weissen, die sich zwar tolerant-unrassistisch gerieren, aber zu wenig neugierig auf diese Welt sind, die sie zu tolerieren vorgeben.

Dies gilt wohl bis heute für die meisten Europäer, deren Bild von der „schwarzen Welt" sich auf Kollekten wie „Brot für die Welt", auf schwarze Sportler oder Modepuppen beschränkt. Hierzu gehören auch die deutschen bürokratisch-antirassistischen Demokraten, die beschlossen haben, antirassistisch zu sein, weil dies zum Flair der Zeit gehört, die aber ansonsten nichts mit den Farbigen und ihrer Welt zu tun haben wollen.

Die Deutschen tun sich – wie in so vielen Dingen, die mit Anthropologie und Kultur zu tun haben – auch bezüglich ethnischer Terminologie schwer. Noch in den 1950er Jahren konnte man von den Negern sprechen, ohne sich eine rassistische Denkweise vorwerfen lassen zu müssen. In der post-kolonialen Ära bürgerte sich der Ausdruck schwarz ein, und die Bewohner Afrikas südlich der Sahara waren die schwarze bzw. die schwarz-afrikanische Bevölkerung. Ein früherer Neger war von nun an ein Schwarzer. Heutzutage allerdings ist auch diese Bezeichnung verpönt wegen ihrer (vermeintlichen) unterschwellig-rassistischen Konnotationen.

Aus dem Schwarzen ist im modernen Sprachgebrauch ein Farbiger geworden. Man nimmt Abstand vom Schwarz-Sein und pauschaliert die nicht-weisse Hautfarbe. Merkwürdigerweise bezeichnet man als Farbigen keinen Nicht-Schwarzen, selbst keinen dunkelhäutigen Tamilen aus Südindien, auf den die Benennung semantisch zutreffen würde. Farbiger ist reserviert als Substitut für Schwarzer.

Die anthropologische Vielfalt – und insbesondere der Schwarz-Weiss-Kontrast – wird auch marktwirtschaftlich werbewirksam thematisiert. Ein Beispiel dafür sind die populären Regenbogen-Fantasien der Firma Benetton. Vor Jahren schon ging der Slogan „United colors of Benetton" um die Welt, und dieses Grundthema ist vielfach variiert worden. Hauptanliegen ist die Demonstration von Harmonie in der Interaktion von Vertretern verschiedener Rassen. Eine solchermassen visualisierte Harmonie drückt sich in Konfigurationen spielender weisser, schwarzer und asiatischer Kinder, eines sich zärtlich umarmenden gemischt-ethnischen Liebespaares (u.zw. ein Palästinenser und eine Israelitin) aus, usw.

Eine der Varianten dieser Regenbogen-Fantasien war nicht überall willkommen, nämlich das einer schwarzen Mutter, die ein weisses Kind säugt. Diese Konstellation des Schwarz-Weiss-Kontrastes überstieg das Mass an rassischem Toleranzverhalten bei vielen US-Amerikanern. Aufgrund des Drucks der negativen öffentlichen Meinung wurde dieses schwarz-weisse Harmonie ausstrahlende Werbeposter verboten und aus dem Verkehr gezogen.

Das Werbemanagement der Firma Benetton zielt mit etlichen Bildkompositionen bewusst auf Provokation. Das Bild der schwarzen Mutter mit dem weissen Kind ist nicht das einzige, das verboten wurde. In Italien beispielsweise darf ein bestimmtes Poster nicht gezeigt werden, auf dem ein Stilleben besonderer Art zu sehen ist: ein sich küssendes Liebespaar, nämlich ein Priester in schwarzer Robe und eine Nonne in weisser Kutte.

Farbkontraste – Ihre Instrumentalisierung im Geschlechterkonflikt und in Amazonen-Fantasien

In allen Kulturen der Welt, seien sie historisch oder rezent, wird das Verhältnis der Geschlechter zueinander thematisiert. Am häufigsten begegnet man mythologisch verbrämten Legitimationen der Differenzierung sozialer Rollen für den Mann einerseits, für die Frau andererseits. In der neueren Emanzipationsdiskussion geht man allgemein davon aus, dass sich ein Bewusstsein des Konfliktpotentials, welches in solchen Differenzierungen steckt, erst in der Neuzeit ausgebildet hätte. Dies ist ein Mythos, den die moderne Forschung als solchen entlarvt hat. Bereits in der Gesellschaft der römischen Antike ist die Problematik der Differenzierung sozialer Geschlechterrollen als literarisches Thema verarbeitet worden (Peskowitz 1997: 7 f.).

Der überwiegende Teil aller Gesellschaften ist patrilineal organisiert, das heisst, im Sozialgefüge dominieren männliche Machtansprüche, und es besteht eine faktische Dominanz männlicher Verfügungsgewalt. Diese Dominanz manifestiert sich in der Kontrolle, die Männer im wirtschaftlichen, politischen und kulturellen Leben ausüben. Dort wo sich einseitig Dominanz auswirkt, akkumuliert sich naturgegeben Konfliktstoff. In allen patriarchalischen Gesellschaften ist das Verhältnis der Geschlechter zueinander konfliktbeladen, und die Konfliktsituation wird beständig durch vielfältige kulturell tradierte Restriktionen für das Sozialverhalten der Frau aktualisiert.

102

Die griechische Gesellschaft der klassischen Antike bietet ein illustratives Beispiel für die soziale Ausgrenzung der Frauen aus den Bereichen des öffentlichen Lebens und damit für eine soziale Zweiteilung der Gesellschaft. Diese künstliche Zweiteilung ist bis weit in die philosophischen Ideengebäude hineinprojiziert worden, auf die die Griechen so stolz sind, gleichsam um eine von Männern geschaffene gesellschaftliche Praxis als naturgegebenes Primat zu legitimieren.

> „Nach Auffassung der Pythagoreer, die einen so wesentlichen Anteil an der Entstehung der vorsokratisch-griechischen Naturphilosophie hatten, sind in der männlichen und in der weiblichen Wesenheit spezifische Ausdrucksformen zweier ontologischer Urprinzipien von genereller (und zeitloser) Gültigkeit zu sehen, deren Entsprechungen auf der „männlichen" Seite u.a. etwa die Einheit, das Ruhend-Feste, das Gerade, Lichte und Gute, auf der „weiblichen" die Vielheit (= Disparität), das Fliessend-Bewegte, das Krumme, die Finsternis und das Böse bilden" (Müller 1984: 128)

Die kulturell konstruierte Indominanz der Frau wird in der von Männern kontrollierten Gesellschaft mit Wertungen assoziiert, die die soziale Indominanz begründen sollen. Es werden Strategien entwickelt und kulturell sanktioniert, die die Abhängigkeit der Frau vom Mann als naturgegeben ausweisen, womit gleichzeitig der Anspruch auf die im gesellschaftlichen Leben ausgeübte männliche Dominanz legitimiert wird. „Als solcher wird der Begriff ‚Frau' konzeptualisiert als ein ‚Supplement' zu dem primären Konzept ‚Mann' (ein Supplement, das als ‚Ergänzung' im Dienst einer Ideologie von heterosexueller Vollständigkeit begriffen wird)" (Pacteau 1994: 123).

Die Art und Weise, wie die Indominanz der Frau in einer Gesellschaft mit patriarchalischen Strukturen konstruiert wird, ist von lokalen Bedingungen der Kulturentwicklung abhängig. In manchen Kulturen basiert das Ungleichgewicht in der Rollenverteilung der Geschlechter auf ungeschriebenen Verhaltensnormen, die über viele Generationen tradiert werden. In anderen Kulturen wird die Indominanz der Frau gleichsam ritualisiert, indem sie nämlich religiös-weltanschaulich festgeschrieben wird. Ein Beispiel für diese hochentwickelte Form von Rollenungleichheit der Geschlechter ist die chinesische Gesellschaft, in der trotz Jahrzehnten kommunistischer Herrschaft die Maximen des historischen Taoismus lebendig sind (Xiaogan 1993).

Die taoistische Kosmologie beruht auf dem Kooperationsprinzip, wobei Kooperation im asiatischen Kulturkreis eine andere Konnotierung besitzt als in der Emanzipationsdebatte der westlichen Welt. Kooperation im taoistischen Sinn ist eine naturgegebene Kategorie. Demnach ist das Gleichgewicht der Welt nur dadurch gegeben, dass die Wirkung widerstreitender Kräfte letztendlich zum Ausgleich gelangt, dass sich die verschiedensten Elemente vermischen und auf diese Weise die ganzheitliche Funktionsfähigkeit des Universums bedingen.

Charakteristisch für die taoistische Lehre ist die Vorstellung polarer Energieströme, Yin und Yang genannt, die trotz ihrer unterschiedlichen Natur im Sinn des kosmischen Gleichgewichts kooperieren, und deren symbiotische Kombination einen Zustand der Vollständigkeit hervorbringt. Die Opposition dieser beiden Komponenten kann durch die folgende Gegenüberstellung veranschaulicht werden (Fischer-Schreiber 1994: 428 f.):

Yin

Grundbedeutung: ‚nördlicher Berghang ohne Sonnenlicht'

Assoziationen der natürlichen Umwelt: Kälte, aufgestaute Wasserfläche, wolkenbedeckter Himmel, Mond, Wasser, Wolken, Tiger, Schildkröte, Norden

Kulturelle und soziale Assoziationen: weiblich, passiv, rezeptiv, dunkel, weich

Farbassoziation: schwarz

Yang

Grundbedeutung: ‚südlicher Berghang im Sonnenlicht'

Assoziationen der natürlichen Umwelt: Wärme, Helligkeit, Sonne, Feuer, Drache, Süden

Kulturelle und soziale Assoziationen: männlich, aktiv, schöpferisch, hell, hart

Farbassoziation: rot, weiss

Die Assoziation des Weiblichen mit der schwarzen Farbe artikuliert sich auch in der symbolischen Verknüpfung von Yin mit der fruchttragenden, dunklen Erde, ihrerseits ein Symbol des weichen Mutterschosses. Die soziale Indominanz der Frau in der traditionalen chinesischen Gesellschaft kommt vielleicht am deutlichsten in den Attributen „rezeptiv; passiv" gegenüber den männlichen Attributen „aktiv; schöpferisch" zum Ausdruck. Im Licht einer Pointierung dieser elementaren Polarität könnte man den Yin-Yang-Kontrast folgendermassen ausdeuten: die männliche Aktivität erhält erst dadurch ihren Eigenwert, dass sie im weiblichen Verhalten ihre Umkehrung findet.

Die Assoziation des Weiblichen mit dem Dunklen und Schwarzen finden wir ausser im historischen Taoismus auch in örtlich wie zeitlich davon deutlich divergierenden Kulturen. Der moderne kulturwissenschaftliche Diskurs über die Rolle des Matriarchats in der Gesellschaft nimmt von eben solchen Assoziationen seinen Ausgang (Müller 1984: 372 f.). In Johann Jakob Bachofens (1815-1887) klassischem Werk *Das Mutterrecht* (1861) entwickelt der Autor eine Vision matriarchalischer Gesellschaftsformen, deren extreme Ausprägung angeblich die mythisch überlieferte Gesellschaft der Amazonen gewesen wäre. Der Amazonismus Bachofens beinhaltet eine Vielzahl sexistischer Allüren, zu denen unter anderem auch die Assoziation des Weiblichen mit dem Dunklen und Dumpfen gehört.

Im Weiblichen dominiert angeblich das Gefühl, woraus Bachofen folgert, dass Frauen intellektuell weniger entwickelt seien als Männer und dementsprechend auf diesem Gebiet nicht soviel leisten könnten. Nach Bachofen stellt das Matriarchat eine primitive Entwicklungsstufe der Gesellschaft da, wo Gefühl über den Intellekt regiert. Erst im Patriarchat käme demnach der Glanz männlicher Rationalität und Kreativität zur Geltung.

Ironie der Emanzipationsgeschichte: gerade diejenigen Feministinnen, die ihre Argumentation auf die historische Existenz des Matriarchats bauen, unterwerfen sich im Grunde genommen Bachofens sexistischen Fantasien, die der Frauenemanzipation kaum dienlich sind (s. die Kritik bei Paglia 1990: 41 f.). Auch die vermeintliche Aufwertung der Rolle der Frau in der Gesellschaft des Altertums über Definitionsversuche zum Matriarchat (z.B. Fester et al. 1980) führt die Diskussion über Emanzipation auf Irrwege.

Einem weit verbreiteten Vorurteil zufolge sind patriarchalische Strukturen in der menschlichen Gesellschaft dadurch entstanden, dass eine frühere matriarchalische Ordnung durch das Power-Play der Männer in ihr Gegenteil verkehrt wurde. Die meisten Vorstellungen vom Matriarchat sind mythisch verklärt (Müller 1984, Wesel 1990). Nach anthropologischen, ethnologischen, archäologischen und vergleichend-kulturwissenschaftlichen Erkenntnissen ist das Matriarchat als Gesellschaftsform extrem selten. Reale gesellschaftliche Zustände, die als matriarchalisch beschrieben werden, sind in Wirklichkeit matrilinear oder matrifokal, wie die Gesellschaft der malaiischen Minangkabau auf Sumatra (Haarmann 2004: 223 f.).

Aus der Antike sind matrifokale Gesellschaftsstrukturen für die Lykier in Kleinasien, die minoische Zivilisation Altkretas und die Etrusker (d.h. die aristokratische Elite) in Italien bezeugt. Moderne Gesellschaften mit matrifokalem Sozialgefüge finden wir beispielsweise in der Karibik (Jamaika, Guyana) und bei verschiedenen Indianerpopulationen Nordamerikas (z.B. bei den Hopi); (Wesel 1990: 101 f., Smith 1996).

Eine Gesellschaftsform, die als Kontrastmodell zum reinen Patriarchat tatsächlich existierte und auch in der Moderne existiert, ist das Modell einer Kooperationsgesellschaft, in der sich die Rollen der Geschlechter angleichen. Ein solches Gesellschaftsmodell mit matrifokalen Strukturen ist für die Kulturstadien Alteuropas (d. h. für die Donauzivilisation im Zeitraum zwischen 5500 und 3500 v. Chr.) rekonstruiert worden (Gimbutas 1991). Eisler (1989) nennt die matrifokale Gesellschaft Alteuropas eine Gylanie. Der Terminus Gylanie setzt sich aus den altgriechischen Komponenten *gyne* ‚Frau' und *andros* ‚Mann' zusammen, bezeichnet also den Zustand einer gleichgewichtigen Verteilung von sozialer Verantwortung auf beide Geschlechter.

Ein Beispiel für eine seltene matrilinear-matriarchalische Sozialordnung bietet die Gesellschaft der östlichen Naxi (bzw. Moso oder Lomi) in Südchina, deren Siedlungsgebiet in den chinesischen Quellen vom 6. bis 9. Jh. Nü Guo (‚Land der Frauen') genannt wurde. Damals regierten dort nur weibliche Herrscher und alle öffentlichen Funktionen in der Gesellschaft wurden von Frauen wahrgenommen. Bis heute ist die Sozialordnung bei den östlichen Naxi weiblich dominiert. Kinder werden in „Besuchsehen" gezeugt und wachsen in von Frauen geführten Familienverbänden auf (Namu/Mathieu 2003).

Das Bild einer von Frauen dominierten Gesellschaft hat sich bis in unsere Zeit in den zahlreichen Varianten des Amazonenmythos erhalten (Blok 1995). Dass die Geschichten über die Amazonen auch heute noch für bare Münze genommen werden, liegt wohl daran, dass die griechischen Mythen Sachverhalte schildern, als ob sie real seien. Es wird zu wenig beachtet, dass der Amazonenmythos für die griechische Gesellschaft eher didaktischen Charakter hatte. Damit sollte vor den Unbilden einer Frauenherrschaft gewarnt werden.

Aber selbst viele Griechen der klassischen Epoche wurden Opfer ihres eigenen archaischen Mythos, und ihre hartnäckige Suche nach dem Land der Amazonen ist in der Tat von kindlichem Eifer beseelt.

> „Im 6. Jahrhundert v. Chr. reisten Griechen nach Themiskyra und an den Thermodon an der Südküste des Schwarzen Meeres, in das Land also, das die epische Dichtung des vorangegangenen Jahrhunderts mit Amazonen besiedelt hatte. Als sie dort keine Amazonen fanden, gaben sie ihren Glauben an deren Existenz nicht auf, sondern dachten, sie hätten sich in entfernteren Gegenden niedergelassen, im unerforschten Teil der Welt, namentlich in dem unzivilisierten Land der Skythen; andere Darstellungen versetzen sie nach Äthiopien oder an Orte, von denen man gehört hatte, an denen man jedoch niemals selber gewesen war" (Lefkowitz 1995: 26).

Das Land der Amazonen wurde niemals gefunden, ebenso wenig wie das Fantasieprodukt des El Dorado, das sagenumwobene Goldland, das die spanischen Conquistadoren vergeblich in Amerika und europäische Seefahrer ebenfalls erfolglos im Pazifik suchten.

Der Amazonenmythos hat sich als sehr dauerhaft erwiesen, denn seine Thematisierungen sind auch in unserer Zeit populär. Mit Bezug auf den Stereotyp der Amazone hat in den Medien der Unterhaltungsbranche eine fantastische Fusion von Elementen aus den verschiedensten Kulturkreisen stattgefunden. In den filmischen Realisierungen des Amazonenthemas beispielsweise bedient man sich einer banalen Kontrastierung zwischen Weiss (hell, mit guten Absichten, das Gute verteidigend) und Schwarz (düster, tückisch, mit der Mentalität einer Übeltäterin).

> „‚Gute' Amazonen sind gross und blond, oder rothaarig mit heller Haut, und sie entsprechen so der Beschreibung von Boadicea [der historisch bezeugten, mutigen Königin der Kelten in Britannien, die sich den Römern widersetzte]. ‚Böse' Amazonen sind kleiner, dunkler und haben schwarzes oder braunes Haar. ‚Gute' Amazonen sehen aus wie nordische Keltinnen, während ‚böse' Amazonen aussehen – wenn nicht griechisch – so zumindest schwärzlich. Es gibt daher eine Opposition zwischen Dunkelheit und Licht, zwischen nördlichem Europa und der Mittelmeerregion (einschliesslich Afrika). Diese Stereotypisierung und ihre unterschwellige rassisch-sexuelle

Ideologie wird tradiert in der Darstellung von Amazonen im zeitgenössischen Kino" (Passman 1991: 90; Einschub von mir).

Die populäre Ausbeutung des Amazonenthemas produziert aber mitunter auch Gestalten, die nicht ohne weiteres in das obige Rollenschema des Hell-Dunkel-Kontrastes hineinpassen. Dies ist der Fall mit der weltweit beliebten TV-Serie Xena (griech. *xena* ‚die Fremde'), deren langbeinige Titelheldin, die aus Neuseeland stammende Lucy Lawless, dunkle Haare hat, und die noch dazu in eine dunkle Rüstung gekleidet ist. Xena, die Warrior Princess (‚Kriegerprinzessin') ist der neue Typ einer Heldin, nicht allseits und ewig gut wie traditionelle Amazonen, sondern mit einem neuen menschlichen Touch. Xena verkörpert einen neuen Zeitgeist (Perez 1998).

In ihrer Jugend hatte Xena nicht der Verführung des Machtrausches widerstehen können und war ausgezogen, griechische Städte zu erobern. Dies ist ihre dunkle Vergangenheit, die sie in ihren Erinnerungen hin und wieder einholt. Später allerdings bereut Xena ihr Tun und findet den Weg zum Guten; sie zieht durch die Lande, um Menschen gegen ihre Unterdrücker zu helfen.

Xena hat eine Begleiterin, ihre blonde Vertraute Gabrielle. Sie verkörpert einschränkungslos Eigenschaften wie Sanftmut, Güte, Barmherzigkeit, Aufrichtigkeit, bedingungslose Loyalität und die Bereitschaft zur Selbstaufgabe für die „gute" Sache. Gabrielles Charakter macht es ihr leicht, an der Seite der kriegerisch-wilden, mitunter launischen Xena zu bestehen, deren Kampfmoral zuweilen die Grenzen des Erträglichen übersteigt. Gabrielle kommt die wichtige Aufgabe zu, Xena in ihrer rücksichtslosen Härte, mit der sie gegen ihre Feinde kämpft, zu mässigen.

In der Kombination dieser beiden Charaktere im Einsatz für das Gute kommt eine interessante Rollenverteilung zum Ausdruck, wobei aus dem ausgedienten Cliché der pauschal-gutwilligen, gutgelaunten, aber trotzdem kämpferischen Amazone zwei Gestalten gemacht werden. Denn einer ausschliesslich verständnisvollen, hilfsbereiten und wohlmeinenden Xena fehlte womöglich die Motivation, ihren vollen Kampfgeist und ihre Agressivität gegen das Böse zu mobilisieren.

In diesem Duo, das für das Gute streitet, kommt die Führungsrolle eindeutig Xena zu. Sie ist keine dumpfe Kampfmaschine, sondern intelligent, sie weiss Freunde und Feinde einzuschätzen und sie handelt besonnen. Nicht selten steht sie einer Übermacht gegenüber, die sie – ausser durch ihr kämpferisches Geschick – auch durch ihre taktische Klugheit aussticht. Xena ähnelt diesbezüglich der mythischen Gestalt der Athene als Burg- und Stadtschützerin, die den ungestümen Kriegsgott Ares immer in seine Schranken zu weisen weiss (Haarmann 1996: 162 f.).

Xena scheut sich vor keiner Auseinandersetzung, wenn sie nur dazu dient, dem Bösen Einhalt zu gebieten. Die Kriegerprinzessin kämpft mit sterblichen Schurken ebenso wie mit Fabelwesen, mit Zentauren, Titanen und anderen Unsterblichen. Auch auf Kämpfe mit dem Kriegsgott Ares lässt sich Xena ein, der sie mit allen Mitteln wieder zurück in ihr Leben als Stadtzerstörerin ziehen will. Xena stellen sich aber auch böse Amazonen entgegen, wie Callisto oder Velasca, der die Wahl zur Königin der Kriegerfrauen versagt blieb. Callisto ist eine der Erinnerungen aus Xenas Vergangenheit, die sie ab und zu einholt.

> „Die blonde Schönheit Callisto wurde zur mordenden Furie, nachdem Xena in ihrer düsteren Vergangenheit als Bandenführerin deren Familie getötet hatte. Seither gibt sie keine Ruhe, bis sie Rache genommen und Xena getötet hat" (Willmut 1998: 22).

Xenas Welt wurde bereits über viele TV-Kanäle den Fernsehkonsumenten vertraut gemacht. Die Abenteuer der Kriegerprinzessin sprechen Jung und Alt an. Dank der globalen Interkommunikation avanciert Xena vielleicht zur populärsten Amazonengestalt aller Zeiten. Lucy Lawless, das Multitalent, tut das ihre, um Xenas Ruhm aufzubauen.

Die Schauspielerin beherrscht nicht nur Kampftechniken, sie kann auch singen und tritt in einem Musical am Broadway auf. Die Beliebtheit der TV-Serie spricht für sich, wenn man bedenkt, dass begleitend dazu Video-Spiele angeboten werden (Strayton 1998). Hier kann der Irdische seine Rolle als Zuschauer aufgeben und mitkämpfen; sogar die Auswahl von Xenas Waffen steht ihm frei.

Die Amazonen haben auch die Welt der Comics erobert, und hier treten sie in vielerlei Gestalt auf. In den Amazonengeschichten der Comics ist alles erlaubt: kriegerische Miezen beamen sich aus dem Cyberspace in unsere Welt und dreschen auf die Schurken mit Schwert und Fäusten ein, oder die Kriegerinnen kommen aus der Unterwelt und suchen die Lebenden heim.

In den Comics, wo Frauen kämpfen, ist alles fetzig und sexy. Hier werden Frauen zum Lustobjekt männlicher Fantasien. Die Weiblichkeit wird durch pralle Körperrundungen der Heldinnen betont, die Kleidung ist spärlich und lässt wie selbstverständlich den Nabel frei. In diesen Gestalten mischt sich Sensualität mit Erotik. Die bevorzugten Erkennungsfarben der Comic-Amazonen sind Schwarz und Rot, und diese treten in freier Kombinatorik auf.

Da ist Panthera, die Katzenkönigin mit schwarzer Kleidung, hohen Schaftstiefeln und dunklem Haar, die sich nach Belieben in eine schleichende Pantherin oder in eine Rächerin der Nacht in Frauengestalt verwandeln kann. Da sind die Cyber-Miezen Cyblade und Elektra. Cyblade, die Karatekämpferin, ist schwarz gekleidet; die schwertschwingende Elektra erscheint in rotem Outfit.

Die Gestalt der Vampirella, der beflügelten Tochter der Unterwelt, ist komplexer: „Sex und Tod ... sie ist beides, vereint in einer bitter-süssen Verpackung ...". Als Mischung aus Amazone und Draculas Tochter verbringt Vampirella ihre Nächte damit, zu lieben, zu kämpfen und zu töten. Vampirella hat schwarze Haare und trägt schwarze Stiefel, ihre fast nicht existierende Kleidung verziert ihren athletischen Körper in Rot.

Mehr noch als Vampirella sind andere Gestalten an die Unterwelt gefesselt. Diese verkörpern Domina-Stereotypen, Vamps, die verführerisch sind, aber doch unnahbar, herrschsüchtig und eigenwillig, und die von anderen Unterwürfigkeit fordern. Da ist Lady Death („Sie ist die Königin von allem was tot ist oder stirbt, die Unbesiegbare, Unvergessliche ..."), in schwarzem Outfit, die ihren Willen mit dem Schwert durchsetzt.

Die mysteriöse rothaarige Chastity, das Menschenkind, das sich in einen Vampir verwandelte, geht auf Menschenjagd. Sie tauscht Blut, das junger Opfer gegen das ausgebrannter Vampire. Jede Mahlzeit macht Chastity kräftiger und klüger. Am gefährlichsten ist Purgatori, die stärkste Gegenspielerin von Lady Death. Purgatori ist die gehörnte, geflügelte, geschwänzte und mit Krallen bewehrte Vampirgöttin, die von Lucifers Blut kostete, sich selbst in eine Teufelin verwandelte und nun „Sklavin des Blutdurstes" ist.

In dem Masse, wie sich in den Comics die Dimensionen des Diesseits und Jenseits, von irdischer Realität und Cyberspace, auflösen, verflüchtigen sich auch sämtliche menschlichen Eigenschaften der Aktionisten. Die visualisierten Handlungsstränge verflachen in emotionalen Reaktionen ohne narrativen Tiefgang. Die Amazonengestalten sind roboterhafte Figuren mit willkürlich gewählten, stereotypen Charakteristika.

In dieser Domäne der Pop-Kultur unserer Zeit erleben auch die Farben eine klägliche Vergewaltigung, indem sie simplistischen Mechanismen der Farbpsychologie unterworfen werden. Schwarz steht bei den Comic-Amazonen für respektheischende Dominanz, für die Verbindung mit dem Höllisch-Düsteren und mit dem Schattendasein einer Nachtwandlerin. Rot signalisiert feurige Kampfeslust, die Verbindung mit dem Teuflischen und mit dem Blutrausch.

Amazonen-Klischees werden aber nicht nur in den Massenmedien, sondern auch in einer anderen Domäne vermarktet, wo viel Geld im Umlauf ist, in der Modebranche. Stereotypische Vorstellungen von den Eigenschaften einer modernen Amazone, Extravaganz, Eigenwilligkeit und uneingeschränkte Selbstsicherheit mit einem Touch von Unnahbarkeit und Coolness, solche Anklänge findet man in ausgefallenen Modellen, wie sie beispielsweise in der Herbst-Winter-Kollektion 94/95 angeboten wurden.

6. Die Welt der Mode und ihre farbenfrohe Symbolsprache – Farbe als Statussymbol und Stimmungsmacher

„In den Anden sind Farben seit alten Zeiten zur Identifikation verwendet worden. Dieses manipulierte Licht diente als intentionales Instrument, um Umgebungen auszuschmücken, um den Raum für kulturelle Aktivitäten zu bestimmen. Die Farbe war bereits zu den Zeiten präsent, als die Menschen der Anden vom Jagen und Sammeln lebten, d.h. Tausende von Jahren vor dem Beginn unserer Zeitrechnung" (Gallardo I./Cornejo B. 1992: 23 f.).

Wenn man davon spricht, dass der Mensch Farben „begreift" und „fühlt", dann bedeutet dies, genau betrachtet, dass er sich über die Gehirnleistungen des Begreifens und Fühlens – entsprechend den Vorgaben des kulturellen Gedächtnisses – mit Farbtönen identifiziert. Die Identifikation mit unserer kulturellen Umwelt ist ein Vorgang, dessen sich die Beteiligten überwiegend nicht bewusst sind. So wie im Fall des im Meer schwimmenden Eisbergs, dessen grösster Teil unsichtbar bleibt, so graben sich die meisten Anker unserer kulturellen Identifikation im sprachlosen Unterbewusstsein ein. Das was wir uns bewusst machen, ist tatsächlich nur die Spitze des Eisbergs, ein selektiver Ausschnitt des gesamten Identifikationsprozesses.

Kraft unseres Denkens können wir aber bestimmte Stränge der Identifikation aktivieren und damit unsere kulturelle Identität für bestimmte Zwecke instrumentalisieren. Für die Farben, deren Kombinationen und die daran orientierten Assoziationsmuster bedeutet dies, dass wir diese als Identifikationssymbole intentional einsetzen können. Beispielsweise ist die Kombinatorik der Farben Schwarz und Rot in der Geschichte der Mode die längste Zeit über kein Ausdruck präferentieller Farbästhetik gewesen, sondern es handelt sich hierbei um die Instrumentalisierung von Farbtönen als Prestigesymbole.

Solange Rot auf die Kreise der Aristokratie und des Königshofes beschränkt war, diente diese Farbe als Signal für vornehme Abstammung. Erst im modernen Demokratisierungsprozess öffnet sich Rot frei dem subjektiven Modegeschmack. In traditionalen Kulturen haben Farben bis heute ihre Funktion als Identifikationssymbole bewahrt, so in der Kombinatorik von Figuren und Farben in der Perlenornamentik der Bantuvölker, in der Gesichtsbemalung der Papuaner, in der Farbwahl der Mützen lappischer Rentierzüchter im nördlichen Skandinavien, u.ä.

Der Mensch und seine Nacktheit
im Spannungsfeld imaginärer Farbästhetik

Farben sind visuelle Impulsgeber in allen Kulturen. Obwohl viele Institutionen unserer modernen Zivilisation in traditionalen Kulturen unbekannt sind, gibt es kulturelle Domänen, die jeder kennt, unabhängig davon, ob der Mensch in einer traditionalen Stammeskultur wie in Papua-Neuguinea oder in der Informationsgesellschaft mit ihrer euroamerikanischen Kulturfusion lebt. Überall setzt sich der Mensch mit seiner Körperlichkeit, mit seinem Äusseren, auseinander, und dies in Geschichte und Gegenwart.

Überall sind Traditionen entstanden, wie und mit was sich der Mensch bekleidet oder schmückt. Die Nacktheit des Körpers in einer Kultur, wo nur der Lendenschurz bekannt ist, wird ausgeglichen durch Haut- und Haarschmuck, durch Körperbemalung, Tätowierung, Feder- oder Perlenschmuck, durch farbige Bänder, Arm- oder Beinringe. In Kulturen, wo der Körper stärker durch Kleidungsstücke bedeckt wird, ist die Variationsbreite für Körperbemalung eingeschränkt.

Andererseits erweitert sich die Vielfalt der Accessoires, die zur Kleidermode gehören, und auch die Techniken, sein Gesicht und die Extremitäten mit Farben zu schmücken, verfeinern sich. Das Schneidern von Kleidern ist seit Jahrhunderten nicht nur ein praktisches Mittel, den menschlichen Körper zu bedecken, sondern eine eigene Kunst. Aus diesem Blickwinkel betrachtet ist der von Jane Ashelford für ihr 1996 erschienenes Buch gewählte Titel besonders treffend: *The art of dress* (‚Die Kunst der Kleidung’).

Die Geschichte der Mode und die Geschichte des farbigen Körperschmucks sind auf das engste miteinander verwoben. Nicht nur, dass Kleidung fast immer mit Hautschmuck kombiniert wird, auch die Wahl der Farben und der Motive dieses Schmucks sind von der Farbgebung und vom Schnitt der Mode abhängig, die getragen wird. Mode vom übrigen Körperschmuck zu trennen, ist nicht sinnvoll. Wenn dies trotzdem geschieht, dann lässt sich die Trennung eigentlich nur arbeitstechnisch begründen. Allerdings werden trotz der engen Verflechtung beider Domänen Mode und Makeup bis heute mit Vorliebe in getrennten Publikationen behandelt.

Die Geschichte der Mode und von anderem Körperschmuck sollte eigentlich mit einem Kapitel beginnen, das nur selten in Modebüchern thematisiert wird (wie bei Loschek 1991: 86 ff.), nämlich mit einer Betrachtung des nackten Körpers. In keiner Kultur versteht der Mensch sein paradiesisches Äusseres als realen biologischen Sachverhalt. Überall wird die biologische Realität kulturell verbrämt. Der Körper wird verstanden als eine Art Werkstück, mit dem der Mensch in seiner kulturellen Umgebung entsprechend vorgegebenen Traditionen umzugehen hat. Die Ästhetik der Bekleidung und ihrer Accessoires sowie die Art und Weise, Körperschmuck nach Farben und Motiven auszuwählen, sind ursächlich mit den anthropologischen Stereotypen verknüpft, die Menschen in ihrer kulturell spezifischen Umgebung entwickeln.

Für die Menschen mit anthropologisch „weisser" Hautfarbe ist ihre Weissheit immer ein Ausdruck positiver Identifizierung gewesen. Konflikte wie die von Farbigen, die aufgrund ihrer Hautfarbe von Weissen diskriminiert werden und deshalb eine Art Selbsthass entwickeln, sind bei der weissen Bevölkerung unbekannt. Das anthropologische Weiss-Sein wird in einigen Gesellschaften gleichsam skaliert und ethisch gewertet. Beispielsweise wurde in der US-amerikanischen Gesellschaft des 19. Jahrhunderts zwischen hellhäutigen Mittel- und Nordeuropäern einerseits und „dunklen Weissen" (irischen und südländischen Immigranten) andererseits unterschieden (Dyer 1997: 48 ff.). Die letzteren waren sozusagen Weisse „zweiter Klasse".

In seiner symbolischen Ausdeutung wurde das Weiss-Sein lange Zeit mit zivilisatorischem Fortschritt, später auch mit technologischer Überlegenheit assoziiert, und die Kolonialgeschichte schien die führende Rolle der Weissen in der Welt zu bestätigen. Vor diesem Hintergrund wird verständlich, warum das Weiss-Sein seinen eigenen elitären Kult entwickelt hat. Makellose weisse Haut war das Schönheitsideal der europäischen Frauen seit dem Mittelalter. Schminke diente nicht nur dazu, bestimmte Gesichtspartien wie die Umgebung der Augen zu betonen, sondern auch und in besonderem Masse dazu, Hautblässe künstlich zu verstärken. Die Damen von Stande färbten oder puderten sich das Gesicht und den Hals weiss (Corson 1997: 73 f.).

Weisse, von Sonnenlicht unberührte Körperhaut und eine vornehme Blässe des Gesichtes galten bis ins 20. Jahrhundert als Ideal weiblicher Schönheit. Weiss-blasse Weiblichkeit drückte im gesellschaftlichen Alltag symbolisch die Zugehörigkeit zur sozialen Oberschicht aus, und für den Künstler assoziierte sich diese Eigenschaft mit Reinheit und Makellosigkeit. Die Reinheit der Seele und die Sanftheit des Gemüts wurden als Tugenden insbesondere für Frauen postuliert, die schön und weiss waren (Norton 1995).

In Gesellschaften, deren Mitglieder nicht weiss sind, wird das Nicht-Weiss-Sein in Ursprungsmythen positiv ausgedeutet. In der mythologischen Überlieferung der Malaiien auf dem südostasiatischen Festland hat der Schöpfergott den Menschen bräunliche Haut gegeben, weil nur eine solche Hautfarbe Vollkommenheit signalisiert. Als nämlich der Schöpfer mit seinem Experiment beschäftigt war, Menschen zu schaffen, und dafür aus Teig geformte Gestalten im Ofen buk, misslang ihm das Backen zweimal. Einmal war der Teig zu weiss, das heisst der Mensch war nicht „gar", beim anderen Mal verbrannte der Teig, der Mensch war schwarz und „unbrauchbar". Erst beim dritten Versuch erhielt der Mensch seine reife Farbe: ein weiches Mittelbraun.

Das Schwarz-Sein wird in den afrikanischen Kulturen nicht ausdrücklich im Kontrast zu Menschen mit anderer Hautfarbe thematisiert. In den Schöpfungsmythen ist der Mensch so wie er ist, ohne dass man seine Hautfarbe mythisch legitimieren müsste. Erst durch den sozialen Druck der weissen Kolonialkaste entwickelte sich auch bei Schwarzafrikanern ein Bewusstsein für die gesellschaftliche Bedeutung rassischer Unterschiede. Die Geschichte der Sklaverei, insbesondere in Nordamerika, ist geeignet, die Verkrustung des Denkens bei Weissen mit ihrer Verquickung von anthropologischen und kulturellen Wertmassstäben zu illustrieren.

Schwarz-Sein wurde und wird vielfach auch heute noch mit kultureller Unterentwicklung, mit der Dominanz der Sinne über das rationale Denken, mit Unmoral und sexueller Freizügigkeit verknüpft. Schwarze Weiblichkeit erweckt im weissen Betrachter, dessen kulturelles Gedächtnis überfrachtet ist mit den rassistischen Allüren früherer Generationen, sinnliche und erotische Assoziationen, vielleicht sogar mit animalischen Anspielungen.

Im Dickicht der Verstrickungen anthropologischer Gegebenheiten und kultureller Wertungen ist es für einen weissen Betrachter nicht leicht, rein ästhetische Wirkungen des Schwarz-Seins auszufiltern und sich von den hartnäckig tradierten Schablonen weiss-schwarzer Sozialkontraste zu lösen. Daher ist es geradezu aufregend, wenn man feststellt, dass es Künstler gibt, denen es gelingt, eine sozial wertfreie Ästhetik des Schwarz-Seins zu vermitteln, eine Ästhetik, die keine Vorurteile der Weissen über Farbige herausfordert, sondern die im Gegenteil weisse Betrachter nachdenklich stimmt, ob nicht die am Schwarz-Sein orientierte Ästhetik des menschlichen Körpers tiefgründiger, kontrastreicher und insgesamt eindrucksvoller ist als die farbblasse Ästhetik der Weissen.

Der in New York lebende Franzose Thierry Le Gouès (geb. 1964), der sich einen Namen mit seinen Fotos von Models in Zeitschriften wie Arena, Allure, Vogue, Elle und Harper's Bazaar gemacht hat, fotografiert ausschliesslich farbige Frauen, und mit Vorliebe unbekleidet. Seine Fotoobjekte sind keine Aktmodelle im traditionellen Sinn, keine Statisten in einem stimmungsvollen Milieu. Die Frauenkörper, die Le Gouès ablichtet, sind das künstlerische Material, aus denen der Meisterfotograf Statuen im Schwarz-Weiss-Kontrast schöpft. In seinen Arbeiten ist der negative Raum weiss, der positive Raum schwarz.

Le Gouès ist häufig gefragt worden, warum die Körper farbiger Frauen für ihn so attraktiv sind. Die Antwort, die er gibt, ist mystisch verklärt:

> „Es ist überhaupt keine sexuelle Dimension. Es ist einfach einer der stärksten, magischsten Eindrücke, die man bekommen kann, besonders wenn man die Werke von Rodin betrachtet, die Materialien, die er verwendete, und die Art und Weise, wie sie Licht reflektieren. Ich kann noch weiter in diese Richtung gehen mit schwarzer Haut" (Le Gouès/Webb 1998, introduction).

Le Gouès wird konkreter, wenn er über die Praxis des Fotografierens seiner Modelle spricht: „Die Form des Hinterns und die Rundung des Rückgrats sind sehr dramatisch; die Pose ist anders als bei einem weissen Körper, dynamischer".

In seiner neuen Fotosammlung Soul von 1998 gelingt es Le Gouès in der Tat, die Seele von Afro-Schönheiten wie Iman, Karen Alexander, Kiara, Adia Couliealy, Lorraine Pascale, Naomi Campbell und anderen in ihren lichtumfluteten, statuesken Posen einzufangen. Die eigentliche künstlerische Aussagekraft der Fotos liegt vielleicht darin, dass die schwarzen Statuen von Le Gouès einen starken sensuellen Eindruck künstlerischer Ästhetik vermitteln und keine banalen rassistischen oder erotischen Stereotypen assoziieren. Le Gouès feiert die Ästhetik des schwarzen Körpers, so wie die Europäer seit Jahrhunderten den Kult der Ästhetik griechischer Statuen in weissem Marmor gepflegt haben.

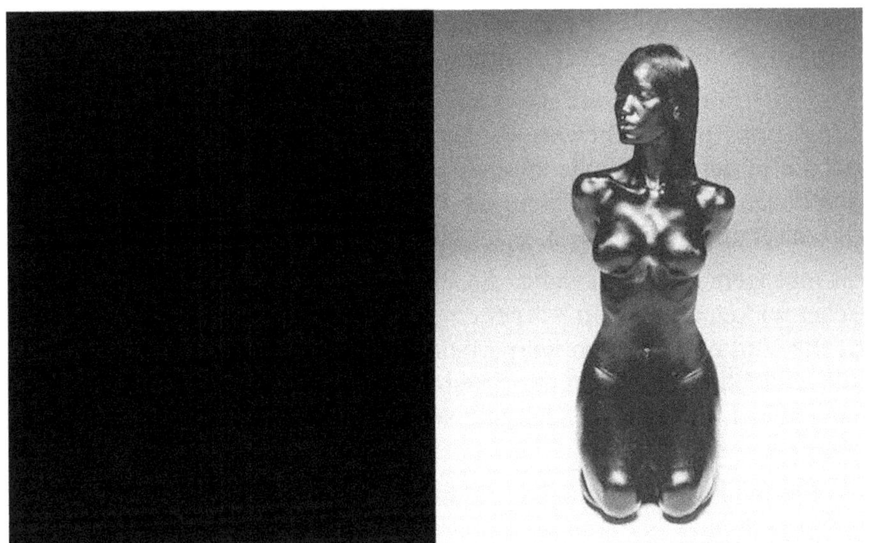

Eine schwarze „Statue" des Fotografen Thierry Le Gouès (Le Gouès/Webb 1998: 39)

Die schwarze Ästhetik von Le Gouès ist körperlich, aber kleiderlos. Le Gouès benötigt keine modischen Accessoires, um seine sensuellen Stimmungsbilder zu verstärken. Dabei wäre es so leicht, das Repertoire eines modischen Afro-Look einzubringen. Aber Le Gouès konzentriert sich auf die ursprünglichen Requisiten, die der Körper bereitstellt, auf Formen und Posen.

Die Fotostatuen von Le Gouès vermitteln dem Betrachter die eindringliche Erfahrung, dass sich die schwarze Ästhetik aus Normen aufbaut, die abweichen von denen der weissen Ästhetik. Die Werke von Le Gouès kann man wohl am besten würdigen, wenn man sie als Elemente in einem Spannungsverhältnis versteht, als ästhetische Ingredienzen in unserer Welt des anthropologischen Schwarz-Weiss-Kontrastes.

Die primäre Ästhetik des weissen und schwarzen Körpers ist der Hintergrund, vor dem sich die sekundäre Ästhetik entfaltet, nämlich die Ästhetik modischer Accessoires und des Körperschmucks. Mode oder ein Makeup wirken niemals allein für sich, sondern stehen immer in Abhängigkeit zur Körperlichkeit ihres Trägers bzw. ihrer Trägerin. Der ästhetische Eindruck ist immer die Summe von Impulsen aus zwei visuellen Quel-

117

len, aus der Farbigkeit und Formenwahl der Accessoires einerseits, aus den Formen und Posen des Körpers andererseits.

Das passende Kleid und das passende Makeup für jemanden zu finden, hängt prinzipiell nicht von idealen Körpermassen ab, deren Festlegung gerade in der Modebranche recht willkürlich ist, sondern beruht im wesentlichen auf dem Geschick, die Farben- und Formenvielfalt der Mode auf die Individualität der Körperlichkeit abzustimmen.

Es gibt viele Kleidermodelle, die an einem vollschlanken Körper ästhetischer wirken als an dem Körper einer Modepuppe. Wer die intensive sensuelle Verknüpfung von Körperlichkeit und Mode als Primat der Ästhetik versteht, der findet in der Geschichte der Mode mehr Kontrastschärfe als jemand, der glaubt, Kleidung sei mehr oder weniger eine Sache des Körperschutzes.

Wollte man das Spannungsverhältnis von Körperlichkeit, Kleidung und Körperschmuck allein unter ästhetischen Gesichtspunkten betrachten, so wäre dies ein Vorurteil, dem der moderne Betrachter allzu leicht erliegt. Denn in der heutigen Zeit sind wir daran gewöhnt, modische Präferenzen ausschliesslich als individuelle Vorlieben zu verstehen. Der moderne Konsument hat die Auswahl zwischen konventioneller und experimenteller Mode, zwischen Fest-, Berufs- und Alltagskleidung, zwischen einheimisch-vertrauten und fremd-exotischen Modetrends.

Je weiter wir aber in der Geschichte der Mode zurückgehen, desto mehr verstärkt sich der Eindruck, dass sich in der Auswahl der Bekleidung deutlich die sozialen Klassenhierarchien früherer Gesellschaften spiegeln. Die Geschichte der Mode ist nicht nur eine Geschichte von Stilen, Formgebung und Farbwahl, sondern auch eine solche der Befreiung von den Zwängen sozialer Kleiderordnung. Somit ist die Geschichte der Mode in mehrfacher Hinsicht ein Spiegel der Kultur, und die darin aufscheinende Farbsymbolik bindet kulturelle Strömungen in vielerlei Spielarten.

Farben als Symbole kollektiver und individueller Identifikation

Der Papuaner, der sich die farbigen Federn des Paradiesvogels ins Haar steckt, hat mehr im Sinn, als sich zu schmücken. Er will damit ein Signal setzen für andere. Nicht jeder Stammesangehörige hat das Recht, sich Federn dieser Vogelart anzustecken. Die Paradiesvogelfedern signalisieren sozialen Rang, und das, was wir Europäer als „Federschmuck" bezeichnen, hat in Wirklichkeit die Funktion eines Identifikationssymbols.

Die Welt der Identifikationssymbole ist wie ein Dschungel mit ihrer verwirrenden Vielfalt von Formen, Farben und Materialien. Was die intentionale Verwendung von Farben für die Zwecke der Identifizierung betrifft, so haben wir hier eine kulturanthropologische Konstante vor uns. Seit der Antike und in allen bekannten Kulturen spielen Farben in der einen oder anderen Weise für die Identitätsfindung eine Rolle. Identitätsfindung bedeutet in diesem Zusammenhang, dass Menschen die mit Farben assoziierte Symbolik intentional einsetzen, um Signale zu setzen, die ihre Individualität oder ihre Gruppenzugehörigkeit anzeigen. In der modernen Welt der Konsumgesellschaft ist der visuelle Erlebnishorizont der Menschen überfrachtet mit korporativen Identifikationssymbolen und Warenzeichen (Mollerup 1997).

Die rote Fahne der kommunistischen Bewegung war für deren Anhänger ein „Ehrenbanner", mit dem das soziale und politische Erwachen signalisiert wurde. So wie die Sonne im Osten blutrot aufgeht und der Tag erwacht, so stellte man sich vor, dass die Ideale des Kommunismus den Menschen den Aufbruch in eine neue Entwicklungsperiode ihrer Evolution bescheren würden. Die grösste Vielfalt visuell-symbolischer Ausdeutungen dieser positiven Konnotation der roten Fahne finden wir in der Geschichte der sowjetischen Ikonographie (Condee 1995). Für die Gegner des Kommunismus dagegen war das rote Banner im vielschichtigen Sinn des Wortes das „rote Tuch", das sie aufreizte, „Rot zu sehen".

Es gibt traditionale Kulturen, deren gesamtes Weltbild eingebettet ist in Farbkontraste, und deren kulturelle Selbstidentifizierung konsequenterweise farbgebunden ist. Dies ist der Fall in der Lebenswelt der Mapuche in Chile. In der Sprache der Mapuche gibt es zwei Ausdrücke für die grössten Kontraste: *lig* mit den Bedeutungen ‚weiss' und ‚Licht', ausserdem *kuri* mit den Bedeutungen ‚schwarz' und ‚Zustand der Abwesenheit von Licht oder Farben' (Mege R. 1992: 41 f.). Mapuche *kuri* bezeichnet nicht nur konkret die Farbe „Schwarz", sondern im mythischen Sinn den Ursprungszustand, aus dem heraus der Lebensraum und die Dinge der Welt entstanden sind.

Schwarz ist daher die Basisfarbe in der Mapuche-Kultur, sie dominiert in der Kleidung, deren Accessoires und in den Textilien für Gebrauchszwecke (Decken, Wandbehänge, u.a.). Die wichtigste Begleit- oder Kontrastfarbe ist Weiss. Mit ihrer besonderen Farbwahl unterscheiden sich die Mapuche von anderen Andenindianern, deren Alltagsleben vielfarbig gestaltet ist.

Auch Klanzeichen sind Identifikationssymbole, und Farben spielen dabei eine besondere Rolle. Wenn man den Ausdruck „Klanordnung" hört, denkt man wohl unwillkürlich an die exotischen Lebensbedingungen von Menschen weitab von unserer Welt, an die Kleinvölker im fernen Sibirien, im Kaukasus oder an Somalia, ein Land, das sich im Krieg der Klane aufgelöst hat. Es gibt aber auch ein Klanbewusstsein in der modernen Welt Europas, und das bekannteste Beispiel sind die schottischen Clans, die ihre Klanzeichen als Symbole der Lokalgruppenidentität bis heute tradieren (Clans Map of Scotland 1991).

Die sogenannten Schottenmuster sind uns Kontinentaleuropäern bekannt, weil sie als ein besonderer Stil in die Welt der Mode aufgenommen worden sind. Auch die historischen Erkennungszeichen der Clans zeigen das typische Karomuster mit verschiedenfarbenen Streifen. In jedem Identifikationssymbol der insgesamt 90 Clans erkennt man ein individuelles Karomuster und eine individuelle Farbwahl. Zusätzlich trägt jedes Klanzeichen ein individuelles Wappen mit einem Sinnspruch. Die Namen vieler der schottischen Clans sind allgemein bekannt, weil sie mit den Emigranten nach Nordamerika gelangten und dort als Familiennamen weiterleben. Da sind die Macdonalds, Mackintoshs, Montgomeries, Maxwells, MacAlisters, Buchanans, Grahams, Wallaces und viele andere.

Drei Farbtöne dominieren die Farbskala der Klanzeichen, u.zw. Rot, Grün und Blau. Diese Farben treten in verschiedenen Abtönungen auf, Rot von Braun-Rot über Hellrot bis Rosa, Grün von Moos-Grün über Gras-Grün bis zu einem hellen Pastell-Grün, Blau von Grau-Blau über Tief-Blau bis zum Himmel-Blau. In den meisten Klanzeichen finden sich schwarze, graue und/oder weisse Streifen (z.B. in dem der Wallaces, der Sutherlands, der Mackenzies).

Kein einziges Klanzeichen ist einfarbig, zumindest sind zwei Farben kombiniert (wie im Zeichen der Menzies mit rot-weissem Karomuster). Häufiger ist die Kombination von drei Farben (wie bei den Montgomeries mit Blau-Grün-Rot). Etliche sind komplex im Hinblick auf Farbe und Muster (wie die Zeichen der Inneses, der Colquhouns oder der Urquharts).

Die Originalfarben der schottischen Klanzeichen sind weich und nicht „schreiend" (wie moderne Kunstfarben). Als Färbemittel für die Stoffe (schottisch-gälisch tartan) wurden Gemüse und auch einige Naturpflanzen verwendet. In der Welt der Mode verwendet man keine Naturfarben mehr und bevorzugt Kunstfarben. Diese bringen zwar die Grundfarben mehr zur Geltung, überdecken aber die Feingliederung der Musterung. Mit den historischen Klanzeichen wurden Pflanzen assoziiert, die wohl ursprünglich die Funktion von Talismanen hatten.

Wenn die Clans gegeneinander oder gegen die Engländer kämpften, zeigten die Kämpfer nicht nur ihr Klanzeichen, sondern sie trugen auch ihre Klanpflanze bei sich, die meist an den Schild gesteckt wurde (eine Distel, eine Efeuranke, ein Eichenzweig, u.ä.). Aus der Assoziation der Klanzeichen mit Pflanzensymbolen entstand eine noch grössere Variationsbreite in der Farbkombinatorik, als wir sie ausschliesslich in den Textilmustern finden.

Bis in die Epoche der Industriegesellschaft und in die Ära ihrer Nachfolgerin, der postindustriellen Informationsgesellschaft, spielen Farben als kollektive Identifikationssymbole eine Rolle. Es gibt vor allem zwei im wahrsten Sinn des Wortes augenfällige Domänen, wo diese spezifische Verwendung jedermann vertraut ist. Dies sind die Heraldik und die Staatsflaggen. Die Kombinatorik von abstrakten Motiven, figürlichen Darstellungen und Farben für Staatswappen, Embleme, für die Wappen von Adelsgeschlechtern und königlichen Familien ist unerschöpflich.

Da die Embleme aristokratischer Familien seit dem Mittelalter die Rolle von Standessymbolen haben, hat die Welt der heraldischen Zeichen seit jener Zeit besondere Aufmerksamkeit genossen. Aus dem späten Mittelalter sind Rituale überliefert, wo in Wappenfesten der versammelten aristokratischen Elite die symbolische Einheit des Staates gefeiert wurde (Messía de la Cerda y Pita 1998: 155).

In der Heraldik gehen Form und Farbe eine untrennbare Bindung ein. In den historischen Emblemen Europas sind alle Farben beteiligt – darunter auch Schwarz und Weiss –, und diese treten in den unterschiedlichsten Kombinationen auf. Der Motivschatz ist praktisch unbegrenzt, denn jedes beliebige Element des lokalen Kulturmilieus und jede imaginäre Form kann in der Heraldik aufscheinen.

Ausser vielfältigen geometrischen Motiven gibt es eine breite Palette naturalistischer Dinge wie Tiere und Pflanzen, Schiffe und Städtebilder, Waffen und andere Geräte, Himmelskörper und irdische Naturphänomene (z.B. Berge, Flüsse). Verschiedene Motive sind interkulturell weit verbreitet, so der Adler oder der Löwe. Den Adler finden wir in Russland, Deutschland oder Spanien, den Löwen in Finnland, Polen oder Italien (Cascante 1956: 198).

Die besonderen historischen Verhältnisse eines Landes sind ausschlaggebend dafür, welche naturalistischen Motive aufgenommen werden in die Komposition von Formen und Farben der jeweiligen Staatsflagge. Da gibt es den schwarzen Doppeladler des russischen Wappens, den einfachen schwarzen Adler Deutschlands, den roten Drachen von Wales, den weissen Drachen von Bhutan, den gelbbraunen Löwen im Staatswappen Finnlands, den schwarzen Löwen in dem Spaniens, die weissen Sterne der US-Flagge, den arabischen Halbmond in den Flaggen einiger islamischer Staaten, usw.

Die Flaggensymbolik ist jeweils an gesellschaftliche Zustände gebunden. Was heute Identifikationssymbol für eine Epoche ist, kann morgen schon ausgedient haben. Die Hammer- und-Sichel-Motive sind verschwunden, und das schreiende Rot des kommunistischen Fanals ist verblasst. Es scheint, als ob die christlichen Kreuze und Sternmotive in den Flaggen der Welt beständiger sind.

Die Farbe, die in den meisten Staatsflaggen vorkommt, ist rot (Flags of the world 1995). Rot ist dominant in den Flaggen von Ländern wie Albanien, Dänemark, Kanada, Marokko, Tunesien, Türkei, Bahrain, China (Kontinentalchina), Taiwan, Kirgisistan, Myanmar (früher Burma) und Tonga. In vielen Flaggen ist Rot eine von mehreren Farbkomponenten. Die Liste der Staaten, in deren Flaggen kein Rot vorkommt, ist bedeutend kleiner als die mit Rot-Komponente. Ohne Rot kommen aus:

in Europa: Belarus, Bosnien-Herzegowina, Griechenland, Estland, Finnland, Schweden, Irland, San Marino, Ukraine, Zypern;

in Amerika: Bahamas, Barbados, El Salvador, Grenada, Guatemala, Honduras, Jamaica, Nicaragua, St. Lucia, St. Vincent, Argentinien, Brasilien, Uruguay;

in Afrika: Botswana, Komoren, Elfenbeinküste, Gabun, Lesotho, Libyen, Mauretanien, Niger, Nigeria, Sierra Leone, Somalia, Tansania, Demokratische Republik Kongo (früher Zaire);

in Asien: Afghanistan, Brunei, Indien, Israel, Kasachstan, Libanon, Mongolei, Oman, Pakistan, Qatar, Saudi-Arabien, Sri Lanka, Turkmenistan, Usbekistan, Vietnam;

in Ozeanien: Marshall Inseln, Mikronesien, Nauru, Palau, Salomonen, Papua-Neuguinea.

In den Staatsflaggen der Welt sind ausser den bunten Farbtönen Weiss und Schwarz vertreten. Es gibt auf der ganzen Welt nur eine einzige Flagge, die absolut einfarbig ist, u.zw. die ganz in Grün gehaltene Staatsflagge Libyens. In allen anderen Flaggen kommen zwei oder mehr Farbkomponenten vor. Zwei Farben sind beispielsweise charakteristisch für die Flaggen von Dänemark (rot-weiss), Schweden (blau-gelb), Mauretanien (grün-gelb), Nigeria (grün-weiss) oder Japan (weiss-rot). Bestimmte Farbkombinationen treten in mehreren Flaggen auf, allerdings gebunden an unterschiedliche Formen, wie die Kombination Blau-Weiss in den Flaggen Finnlands, Griechenlands, Israels, von Honduras und Mikronesien.

Selbst bei Berücksichtigung der Farbgebung von Emblemen ist eine Kombination von vier oder sogar fünf Farben selten. Flaggen mit Vier- und Fünf-Farb-Komponente sind Andorra, Portugal, San Marino, Slowenien, Spanien, Antigua und Barbuda, Barbados, Belize, Haiti, Bolivien, Kiribati und Vanuatu.

Schwarz ist als Farbe der Staatsflaggen zwar nicht selten, es gehört aber auch nicht zur Gruppe der häufig vorkommenden. Weiss tritt vergleichsweise häufiger auf. Die schwarze Farbkomponente in den Nationalflaggen ist sehr ungleich in den verschiedenen Kontinenten verbreitet. In Europa findet sich Schwarz nur in den Flaggen folgender Staaten: Belgien, Estland, Deutschland, Georgien. Andererseits haben die meisten Kleinstaaten der Karibik Schwarz in ihre Flaggen integriert, und auch in Afrika ist diese Farbkomponente häufig: Ägypten, Angola, Botswana, Kenya, Malawi, Mosambique, Simbabwe, Südafrika, Sudan, Tansania, Uganda. In Asien gibt es wenig Schwarz in den Staatsflaggen: Afghanistan, Brunei, Irak, Jemen, Jordanien, Syrien, Vereinigte Arabische Emirate.

In der Auswahl der Motive und Farben einer Staatsflagge spiegelt sich nicht künstlerisch-kreative Freizügigkeit. Eine Staatsflagge ist nicht wie ein Gemälde, in dessen Form- und Farbgebung individuelle Vorlieben dominieren. Eine Staatsflagge ist ein Symbol nationaler Identität, und Motive wie Farben sind Kristallisationspunkte, in denen Aspekte der politischen Geschichte oder unverwechselbare Eigenschaften des Landes aufscheinen.

Die Kreuzformen in den Flaggen der skandinavischen Länder, Finnlands und Englands weisen auf die Christianisierung, die den Anschluss an die Hauptströmung der europäischen Geschichte und den Aufbruch in eine neue Ära des Kulturschaffens bedeutete. Die Gebäude im Wappen der Staatsflagge Kampucheas (Kambodschas) zeigen die Ruinen von Angkor, der Königsstadt der Khmer vom 9.-15. Jahrhundert. In der Flagge Papua-Neuguineas figuriert der Paradiesvogel, eines der Wahrzeichen des Landes.

Farben besitzen symbolische Bedeutung mit ganz unterschiedlicher Tiefenwirkung. Die Symbolik kann auf einfachen Analogien beruhen und volkstümlich sein. Entsprechend einer populären Ausdeutung der Farben in der Flagge Südafrikas steht Schwarz für die Bevölkerungsmehrheit und Rot für das Blut, das im Kampf gegen das Apartheid-Regime vergossen wurde. Der blaue Grund der Flagge Islands symbolisiert das Meer, das den Inselstaat umgibt. Augenfällig ist die grüne Farbkomponente in den Flaggen islamischer Staaten. Dies ist eine Reverenz an die islamische Kulturtradition, denn Grün ist die heilige Farbe des Islam.

Die Farbsymbolik bleibt aber in anderen Fällen verdeckt, u.zw. in einer Weise, dass die symbolischen Assoziationen, die unter Umständen weit in die Geschichte zurückreichen, erst im Wissen über ihre historische Einbettung bedeutungsvoll werden. Dies gilt etwa für die Farbzusammensetzung der deutschen Staatsflagge. Schwarz, Rot und Gold waren die mittelalterlichen Reichsfarben. An diese Tradition wurde mit der Gründung der beiden deutschen Staaten 1949 formal angeknüpft. Moderne Symbolkraft erlangten die deutschen Farben aber erst im Zeitalter des aufstrebenden Nationalismus, als die deutschen Länder von Napoleons Truppen besetzt waren und die Kombination Schwarz-Rot-Gold als Symbol des Widerstandes gegen die Besatzer verstanden wurde. Diese Farben finden wir in den Uniformen des Lützower Freikorps, das gegen französische Truppen operierte. Die Uniform war schwarz, die Aufschläge rot und die Knöpfe hatten goldene Farbe.

Die schwarze Farbkomponente hat aber in jener Zeit noch eine ganz eigene Symbolgeschichte, und die assoziiert sie mit dem sogenannten schwarzen Herzog[1]. Der schwarze Herzog hat seinen Namen von der

---

[1] Die Informationen über den schwarzen Herzog und seine Verstrickung in die politischen sowie militärischen Wirren der napoleonischen Zeit verdanke ich einem versierten Hobbyhistoriker, meinem Stiefvater, Herrn Dipl.-Ing. Otfried Pfestorf (Braunschweig).

vollständig schwarzen Farbe seiner Uniform. Herzog Friedrich Wilhelm von Braunschweig-Wolfenbüttel (1771-1815) wurde in den antifranzösischen Widerstand getrieben, nachdem Napoleon sein Herzogtum hatte auflösen lassen (Hohnstein 1908: 446 f.). Friedrich Wilhelm stellte eine mehrere Tausend Mann starke Truppe auf und wählte für seine Soldaten und für sich Schwarz als Uniformfarbe, als Zeichen der Trauer um das verlorene Herzogtum und auch als Zeichen des Protestes gegen die Besetzung der deutschen Länder.

Seine „schwarze Schar" kämpfte zunächst im Bund mit den Österreichern, später (seit 1809) auf Seiten der Engländer gegen die Franzosen. Die Soldaten des schwarzen Herzogs wurden von den Engländern sogar in Spanien eingesetzt. In ganz Europa heizte sich die antifranzösische Stimmung gegen Ende der napoleonischen Ära mehr und mehr auf, so dass der militärische Widerstand gegen die Besatzer immer mehr im Zeichen einer nationalen Befreiungsideologie stand.

Eine symbolhafte Anspielung dazu findet sich in den Uniformen der Soldaten des schwarzen Herzogs, „die schwarz montiert als Zeichen der Rache den Totenkopf vor dem Tschako trugen" (Braunschweig 1913: 13). In den entscheidenden Kämpfen des Jahres 1815 operierte die „schwarze Schar" mit den englischen Truppen unter Wellington. In Gefechten um einen Verkehrsknotenpunkt nahe der belgischen Grenze fiel der schwarze Herzog, zwei Tage vor der Schlacht von Waterloo.

Als Bestandteil von Staatsflaggen sind Farben Symbole kollektiver Identität. Diese Funktion haben Flaggen schon seit altersher erfüllt. Das 20. Jahrhundert hat moderne Formen von Identifikationssymbolen hervorgebracht, nämlich Symbole korporativer Identität. In der Welt der Firmen-Logos und Warenzeichen, in denen Farben als Blickfänger eingesetzt werden, kann sich die Fantasie der Menschen freier entfalten als im Fall der formalen Restriktionen, denen die Auswahl von Motiven und Farben bei Kollektivsymbolen unterworfen ist.

Die Fülle der korporativen Identifikationssymbole fächert sich in einer breiten Palette aus, angefangen vom angebissenen Apfel in Regenbogenfarben der Computerfirma Apple bis hin zur schwarzen Katze als Kennzeichen einer bekannten Weinsorte, „Zeller schwarze Katz". Zu den korporativen Identifikationssymbolen gehören auch Vereinswimpel und ähnliche Kennzeichen von Mitgliedschaft, deren Motivschatz und Farbenwahl praktisch unbegrenzt ist.

Fragen wir uns nach der Rolle von Farben in individuellen (d.h. personenbezogenen) Identifikationssymbolen, so ist die Suche danach in der modernen Welt vergeblich. Die Kulturgeschichte aber kennt Domänen, wo Farben für die Zwecke persönlicher Identität eingesetzt wurden. Im Mittelalter pflegte man in verschiedenen Ländern Europas die Tradition, in Staatsdokumenten den Namen des Herrschers farbig und in Grossbuchstaben vom schwarzen Text abzusetzen.

Beispielsweise sind im Rathaus von Madrid zwei Urkunden zu sehen, in denen die Namen der Regenten optisch deutlich hervorgehoben werden. Dabei handelt es sich um Privilegien an die Stadt, die von Alfons VII. (reg.: 1126-57), dem Weisen, im 13. Jahrhundert und von Juan II. im 14. Jahrhundert verliehen worden sind. Der Name von Alfons ist in Rot und Grün abgesetzt, der von Juan ist eingebettet in eine Kartusche mit rotem Grund.

Farben als Element individueller Identifikation begegnen wir auch in einem für uns Europäer immer noch exotisch anmutenden Kulturkreis, im islamischen, insbesondere in der Tradition der Kalligraphie. Anders als in der nüchternen Welt der arabisch-islamischen Orthodoxie, wo die Farbgebung der Schrift keine nennenswerte Funktion besass, war das Kulturschaffen nichtarabischer Muslime geprägt von Farbenfreudigkeit, und auch das islamische Bildverbot wurde in bestimmten funktionellen „Nischen" umgangen. Beispiele für solche Nischen in der nichtarabischen islamischen Kunst sind die Miniaturen in türkischen und persischen Handschriften vergangener Jahrhunderte oder die indische Malerei während der Periode der islamischen Grossmoghule. Hier figurieren Menschen wie Tiere, hier gibt es Vegetation und Landschaften.

Auch die Kalligraphie der islamischen Welt ausserhalb Arabiens unterschied sich in manchem von ihren arabischen Vorbildern. Am augenfälligsten vielleicht zeigt sich dies in den Signaturen islamischer Herrscher. Deren Unterschrift war nicht nur ein Symbol persönlicher Identifizierung mit dem eigenen Namen, sondern sie hatte auch Signalwirkung für die Kennzeichnung des sozialen Rangs.

In der Unterschrift eines regierenden Staatsoberhauptes kristallisieren sich alle Nuancen herrschaftlicher Macht. Während solche Assoziationen im Zeitalter der Demokratisierung und Vermenschlichung von Herrscherpersönlichkeiten weitgehend verblasst sind, zeigt uns die Historie, dass die Signatur von Regenten mit absoluter Macht eine Requisite mit ganz wichtiger Funktion in den Herrschaftsritualen war.

126

Die schmuckvollen Signaturen der Herrscher des ottomanisch-türkischen Reiches versinnbildlichen die geradezu märchenhafte Machtfülle der orientalischen Regenten. Einige Berühmtheit hat die Signatur (türk. *tuğra*) Sultan Selims III. (reg.: 1789-1807) erlangt, die auf den Dokumenten jeweils in kostbaren goldenen Lettern unter Beteiligung ineinander verschachtelter Ornamente und floraler Motive in den verschiedensten Farben ausgeführt worden ist.

Die Gesamtheit der Signatur zeigt das Motiv eines Baumes, Sinnbild für die feste Verwurzelung der weltlichen Macht im Namen des Islam. Die Farben- und Formenvielfalt der Signatur kontrastiert mit der Gleichmässigkeit der Textzeilen des vom Sultan unterzeichneten Dokuments, die in schwarzer und roter Farbe alternieren. Diese Signatur ist nicht einfach eine Unterschrift unter ein Staatsdokument mit Interesse für Historiker. Wir haben hier ein Objekt der Kunstgeschichte vor uns, dessen semiotisches Potential nicht geringer als das eines Renaissancegemäldes ist.

Schwarz als Statussymbol und Ritualfarbe
– Signale sozialer Abgrenzung

> „Mancher empfand es als deprimierend, als Schwarz zur vorherrschenden Kleiderfarbe der kapitalistischen Bourgeoisie wurde. Alfred de Musset sah darin ein Symbol der Trauer. Baudelaire ging weiter, der Autor der Blumen des Bösen empfand die schwarze Kleidung der modernen Zeit nicht nur als ernst und feierlich, sondern auch als auf perverse Weise schön" (Steele 1998: 195).

Für den Europäer von heute ist es eine Selbstverständlichkeit, dass er die Farben seiner Kleidung nach seinem individuellen Geschmack auswählt. Die freie Wahl unserer Mode ist aber eine relativ neue Errungenschaft unserer Gesellschaft, die erst im 19. Jahrhundert zur Geltung kam. Die Befreiung der Mode von ständischen Traditionen ging damals einher mit einer allmählichen Auflösung sozialer Klassenschranken, die mancherorts bis ins 20. Jahrhundert nachgewirkt haben. Die grossen sozialen Erschütterungen, die West- und Mitteleuropa in der Nachfolge der Französischen Revolution und der Versuche Napoleons, die politische und kulturelle Landschaft Europas neu zu ordnen, erlebt hat, brachten Bewegung in die überkommene Ständeordnung.

So wie die Aristokratie nach und nach ihre traditionell verbürgten Privilegien verlor und als Elite mit dem industriellen Bürgertum rivalisieren musste, so verloren sich auch mit der Zeit die Beschränkungen, denen die Kleidung der einzelnen sozialen Klassen unterworfen war. Die längste Zeit in der Geschichte der Mode waren nämlich der Schnitt, die Farbgebung, der Dekor, die Kombination von Kleidungsstücken ebenso wie die Auswahl der Accessoires standesmässig festgelegt (Loschek 1991: 103 ff.).

Die Kleidung diente nicht allein als Schmuck, sie fungierte auch nicht vorrangig als Witterungsschutz, sondern sie hatte Signalfunktion für die soziale Klassenzugehörigkeit. Wenn man an den Spitzenbesatz aristokratischer Kleidung früherer Jahrhunderte denkt, der leicht anschmutzte, ausserdem extrem licht- und witterungsempfindlich war, dann stellt sich heraus, dass der praktische Nutzen, den wir modernen Menschen in der Kleidung sehen, früher sehr gering war.

Wenn man Bilder der Mode weit zurückliegender Epochen betrachtet, muss man sich vergegenwärtigen, dass das, was man zu sehen bekommt, im allgemeinen die Mode der sogenannten „gehobenen" Stände, wenn nicht sogar ausschliesslich der Führungselite der Gesellschaft war (Boucher 1987). Dieser Sachverhalt spiegelt sich auch in den Personenportraits, mit denen Museen gefüllt sind. In solchen Portraits sind entweder bekannte historische Persönlichkeiten oder Leute abgebildet, die zu ihrer Zeit einflussreich waren (Pommier 1998: 24 ff.). Diese Personenportraits sind überwiegend Auftragsarbeiten, das heisst, die abgebildete Person hat dem Künstler den Auftrag gegeben, ein Portrait zu malen und hat dieses bezahlt.

Wer sich solche Auftragsgemälde leisten konnte, der gehörte zur sozialen oder finanziellen Elite des Landes. Die Mode war entsprechend in Bezug auf ihre standesmässige Signalwirkung ausgewählt. Die zu portraitierende Person wurde im wahrsten Sinn des Wortes „ausstaffiert", um die Vornehmheit ihres Standes nachdrücklich zum Ausdruck zu bringen (Ashelford 1996: 89 ff.). Die Portraits hatten auch in früheren Zeiten ganz andere Funktionen als moderne Repräsentationsfotos im wertvollen Rahmen. Die an Künstler vergebenen Auftragsarbeiten waren nicht billig. Aber da die Personenportraits den Wert von Statussymbolen besassen, liess man sich das eben einiges kosten. Während sich in der Moderne die Reichen mit materialistischem Pomp und teuren Autos umgeben, so liessen sich die Einflussreichen von damals im Bild verewigen.

Aus der Antike sind viele Bilder – Statuen, Reliefs und Fresken – auf uns überkommen, aus denen wir die Mode jener frühen Epochen rekonstruieren können. Auch hierbei müssen wir bedenken, dass es eine Ausnahme ist, wenn in diesem Bildrepertoire zusätzliche Hinweise auf die Kleidung der einfachen Leute zu finden ist. Vor hundert Jahren wurde die Fantasie der Europäer durch die Entdeckung der vorgriechischen Kultur des minoischen Kreta angeregt, durch die Fresken im Palast von Knossos und durch die Frauenstatuetten. Besonders exotisch mutet die weibliche Kleidung an: ein langer und bauschiger Reifrock, der von der Taille bis auf den Boden reicht, und das miederartige Oberteil mit hohem Kragen, das die Brüste freilässt.

Es wäre abwegig, wollte man sich diese Oben-ohne-Bekleidung als Modeschlager der kretischen Frauen vorstellen. Die Statuetten stellen wahrscheinlich die Priesterinnen der grossen Göttin dar, weshalb ihre Kleidung wohl Symbol ihres hohen Amtes ist. Falls diese Kleidung nicht auf die Priesterin beschränkt war, dann darf man annehmen, dass das Oben-ohne-Kostüm bestenfalls den weiblichen Mitgliedern des Königshauses als Signal ihres hohen Standes gestattet war. „Eine Frauengestalt in einem Kostüm mit offenem Oberteil und Reifrock kann eine Göttin, eine Priesterin oder eine aristokratische Dame sein; allein im Kontext zeigt sich der Unterschied" (Marinatos 1993: 141). Die Wahl dieser Kleidung hatte sicherlich nichts mit erotischer Freizügigkeit zu tun, die ein moderner Betrachter hier assoziieren mag.

Auch innerhalb der Ordnung der sogenannten „höheren Stände" gab es eine Rangabstufung, die äusserlich ebenfalls an Unterschieden in der Kleidung zu erkennen war. Die rote Farbe war lange Zeit ausschliesslich auf die Kreise der Aristokratie beschränkt. Angehörige des Königshauses erkannte man daran, dass Rot in ihrer mehrfarbigen Kleidung ausgiebig Verwendung finden konnte, während die Kleidung der Adeligen nur dezente rote Details aufweist.

In der Mode der feinen Damengesellschaft werden Unterschiede in der Rangordnung ihrer Trägerinnen auch in der Weise sichtbar, wie bestimmte Details oder Accessoires zugeschnitten sind. Am Hofe Königin Viktorias von England (reg.: 1837-1901) beispielsweise wurden lange Zeit Kleider mit Schleppen getragen, weil dies dem Zeitgeist modischer Eleganz entsprach. Die Schleppe am Kleid der Königin war jeweils länger und schmuckvoller als bei den Kleidern ihrer Hofdamen (Ginsburg 1984: 39 ff.).

Schwarz und Rot als aristokratische Standesfarben

Die im wahrsten Sinn des Wortes „augenfälligsten" Kontraste bestanden zwischen der Kleidung der Aristokratie und der der unteren Stände. Die Adligen trugen farbenfrohe Kleidung oder schlichte Standesfarben (Schwarz und Rot). Die Kleidung der einfachen Leute dagegen war naturfarben. Das was früher die Einfachsten der Einfachen trugen, wird heute als „herbstlicher" Modechic gefeiert. Die weibliche Herbstmode 1999 bevorzugte naturnahe Pastellfarben, bei der grünliche, bräunliche und gelbliche Töne dominieren.

Von der Antike bis ins 19. Jahrhundert hinein trugen die Bauern und Tagelöhner Kleidung in den heute so hochmodernen Naturfarben. Schwarz war in ihren Kreisen gar nicht verfügbar. Denn diese Farbe ist mit natürlichen Mitteln – beispielsweise bei der Farbgewinnung aus Pflanzen – schwer herzustellen. Deshalb waren Textilien in Schwarz auch entsprechend teuer. Viel wichtiger aber war das soziale Tabu, das der schwarzen Farbe anhaftete und es einfachen Leuten·überhaupt untersagte, Schwarz zu tragen. Diese Farbe nämlich war der Aristokratie vorbehalten.

Die Bekleidung der unteren sozialen Schichten war schlicht und einfarbig (z.B. schlicht-weiss für Frauen im alten Ägypten und in Griechenland, bräunlich-gelbliche Töne bei der bäuerlichen Bevölkerung). Schlichtheit, wie sie die heutige Mode als Ausdruck entweder häuslicher Bequemlichkeit oder geschäftlicher Sachlichkeit im Berufsleben propagiert, war also ursprünglich das Kennzeichen sozialer Segregation, der einfachen Leute von den Herrschenden, der Frauen von der Welt der Männer. Ornamentierung und besondere Farbkombinationen waren für die Vertreter der Aristokratie vorbehalten (Loschek 1994: 177 f.). Seit der Antike waren geometrische und florale Motive in dieser Funktion weit verbreitet.

Rot ist seit jeher eine vornehme Farbe, obwohl die Quelle für den Naturfarbstoff alles andere als vornehm war. Das königliche Purpurrot wurde aus dem Saft der Larvenkokons ganz banaler Läuse gewonnen, der in zwei Arten im Nahen Osten und im Mittleren Orient vorkommenden Blattschildlaus: Kermes ilicis und Kermes vermilio. Die Färbetechnik

130

unter Verwendung des Schildlaussaftes wurde wohl ursprünglich in Syrien angewandt.

Später verwendeten mit Vorliebe phönizische Färbemeister diesen Stoff. Purpur wurde mit kostbaren Textilien aus der phönizischen Stadt Tyros in die Mittelmeerländer exportiert. Die Phönizier erhielten danach ihren Namen; im Altgriechischen heisst *foiniks* ‚Rotfärber'. Im Altgriechischen gibt es zahlreiche Ableitungen vom Stamm *foin-*; z.B. *foinísso* ‚rot färben', *foínios* ‚blutrot', *foinikís* ‚purpurfarbener Stoff', *foinikó-baptos* ‚purpurgefärbt', *foinikó-pteros* ‚Flamingo'.

Purpurfarbstoff fand im altpersischen Reich (550-323 v. Chr.) ausschliesslich für die Kleidung des Königs Verwendung. Caesar erliess eine Kleiderverordnung, wonach Purpur der Aristokratie als Standesfarbe vorbehalten war. Die wertvolle Schildlaus wurde kultiviert, indem man für ihre Wirtspflanze, eine immergrüne kleinwüchsige Eichenart, eigene Pflanzungen anlegte. Nicht nur das Färbemonopol, auch der Besitz von Ländereien mit Schildlauskulturen waren ein Privileg der sozialen Oberschicht.

Als Farbe sozialer Segregation wird Gelb seit dem Mittelalter in der besonderen Funktion eines Identifikationssymbols für soziale und/oder ethnische Minderheiten verwendet. Der älteste Hinweis auf die gelbe Farbe als Identifikationssymbol für Juden stammt aus dem 13. Jahrhundert. Als Entscheidung des 4. Laterankonzils (1215) wurde Gelb zum Kennzeichen für Juden und Hetären. Der Umstand, dass Gelb gleichermassen als Kennzeichen einer religiösen Minderheit wie auch einer sozialen Randgruppe verwendet wurde, gab dieser Signalfarbe den Charakter eines Kainssymbols.

Die längste Tradition der schwarzen Farbe als Kennzeichen der aristokratischen Kleidung finden wir im historischen Spanien. Der spanische Hidalgo (‚Edelmann') war ganz in Schwarz gekleidet, als Zeichen seines Standes und seiner katholischen Glaubensstrenge. Schwarz war auch die Hauptfarbe der Regenten der Habsburger-Dynastie, und diese Tradition ist in zahlreichen Herrscherportraits verewigt worden, so beispielsweise in dem Gemälde Philipps II. (1527-1598); (Kamen 1997, Bildeinschub zwischen den Seiten 176 und 177).

Die schwarze Einfarbigkeit der historischen aristokratischen Kleiderordnung hat sich in einigen „Nischen" der spanischen Gesellschaft bis heute gehalten. Das traditionelle Festtagskostüm der Sevillanerinnen ist rein schwarz. Es wird nur noch zu besonderen Anlässen getragen, wie etwa zu der in der Karwoche stattfindenden grossen Fiesta, der Semana Santa (‚heilige Woche'). Die Semana Santa wurde im Jahre 1521 vom ersten Marqués von Tarifa nach dessen Rückkehr von einer Pilgerreise festgelegt, die ihn bis Jerusalem geführt hatte. Im Jahre 1604 legte Kardinal Don Fernando Niño de Guevara die Strecke für den Prozessionszug fest.

Während der Fiesta in Sevilla sieht man die Mädchen und Frauen in Kostümen mit vielerlei Farben. Schwarz aber ist die eleganteste, sie hat in der Tat aristokratisches Flair. Auch die Accessoires zu diesem klassischen Sevillaner Kostüm sind einfarbig schwarz, das aus Spitzen gewirkte Schultertuch (span. *mantilla*), und der obligatorische Fächer (span. *ventalla*). Die Einfarbigkeit des Fächers ist besonders auffällig, denn typisch für die spanischen Fächer ist ansonsten gerade ihre Vielfarbigkeit.

Aristokratisches Schwarz hat sich ebenfalls in der Kleidung der Flamencotänzer erhalten. Während der eng anliegende Anzug der Männer einfarbig schwarz ist, finden wir zahlreiche bunte Farben bei den Kostümen der Tänzerinnen, ausser Weiss, das als Kontrastfarbe der Hemden der Männer in Gebrauch ist. Die traditionellen Farbtöne der Flamencokostüme der Frauen sind matt: bräunlich, gelbgrün, beige, grünliche und bläuliche Tönungen. Auch eine aristokratische Farbe gesellt sich zu dieser Vielfarbigkeit, das Rot. Die traditionelle Farbpalette der Flamencokostüme hat sich in der alten Kulturmetropole des Flamenco, in Sevilla, erhalten. Dort gibt es die älteste und ehrwürdigste Flamencoschule, und es heisst, die besten Tanztruppen stammen aus Sevilla.

Reminiszenzen an die aristokratische Farbkombination von Schwarz und Rot finden wir aber nicht nur in der volkstümlichen Kultur, wie in Gestalt des Sevillaner Kostüms, sondern in einer Domäne der modernen Wirtschaft, in der Welt der Warenzeichen. Der spanische schwarze Stier ist mit der Osborne-Werbung weltberühmt geworden. Aus Jeréz de la Frontera im Westen Andalusiens stammt auch ein anderes Markenzeichen, das ebenfalls weltberühmt geworden ist, die Sherryflasche von Tío Pepe in ihrem schwarz-roten Anzug. Wer heutzutage die Brennereien und die Weinläger von Tío Pepe besucht, auf den wartet eine besondere Attraktion: bildhübsche, schlanke Hostessen im schwarz-roten Kostüm, mit denen sich Touristen für ein Souvenirfoto ablichten lassen können.

Die Tradition des aristokratischen Schwarz blieb nicht auf Spanien selbst beschränkt, sondern verbreitete sich auch in den spanischen Kolonien.

Das Habsburgerreich war nach den Worten ihres berühmtesten Herrschers, Karl V. (reg.: 1519-56), so gross, dass darin die Sonne nie unterging, denn spanisches Hoheitsgebiet erstreckte sich über Europa hinaus in Amerika, in Asien (Philippinen, Molukken) sowie im nördlichen und westlichen Afrika. Spanischer Einfluss machte sich auch deutlich in West- und Mitteleuropa geltend (Kugler 1999).

Der Norden Europas ist mit seiner Tradition des aristokratisch-bürgerlichen Schwarz ebenfalls dem spanischen Erbe verpflichtet. Dieser Einfluss stammt aus der Zeit des spanisch-holländischen Kulturkontaktes. Als Flandern und Holland zu den spanischen Kronländern gehörten, kleideten sich natürlich auch die holländischen Aristokraten, die in spanischen Diensten standen, standesgemäss in Schwarz.

Bemerkenswerterweise hat diese Tradition des Schwarzen als Standesfarbe auch die Kolonialzeit überlebt. Die holländischen Nordprovinzen erkämpften ihre Unabhängigkeit von Spanien in einem langen und blutigen Krieg (1568-1648). Im Haager Frieden von 1648 erkannte Spanien die Unabhängigkeit der Republik der Niederlande an. An die Übergriffe der spanischen Soldateska auf die holländische Bevölkerung während des Krieges erinnerte man sich noch lange. Trotz solcher schmerzlicher Reminiszenzen gingen die Holländer in Sachen Mode nicht auf Distanz zu den ehemaligen Kolonialherren.

Die Mode der spanisch-aristokratischen Katholiken wurde beibehalten, und die vornehmen protestantischen Bürger der unabhängigen Niederlande kleideten sich wie unter spanischer Herrschaft in Schwarz. Bei ihrer Tradierung der spanisch-aristokratischen Kleidung in Schwarz beachteten die protestantischen Niederländer sogar die Accessoires. Wer die Gemälde aus dem 17. Jahrhundert betrachtet, in denen die neuen Herren der jungen Republik stolz posieren, dem fällt auf, dass alle Halskrausen tragen, ebenfalls ein modisches Erbe aus der spanischen Kolonialzeit.

In der protestantischen Welt Nordeuropas verbreitet sich dieser Modetrend aus den Niederlanden rasch. Schwarze Schlichtheit wird zum Symbol protestantischer Distanz gegenüber der katholischen Aristokratie und dem aufstrebenden Bürgertum in den katholischen Ländern ausserhalb der spanischen Einflusssphäre.

Die Assoziation der schwarzen Farbe mit aristokratischer oder festlicher Mode ist nicht auf Europa beschränkt, obwohl diese Tradition hier ihre ältesten Wurzeln findet. Schwarz ist auch in einem anderen hoch entwickelten Kulturkreis als Farbe der festlichen Kleidung kanonisiert, u.zw. in Japan. Der typische Festkimono ist aus schwarzer Seide (Habutae-Seide) gefertigt (Otsuka 1983). Dies gilt für Männer ganz allgemein und für verheiratete Frauen im besonderen. Obwohl für uns Westler der Kimono die charakteristische Kleidung der Japaner ist, hat sich diese Mode erst seit dem 18. Jahrhundert allgemein verbreitet. Der schwarze Kimono wird auch zu formellen und rituellen Anlässen getragen, beispielsweise anlässlich einer Beisetzung. Ein besonderes Accessoire der Trauerkleidung ist eine schwarze Seidenjacke (jap. *montsuki haori*).

Schwarz als Ritualfarbe
– Zur formalen Festlegung von Modefarben

Wer als Nordeuropäer in den ländlichen Gegenden der Mittelmeerländer reist, dem fällt auf, dass viele Frauen schwarz gekleidet sind. Heutzutage sieht man in erster Linie ältere Frauen, die Schwarz tragen. In früheren Zeiten war schwarze Kleidung bei den auf dem Lande lebenden Frauen im südlichen Spanien, in Süditalien oder Griechenland gang und gebe, u.zw. in allen Altersgruppen. Die Sitte, sich schwarz zu kleiden, ist heutzutage stark im Rückgang begriffen. Obwohl sich Schwarz mit weiblicher Eleganz assoziiert, hat das Schwarztragen bei der ländlichen Bevölkerung des Südens nichts damit zu tun. Dieses Brauchtum hat christliche Wurzeln, deren Ursprünge noch älter sind als das Schwarz der aristokratischen Kleiderordnung.

Im Verlauf des Mittelalters etablierte sich die Amtskirche in den Staaten Europas. Solange der christliche Glaube in den frühen lokalen Gemeinden gepflegt wurde, und sich die christliche Doktrin mit der Missionierung der „heidnischen" Bevölkerung verbreitete, d.h. solange das Christentum ein Instrument der Bekehrung war, solange spielten die ursprünglichen Symbole wie die Heilige Schrift, das Kreuz und die heiligen Stätten, die Gotteshäuser, eine zentrale Rolle für die Identifizierung mit dem neuen Glauben.

Nachdem aber im Verlauf des Mittelalters das Christentum zur Staatsreligion in den europäischen Ländern erhoben worden war, etablierte sich auch die Amtskirche. Diese baute sich eine eigene Administration mit eigenem Personal auf und kreierte ihre eigene Symbolik. Das Personal war streng hierarchisch gegliedert, mit einfachen Priestern, Bischöfen und Kardinälen, die sich alle einer strengen Kleiderordnung zu unterwerfen hatten.

Die Institution der Kirche, die in den Staaten Europas das Glaubensmonopol besass, brauchte neue Symbole, nämlich solche, die Autorität signalisierten. Zu den Autoritätssymbolen gehörte unter anderem auch das Schwarz der Kleidung, des italienischen Priesters ebenso wie des griechischen Popen. In der Robe des Kardinals treten uns die gleichen autoritätsheischenden Farben entgegen wie in der Kleidung der Aristokratie: die Grundfarbe ist Schwarz mit Rot für die Accessoires (z.B. das Käppi). Bis heute hat sich an dieser Farbordnung nichts wesentliches geändert.

In der christlichen Überlieferung übernahm die ehrwürdige Farbe Schwarz noch eine zusätzliche Funktion, nämlich die der feierlichen Ergriffenheit, der Trauer. Da es aufwendig war, schwarze Textilien herzustellen, hatten zunächst nur sozial Bessergestellte die Mittel, sich schwarze Trauerkleidung anzuschaffen. Dass schwarzer Stoff in früheren Zeiten etwas Besonderes war, kann man aus alten Berichten schliessen. Es heisst beispielsweise, dass die Beerdigung der englischen Königin Anne, die im Jahre 1619 starb, verschoben werden musste, weil nicht genug schwarzer Stoff für die Trauerkleidung der Angehörigen des Königshauses und des Hofes aufzutreiben war (Ashelford 1996: 58).

In früheren Jahrhunderten war also Schwarz in drei Funktionen eine vornehme Farbe: als Identifikationssymbol der Aristokratie, des Vertreters der Amtskirche und des christlichen Rituals, das wir Beisetzung nennen.

Im 19. Jahrhundert, als sich das aufstrebende Bürgertum an der Traditionsmode der Aristokratie orientierte, wurde schwarze Kleidung auch in anderen Ständen üblich. Im Süden Europas verbreitete sich das Trauerschwarz, ausgehend von den Städten, ebenfalls in ländlichen Gegenden. Aus verschiedenen Gründen hat sich dort das Trauerschwarz aber, im Unterschied zum nördlichen Europa, im Alltagsleben der Menschen gleichsam „eingenistet". Während in Nordeuropa die Auffassung vertreten wird, dass lediglich die engsten Angehörigen des Verstorbenen Trauerschwarz über die Beerdigung hinaus für einige Zeit tragen, weichen die diesbezüglichen Sitten in südlichen Ländern davon deutlich ab.

Selbst wenn ein weit entfernter Verwandter verstorben ist, trägt die ganze Sippe Trauerschwarz, u.zw. für ein ganzes Jahr. Traditionellerweise wird erwartet, dass vor allem die erwachsenen Frauen diese Kleiderordnung streng beachten. In den Mittelmeerländern leben die Menschen mit einer anderen Auffassung von dem, was eine Familie ist, als wir Nordeuropäer (Todd 1999). Zur Familie gehören aus dem Blickwinkel der nordeuropäischen Kulturen die Eltern und die Kinder. Hier herrscht also die Idee der Kernfamilie vor. Im Süden dagegen gilt das Primat der Grossfamilie, wozu also Verwandte und Angeheiratete in allen lebenden Generationen gehören, von den Urgrosseltern bis zum Urenkel, von der Grosstante bis hin zum Vetter zweiten und dritten Grades.

Da die Wahrscheinlichkeit gross ist, dass während eines laufenden Trauerjahres ein weiteres Mitglied der Sippe stirbt, können die Erwachsenen praktisch in ihrem ganzen Leben nicht die schwarze Kleidung gegen andersfarbige wechseln. Auf diese Weise wird trauerschwarze Kleidung zur Alltagskleidung. Diese althergebrachten Sitten sind aber im Verlauf der vergangenen Jahrzehnte gelockert worden. In abgelegenen Regionen, wo überkommene Traditionen noch bewusst gepflegt werden, dominiert allerdings bis heute das Alltagsschwarz mit seiner christlich-rituellen Hintergrundsymbolik.

Schwarze Eleganz in der Mode der Moderne

> „Schwarz ist die bevorzugte Farbe von Modemachern, Schauspielern und Models und ein absolutes Must in jeder Garderobe. Jede Frau auf dem Weg zum Chicsein braucht ein grossartiges kleines schwarzes Kleid (denken Sie an Audrey Hepburn in Frühstück bei Tiffany)" (Bloch 1998: 191)

Schwarz ist in der Moderne die Farbe der modischen Eleganz. Eleganz ist hier gleichsam ein generischer Begriff, ähnlich wie Schönheit, der sich auf den verschiedensten Ebenen in einer Vielzahl von Wertassoziationen artikuliert. Schwarz ist insofern eine besondere Modefarbe, als sie weniger als andere von temporären Trends abhängig ist. Immerhin gilt dies in Westeuropa allgemein seit etwa einhundertundfünfzig Jahren, während in der Zeit davor andere Farben überwogen.

Die feierliche Eleganz der Mode drückt sich in Westeuropa seit Mitte des 19. Jahrhunderts in Schwarz aus, sei es im Abendkleid oder im Festtagskostüm der Frauen (Ginsburg 1984), sei es im Frack, Smoking, dunklen Anzug oder im (historischen) Gehrock der Männer (Hart 1984).

Im Horizont der Modegeschichte fällt auf, dass die weibliche Eleganz in Schwarz mehr Spielarten kennt als die des anderen Geschlechts.

Das Besondere an einem schwarzen Abendkleid etwa ist nicht die Farbe als solche, sondern deren Kombination mit Formgebung und Schnitt. Entscheidend ist das Spannungsverhältnis von bedeckten und nicht bedeckten Körperpartien, d.h. wieviel vom weiblichen Körper verdeckt oder gezeigt wird. Gerade die Assoziation des Schwarzen mit der weiblichen Eleganz nutzen viele Modedesigner aus, um die Aufmerksamkeit des Betrachters auf die Ästhetik der Weiblichkeit und bis weit in die sensuelle Vorstellungswelt zu lenken.

„Schwarz ist nicht auf irgendeine Saison festgelegt" (Bloch 1998: 191). Irgendetwas Schwarzes, vom Ganz-in-Schwarz bis zu den Dessous und Accessoires, passt zu jeder Jahreszeit und zu jeder Gelegenheit. Ein schwarzes Outfit wird dann legendär, wenn es ein Idol der Welt präsentiert. Das lange schwarze Satinkleid, das Rita Hayworth als Hauptdarstellerin in dem Film *Gilda* (1946) trug, machte Eindruck, und Demi Moore trug das gleiche Modell anlässlich der Eröffnung des Planet Hollywood-Restaurants in Beverly Hills.

Gilda ist einer der Klassiker eines besonderen Filmgenres, in dem schwarze Mode zum Kultsymbol wurde: des Film noir (‚schwarzer Film'). Filme dieses Genres dominieren die Epoche der Jahrzehnte zwischen 1940 und 1960. Über seine zahlreichen Hauptrollen in den „schwarzen Filmen" wurde Humphrey Bogart zum Idol der Nachkriegsgeneration. „Schwarze Filme" gehören zu den gefeiertsten der gesamten Filmgeschichte, wie *Citizen Kane* (1941), *The Lady From Shanghai* (1948), *Night and the City* (1950) oder *The Third Man* (1949).

In seiner atmosphärischen Beschreibung des Noir Style sagt der Filmemacher John Alton über die Bedeutung der Farben folgendes:

> „Die Stimmung des Tragischen wird unterstrichen durch einen starken Kontrast tiefer schwarzer und gleissender weisser Farbtöne – Schatten und scharfes Licht. Im Drama beleuchten wir, um dadurch Stimmung zu erzielen, wir malen Gedichte. Die Beleuchtung mit ihren helleren und dunkleren Einstellungen wird zu einem symphonischen Gebilde, das sich parallel zu den dramatischen Sequenzen entfaltet" (zitiert nach Silver/Ursini 1999: 1).

Der Noir Style hat sich nicht überlebt, und auch die Mode in den klassischen Filmen dieser Richtung ist nie „aus der Mode" gekommen. Immer wieder wird nostalgisch auf den Modechic der damaligen Filmidole zurückgegriffen. Eine eindrucksvolle Wiederbelebung des Noir Style bekam das Publikum bei der Präsentation der Schönheitskandidatinnen für die Wahl der Miss Finland im Februar 2000 zu sehen. Die Kür im Badeanzug ist heutzutage „out"; stattdessen bewegten sich die Damen in Kleidern des Noir Style über die Bühne.

Die schwarze Lederjacke, die in der Zeit des Rock'n Roll aufkam, verdankt ihre Popularität Marlon Brando, der sie in dem Film *The Wild One* (1953) vorführte. Unvergesslich in der Filmgeschichte bleibt der Auftritt von Marlene Dietrich im langen, schwarzen Schlitzkleid anlässlich der Oscar-Verleihung im Jahre 1951. Ganz-in-Schwarz zur Oscar-Verleihung zu erscheinen, wurde wiederholt, von Sharon Stone.

Immer wieder werden Kollektionen vorgestellt, in denen Schwarz entweder dominiert oder sogar die einzige Farbe ist, die vertreten ist, also ganz im Sinn der Weisheit, wonach es in der Welt der Mode nur drei Farben gibt: schwarz, black und noir. Schwarz ist auch für einige Modeschöpfer der Ausgangspunkt, von dem aus alle Wege zum Erfolg führen.

So kommentierte beispielsweise die in London tätige Modemacherin Bella Freud anlässlich der Vorstellung ihrer Kollektion für Herbst und Winter 1999/2000, dass der Design ihrer Grundmodelle immer in Schwarz ausgeführt ist. Ob und wie andere Farben mit einbezogen werden, hängt für Bella von der jeweiligen Stimmung ab, die ein Kleid bei der Trägerin und/oder beim Betrachter auslöst.

Die Farbe Schwarz wird nie marginalisiert, selbst wenn andere Farben saisonal dominieren. In der Herbst- und Wintermode 1998/99 waren die Trendfarben Grau und Weiss. Schwarz gehörte allerdings als Begleiterin auch zu diesem Trend. Für diese Farbe fand sich eine eigene elitäre Nische, denn nach Aussage der Modefachzeitschrift Madeleine (The new collections Herbst/Winter 98/99) galt: „Die neue Avantgarde liebt schwarzes Lammnappa" und ausserdem wird „Schwarz ... glänzend in Szene gesetzt".

Schwarze Mode wird sprachlich mit den verschiedensten Attributen versehen, je nach dem, für welche Stimmung sie gedacht ist. In einer Untersuchung der Modefarbwörter eines Jahrgangs der Zeitschrift *Vogue* (1985) werden von Klaus (1989: 57) die folgenden Attribute zu schwarzen und grauen Farbtönen sowie zu Farbkombinationen mit Schwarz aufgelistet:

Abendliches Schwarz, dominierendes Schwarzweiss, elegantes Rot-Schwarz, klassisches Schwarzweiss, markantes Schwarzweiss, mattes Schwarz, rassiges Schwarz, rauchiges Dunkelgrau, romantisches Schwarz, schlichtes Schwarz, strenges Schwarz, sündiges Schwarz, zartes Silbergrau.

In der Mode vergangener Jahrhunderte wurden die vornehmen Farben Schwarz und Rot auch kombiniert, wie in der höfischen Garderobe Westeuropas. Die Atmosphäre der Schwarz-Rot-Kombination erlebte eine aristokratische Renaissance im Jahre 1987, als Prinzessin Diana (1961-1997) sich mit den königlichen Farben in einer Kreation von Murray Arbeid der Öffentlichkeit präsentierte. Die Reminiszenzen dieser aristokratischen Farbkombinatorik haben sich im Mode-Chic unserer Epoche erhalten. Die Modelle der weiblichen Mode mit besonderem Chic werden alternativ in Schwarz und Rot angeboten, und auch in der schwarz-roten Kombination kommt modische Extravaganz zum Ausdruck.

Der persönliche Chic von Prinzessin Diana hat die Welt über ihren Tod hinaus bewegt. Zu ihren Ehren wurde 2003 eine Wohltätigkeitsgala, ein Fashion-and-Rock-Konzert, in der Royal Albert Hall in London veranstaltet. Die Einnahmen gingen an die von Diana ins Leben gerufene Stiftung. Die Stars machten dem Motto des Konzerts alle Ehre. Besonders eindrucksvoll war die Garderobe von Islands Popstar Björk: ein elegantes schwarzes Kleid im Stil eines Flamencokostüms mit bauschiger Borde.

In der europäischen Tradition der Modefarben Schwarz und Rot hat eine allmähliche Popularisierung stattgefunden. Die früheren Standesfarben wurden integriert in die Farbskala der allgemeinen Gebrauchsmode, und lediglich Modellkleider der Haute Couture erinnern noch an den ehemals elitären Charakter der beiden Farben. Ausserhalb Europas haben sich volkstümliche Traditionen der Schwarz-Rot-Kombinatorik in der Kleidung erhalten, ohne Vorstufen einer elitären Ausgrenzung. Schwarz und Rot dominieren die Alltagskleidung in zahlreichen Regionen der Welt, so beispielsweise bei den Maya im südlichen Mexiko oder bei den Bergstämmen der Yao im nördlichen Thailand.

Eine kleine Geschichte des „kleinen Schwarzen"

Die erfolgreichste Modeinnovation der Moderne hat einen bescheidenen Namen: das „kleine Schwarze" (Edelman 1997). Warum ist dieses Modell das erfolgreichste? Nun deshalb, weil es am häufigsten hergestellt und auch kopiert worden ist. Schöpferin des „kleinen Schwarzen" ist die legendäre Coco Chanel (1883-1971), die eigentlich Gabrielle Chasnel hiess. Für Coco war Schwarz die Modefarbe par excellence, aber zu dieser Erkenntnis gelangte sie erst nach einiger Berufserfahrung. Ihr erstes Kostüm wurde 1916 im Seebad Deauville vorgestellt. Das Modell von damals, knöchellang und in den Farben violett, beige sowie gelbgrün angeboten, war eine Art Vorläufer ihres berühmten Chanel-Kostüms.

Ihren Durchbruch erlebte Coco mit ihrer Kreation des „kleinen Schwarzen" in den frühen 1920er Jahren. In der Modegeschichte wird Coco unter anderem wegen dieses Modells als „erste feministische Designerin" bezeichnet. Während in der Damenmode bis zum Ersten Weltkrieg noch unbequeme, gleichsam die Weiblichkeit degradierende Kleidungsstücke wie das Korsett oder lästige Accessoires wie Rüschen oder Spitzenkragen gefordert wurden, befreite Coco die Frauen von solchen Qualen und kreierte ein Kleid, das die Frauen nicht einzwängte oder irgendeinen ihrer Körperteile deformierte, das ausserdem durch seine Einfachheit verblüffte und überzeugte. Alles an dem „kleinen Schwarzen" war klar und übersichtlich mit unzweideutiger ästhetischer Aussagekraft: schlichter Schnitt und einfarbige Eleganz.

Nach Cocos eigener Einschätzung sah das „kleine Schwarze" nur einfach aus, es war aber schwierig, für den Schnitt die passenden Stoffe auszuwählen, ausserdem die Accessoires. Das Kleid sollte ihre Trägerin nicht auf einen bestimmten Typ festlegen, wie etwa die Twiggy-Mode, die den knabenhaften Typ mit wenig auffälligen weiblichen Attributen (z.B. flache Brust und schmale Hüften) feiert. Zu den Accessoires der frühen Zeit gehörte eine schlichte schwarze Jacke und weisse Handschuhe, als Schmuck bevorzugte man Halsketten aus Perlen. Das „kleine Schwarze" entwickelte sich bald „zur Ikone der modernen Cocktail- und Abendkleidung des 20. Jahrhunderts" (Schmid/Loschek 1999: 20).

Vom klassischen Chanel-Modell des „kleinen Schwarzen" sind in den vergangenen Jahrzehnten die vielfältigsten Variationen entstanden. Alle aber haben eines gemeinsam: sie lassen den originellen Chanel-Stil erkennen. Die First Lady der USA, Jacqueline Kennedy, liess sich von ihrem Designer Oleg Cassini eine auf ihre Figur und ihren individuellen Modegeschmack abgestimmte Variation anfertigen. Diese Kreation wurde weltweit als die „Jackie-O-Linie" bekannt: knielang und leicht ausgestellt.

Neuerlich sind auch Variationen kreiert worden, die mit den Grundeigenschaften der Weiblichkeit gleichsam experimentieren. Ende der 1980er Jahre konnten sich die Damen – jedenfalls diejenigen mit passender Figur und selbstbewusstem Auftreten – im „kleinen Schwarzen" als Abendoutfit sehen lassen: hauteng und sexy, und natürlich minikurz. Wenige Jahre später wurde der Kontrastlook dazu kreiert, u.zw. von den japanischen Designern Yoji Yamamoto und Rei Kawakubo: die weiblichen Attribute verdeckend und hochgeschlossen, oder sollte man sagen, eine Kreation, die dadurch verlockt, dass sie verdeckt.

Keine der vielfältigen Variationen des „kleinen Schwarzen" allerdings ist so radikal-innovativ wie das als Stretchkleid entworfene Modell mit integrierter Strumpfhose, das der Designer Philippe Starck für das Modehaus Wolford kreiert hat. Das für die Geschäftsfrau gedachte Outfit bietet vielerlei Variationsmöglichkeiten, sich den vielfältigen Situationen, in denen sich Geschäftsleute zu bewegen haben, anzupassen.

Als Minirock ebenso wie als Maxikleid verwendbar, mit und ohne Träger, im schulterfreien Sitz oder geschlossen. Der eigentliche Hit ist aber nicht die Variationsbreite, sondern der Umstand, dass das ganze Kleid extrem leicht ist und, zusammengerollt, in jeder Handtasche unterzubringen ist. Das Modell Star[c]knaked von Wolford ist also im wahrsten Sinn des Wortes ein Kleid für „alle Gelegenheiten".

Schwarz und erotische Weiblichkeit

Die Assoziation des Schwarzen mit modischer Weiblichkeit kennt auch viele Spielarten des Erotischen. Verführerisches Schwarz wird mit dem Stereotyp sanfter Weiblichkeit zu einer erotischen Mischung gemixt, wie in der klassischen Pin-up-Serie der Firma Schweppes. Während diese Bilder eine sanft-weibliche Attraktion signalisieren, wird das Erotische auch mit einer Prise von Dominanz gemischt, wie in den Filmstories, wo dem männlichen Helden eine resolute Partnerin zur Seite gestellt wird. Seit Michelle Pfeiffer (Catwoman) in eng anliegender schwarzer Lederkleidung als Partnerin von Batman in der Filmversion *Batman returns* (1992) die Bösen verdrischt, sind die Batman-Geschichten viel aufregender geworden.

Viele Modemacher experimentieren mit der schwarzen Farbe als Essenz ihrer Kollektionen für weibliche Kunden. Dabei wird auch auf die unterschiedlichsten Aspekte erotischer Weiblichkeit angespielt, mehr verdeckt oder ganz offen. Keiner aber kehrt die erotischen Assoziationen so bewusst heraus wie Thierry Mugler, der zu Beginn der 1970er Jahre anfing, die weibliche Haute Volée von Hollywood anzuziehen.

Mugler Rezept ist schonungslose Offenheit. Er will nicht Frauen entsprechend ihrem Erscheinungstyp anziehen, nein, Mugler will einen unverwechselbaren Frauentyp schaffen, den Vamp in allen modernen Spielarten. Mugler produziert nicht nur Mode, er produziert aggressiv-verführerische Weiblichkeit.

Der unkonventionelle Modemacher hat in den vergangenen Jahren mit spektakulären Performanzen von sich Reden gemacht. Er präsentiert seine Kollektionen im grönländischen Eis, in den Sanddünen der Sahara oder im exotischen Ambiente historischer Stätten Schwarzafrikas, wie etwa in Timbuktu. Mugler-Kleider sind alles andere als bequem. Die Frau wird zum Kunstwerk, gleichsam eine Installation ausgefallener Materialien, Farbkombinationen und ungewöhnlicher Accessoires.

Es gibt Kleider, die ihre Trägerin wie ein angriffslustiges, gefährliches Insekt oder wie eine männermordende Raubkatze aussehen lassen, andere, in denen sich ihre Trägerin in einen unvergleichlich schönen Paradiesvogel verwandelt und wieder andere, die die verführerische Weiblichkeit in weichen Formen betonen, wobei freizügig zur Schau gestellte zartseidige Dessous den Blick ebenso fangen wie die hautenge Aussenhülle.

Mugler-Modelle sind in jedem Fall nicht nur zum Anziehen geschaffen, sondern sie sind eine provokante Herausforderung an den Betrachter, sich mit dem Domina-Flair der Trägerin auseinanderzusetzen. Elizabeth Taylor sagt über Mugler: „Ich denke, Thierry gibt einer Frau, was sie sich wünscht: Ein Gefühl von Weiblichkeit und Sexiness". Cindy Crawford hat den letzteren Eindruck in der ihr eigenen Sprachwahl pointiert; nach ihrer Meinung sind Muglers Kleider „super sexy". Mugler macht kein Hehl daraus, dass er nur Frauen ernst nimmt, die eine starke Ausstrahlung haben und andere durch ihre sinnliche Erscheinung beeinflussen.

Wer ein Mugler-Modell trägt, braucht nicht nur eine betont weibliche Figur, sondern auch eine gute Portion Selbstvertrauen. Denn abgesehen von ihrer Ausgefallenheit sind die Kleider so kreiert, dass der männliche Betrachter womöglich dazu verführt wird, die Trägerin in Gedanken auszuziehen. Das klingt in Pedro Almodóvars Stellungnahme an: „Ich fühle mich von seiner sexy Fantasie wie süchtig angezogen und bin verzaubert".

Die Idee der Bequemlichkeit wie bei Chanels „kleinem Schwarzen" hat in Muglers Welt keinen Platz. Mugler will mit seinen Kleidern eine Atmosphäre verführerischer Sinnlichkeit kreieren, und er versteckt seine Ambitionen auch nicht. „Das Leben ist ein Schönheitswettbewerb. Ich liebe die Sprache des Körpers, die verschiedenen Weisen, verführerisch zu sein" (Mugler zitiert nach Deloffre 1998).

Mugler hat mit allen Farben experimentiert, Schwarz aber zieht ihn wie ein Magnet an. Die meisten und bestimmt die ausgefallendsten Kleider sind einfarbig schwarz, oder in ihnen dominiert die schwarze Komponente. In Schwarz variiert Mugler den Domina-Look (mit eng anliegenden Lederleggins und Korsett) ebenso wie raffinierte Versionen des Halb-Ausgezogenseins unter schwarzen Tüllschleiern oder Alien-Fantasien mit Austronautenrequisiten. Auch der Effekt von einigen der Insektenmodelle basiert auf der Rolle des durchdringenden Schwarz in der Gesamtkomposition. Wenn es je einem Modemacher gelungen ist, die erotisch-sinnliche Seite der Weiblichkeit ohne Tabus in der Modefarbe Schwarz zum Ausdruck zu bringen, dann Thierry Mugler.

Mugler-Kleider im Domina-Look haben einen bestimmten Typ sinnlich-erotischer Weiblichkeit hoffähig gemacht, der lange Zeit in der Subkultur der Rotlichtszene versteckt war, heutzutage aber immer mehr auch öffentlich in Erscheinung tritt. Schwarz assoziiert sich mit modischer Weiblichkeit eben ausdrücklich auch dort, wo diese Farbe zu einer Requisite in Dominanz-Ritualen wird. Der Domina-Look hat sich als weibliches Outfit zwar im Sex-Business die längste Zeit behauptet, er gehört aber längst schon zum Mainstream fetischistischer Alltagsmode.

Der Outfit einer Domina ist mit Vorliebe schwarze, glänzende Leder- oder Latexkleidung, und auch ihre Peitsche, mit der sie den männlichen Masochisten im Dominanz-Spiel ihren Willen aufzwingt, ist respektheischend schwarz. „Schwarzglänzendes Lackleder ist ein klassisches Fetischmaterial, und der schwarzsilberne Kontrast häufig" (Steele 1998: 131). Vielleicht ist die Vorliebe des Domina-Outfits für Schwarz eine Perversion der historischen Mode-Funktion dieser Farbe. Die historischen Farbsignale erleben im Spiegel sexueller Assoziationen eine Verzerrung: aus Vornehmheit wird autoritäre Dominanz, und puritanische Keuschheit verkehrt sich in ihr Gegenteil, in Sinneslust.

Domina-Erotik in Schwarz versteckt sich heutzutage nicht mehr in Pornomagazinen und deren Kontaktanzeigen oder in den Etablissements von Rotlichtvierteln, die wird schon über Internet und die Massenmedien frei Haus geliefert. Eine globale visuelle Kostprobe bietet beispielsweise Madonna als Domina in der Video-Performanz zu ihrem Song *Erotica* (1992).

Vielleicht trifft ja die „These von einer subversiven Feminisierung der zeitgenössischen Gesellschaft" (Baudry 1997: 193) zu, denn in diesem Trend könnte man eine Erklärung für die zunehmende Bereitschaft bei vielen Männern finden, sich in Unterwürfigkeitsritualen zu üben. Der erotische Reiz des Domina-Kultes, der weltweit an Beliebtheit gewinnt, beruht wohl auch auf bestimmten tiefenpsychologischen Strömungen, „weil die Teilnehmer tief verborgene Phantasien ausleben, mit Rollentausch experimentieren, die Machtverhältnisse vertauschen (...)" (Scott 1997: 16 f.).

Der Domina-Look mit seinen erotisch-sensuellen Assoziationen nimmt einen besonderen Platz im breiten Spektrum der Fetischmoden ein. Bemerkenswerterweise wird dieser Bereich von der symbolisch und visuell intensiven Farbe Schwarz beherrscht:

> „Schwarz ist die bei weitem beliebteste Farbe, konkurrierend nur mit Rot. (...) Schwarz wird mit Nacht und Tod, Gefahr, dem Nichts und dem Bösen assoziiert, mit Perversion, Rebellion und Sünde" (Steele 1998: 195 f.).

Europäer mögen geneigt sein, in der Vorliebe für schwarze Fetischmode rassistische Anklänge zu suchen, denn die Verquickung des anthropologischen Schwarz-Seins mit Promiskuität und „sündigem Lebenswandel" ist als rassistischer Stereotyp bekannt. In der amerikanischen Fetischmode, die seit jeher Trendsetter ist, spielen solche Assoziationen offensichtlich keine nennenswerte Rolle, bedenkt man, dass das Magazin *Black Leather* von afro-amerikanischen Lederfans begründet wurde.

Schwarze Mode und ihre Accessoires
– Insignien und Statussymbole

Die vielerlei Accessoires, die sich den Modeströmungen angepasst, sich den historischen Restriktionen gesellschaftlicher Kleiderordnung unterworfen und sich in der Moderne bemerkenswert konstant erhalten haben, stehen nach ihrer Farbwahl in Abhängigkeit von der Farbgebung der Kleidung. Noch im 17. Jahrhundert waren die Kleidung wie auch die Accessoires bei den Männern und Frauen der sozialen Oberschicht gleichermassen bunt und verwirrend schmucküberladen. Beide Geschlechter

144

verwendeten Rüschen und Spitzen, Schals und Halskrausen. Im Verlauf des 18. Jahrhunderts jedoch geht die Entwicklung der weiblichen Mode eigene Wege (Cumming 1998: 18 ff.).

Die Frauen werden zum Schmuckobjekt, das in immer neuen Variationen ausstaffiert wird, während der Modetrend bei den Männern allmählich in eine Richtung der Vereinfachung und konventionellen Festlegung geht. Höhepunkt des Schmuckbedürfnisses ist die Periode des Rokoko, als feine Damen viele Stunden am Tag in ihrem Boudoir zubrachten und sich von ihren Zofen ankleiden liessen. „Ankleiden" bedeutete damals etwas anderes als „sich Kleider anziehen". Angefangen vom aufwendigen Haar- und Perückenputz bis hin zu den ausgefallendsten „Beinkleidern" und extravagantem Schuhwerk wurde das Ankleiden zu einem Ritual gesellschaftlicher Standesdemonstration.

Die grösste Variationsbreite bei der Auswahl und Farbgebung der Accessoires findet man in der weiblichen Mode. Buntheit herrscht bis um die Mitte des 19. Jahrhunderts vor. Erst mit der zunehmenden Tendenz zur am Schwarzen orientierten Schlichtheit der bürgerlichen Mode vereinfacht sich auch die Farbwahl der Accessoires wie Hüte, Capes, Handschuhe, Schuhe oder Sonnenschirme. Während in der Mode der Aristokratie Weiss oder helle Pastelltöne bevorzugt wurden, wozu entsprechende farbig abgestimmte Accessoires gehörten, war Schwarz die gängige Modefarbe des städtischen Bürgertums.

Es gab eine Periode, da waren Kleidung und Accessoires einfarbig Schwarz und kontrastierten ausschliesslich mit knappen Halskrausen und kurzen Ärmelrüschen in Weiss. Diese grösste Konzentration modischen Schwarz-Seins fällt in die Zeit der 1880er Jahre. Vorher und nachher kennt die weibliche Mode mehr farbige Vielfalt. Heutzutage gibt es Accessoires in praktisch allen Farbnuancen. Allerdings wird Schwarz zu keiner Zeit in der neueren Modegeschichte vernachlässigt, weder als Farbe der Kleidung noch der Accessoires. Bestimmte Kleidermoden fordern sogar einfarbig schwarze Accessoires, wie Modelle des „kleinen Schwarzen".

Die schwarze Farbe als Ingredienz der weiblichen Modewelt bringt unter anderem Wirkung durch ihre monochrome Dominanz hervor. Schwarzfarbene Kleider, Hüte oder farbsynchrone Accessoires wie Handtaschen, Schuhe oder Schmuck (z.B. Ohrringe oder Halsketten aus dunklem Metall oder Ebenholz) sind dabei die Hauptsignale für festliche oder mystisch-verklärte Eleganz.

Es gibt aber auch Accessoires, die nicht durch ihr Volumen oder ihre Grösse wirken, sondern vielmehr durch ihre Ausgefallenheit die Aufmerksamkeit des Betrachters auf sich und damit die Trägerin ziehen. Ein Beispiel für exotische Ausgefallenheit sind die schwarzen Perlen von Tahiti, die in aller Welt geschätzt sind und in vielerlei kreativen Schmuckkollektionen verarbeitet werden (Lintilhac 1985).

Zur exotischen Ausgefallenheit der tahitianischen Perlen gehört auch, dass ihre Zahl begrenzt ist. Als Naturperlen findet man sie nur noch vereinzelt. Die Zeit, als die Tahitianerinnen nach Perlen tauchten, ist vorbei. Heutzutage werden die schwarzen Perlen gezüchtet. Vielleicht ist es ein Vorurteil, wenn ein europäischer Mann den Eindruck hat, dass schwarze Perlen eine Frau noch eleganter erscheinen lassen als weisse; möglicherweise entsteht der Eindruck deshalb, weil es schwarze Perlen nur auf Tahiti gibt, und mit diesem Namen verbindet sich im kulturellen Gedächtnis der Europäer Südseeromantik.

**Der Mensch als Kunstwerk
– Schminke, Henna und Tattoos**

> „Ein menschlicher Körper ohne Schmuck ist wie eine unkultivierte Landschaft. Erst durch Bemalung und Narbenmuster zeigt der Mensch, dass er zivilisiert ist" (Volkstümliche Weisheit der Luba, eines Volkes im Südosten der Demokratischen Republik Kongo, des ehemaligen Zaire)

Der Mensch hat nicht nur seit dem Altertum die schwarze Farbe verwendet und zweckgebunden instrumentalisiert, um Kunstwerke wie die paläolithischen Höhlenmalereien zu schaffen, er ist auch seit altersher damit umgegangen, um sich selbst zu schmücken. Die Erfahrung, die Variationen der bunten und unbunten Welt durch Makeup, Body Painting, Tattoos oder Henna-Schmuck buchstäblich „hautnah" zu erleben, verleiht den Farben im menschlichen Bewusstsein ein eindringliches Profil. In engem Zusammenhang mit dem Body Painting steht das Haarefärben.

Die Vorliebe für ein bestimmtes Tattoo-Motiv, für eine Lippenstift-Farbe oder für eine Haarkoloratur ist allerdings mehr als nur eine einfache Auswahl, es ist eine Frage, wie man sich mit einer bestimmten Farbe identifiziert, und dies ist ein Prozess, der nicht nur unser Bewusstsein beschäftigt, sondern vor allem auch die Strömungen unseres Unterbewusst-

146

seins mobilisiert. Ein Durchschnitts-Makeup kann Ausdruck eines schwachen Selbstbewusstseins sein, so wie im Gegensatz dazu ein extravagantes Makeup oder eine exzentrische Haarfarbe wohl als Signal für ein starkes Selbstvertrauen verstanden wird.

Ähnlich wie die Farbwahl der Kleidermode, so war auch das Schmücken des Körpers mit Farben und figuralen Motiven in den Kulturen vergangener Zeitepochen nicht allen Bevölkerungsgruppen zugänglich. Schminken und Tätowieren waren abhängig davon, zu welchem sozialen Stand jemand gehörte. Die Vertreter der aristokratischen Elite standen im Genuss der grössten Freizügigkeit, d.h. sie durften jeden beliebigen Teil ihres Körpers schmücken. Der Umstand aber, dass die Aristokratie die Normen für Kleidermode und Körperschmuck festlegte, bedeutete auch, dass sie sich selbst den Normen zu unterwerfen hatten, die aus der Signalwirkung von Statusfarben resultierten.

In ihrem Modegeschmack und in ihrem Schmuckbedürfnis waren die Angehörigen der sozialen Elite also so frei wie ein Singvogel in einem goldenen Käfig. Die Auswahl an Farben und Motiven war durch standesgebundene Traditionen festgelegt, und ein Angehöriger der Elite hätte niemals die Farben niederer sozialer Schichten gewählt, einfach, um seine soziale Distanz gegenüber den anderen eindeutig zu signalisieren.

Bereits im prädynastischen Ägypten waren Makeup-Stoffe in Gebrauch, und im ägyptischen Pharaonenreich hat man spezialisierte Makeup-Techniken angewendet. Die schwarze Farbe wurde nicht nur dazu benutzt, sich einen Lidschatten zu malen oder die Augenbrauen zu tönen, sondern auch als Färbung der Augenlider, des oberen wie des unteren. Der schwarze Farbstoff war Kohol, das bevorzugt seit der Zeit des Neuen Reiches (1539-1292 v. Chr.) verwendet wurde.

Die schwarze Tönung von Kohol konnte auf einfache Weise erreicht werden, u.zw. unter Verwendung von Antimon, einer stahlgrauen metallischen Substanz. Schattierungen der Grundfarbe Schwarz stellte man in komplizierten Mischungen verschiedener Zusatzstoffe her: Russ, Bleiglanz, Erze des vierwertigen Mangans wie Pyrolusit und Manganit, schwarzes Eisenoxid Magnetit. Alle diese Stoffe wurden fein pulverisiert und als Farbpigmente einer Paste aus Rindertalg, Bienenwachs und Behenöl beigegeben (Schoske 1990: 53, 167).

Einfache Leute konnten sich im damaligen Ägypten keine ausgiebige Farbpalette für ihr Makeup leisten, aber Kohol war der beliebteste und offenbar auch ein für alle erschwinglicher Farbstoff. Ansonsten besassen nur sozial und finanziell einflussreiche Ägypter die Mittel, sich mit vielerlei Farben zu schmücken, und dies taten nicht nur die Frauen, sondern ebenfalls die Männer. Viele rasierten sich die Augenbrauen ab, um einen besseren Malgrund für das Makeup zu schaffen. Es heisst, die Verwendung von öligem Makeup befriedigte nicht nur das Schmuckbedürfnis der sozialen Oberschicht, sondern diente auch als Hautschutz gegen die grelle Sonne und den ausdörrenden Wüstenwind.

Ausser Schwarz waren andere Farben wie Grau, Grün, Rot und verschiedene Brauntöne beliebt. Von den bunten Farben wurde nur Grün ebenso häufig verwendet wie Schwarz. Im allgemeinen war die Farbe der Brauen von der der Lider verschieden, auch wurde das obere Lid in einer anderen Farbe gemalt als das untere. Von Kleopatra VII. (reg.: 51-30 v. Chr.), der letzten Herrscherin der Ptolemäer-Dynastie Ägyptens, weiss man, dass sie Kohol für ihre Augenbrauen und als Lidschatten verwendete, Blau-Schwarz für ihr oberes Lid und Nilgrün für ihr unteres Lid (Corson 1997: 11).

Für das fachgerechte Auftragen der verschiedenen Makeup-Substanzen wurden vielerlei Utensilien benötigt, Löffel, Pinsel, Stäbchen, Schälchen und Dosen. Diese wurden kunstvoll gearbeitet, u.zw. in den verschiedensten Materialien wie Holz, Stein, Keramik, Glass, Alabaster oder Edelmetall.

Trendsetter für die Zusammensetzung des Makeups in Ägypten waren zweifellos die Pharaonenfamilie und die mit dem Königshaus Verwandten. In allen Darstellungen des Pharao und seiner Angehörigen, seien es Statuen, Reliefs oder Fresken, wird der Ausarbeitung der entsprechenden Details besondere Beachtung geschenkt. Dies ist unter anderem auch im Gesicht der bemalten Kalksteinbüste zu erkennen, die die berühmteste und schönste der ägyptischen Pharaonengattinnen darstellt: Nofretete. Diese Büste, die im Charlottenburger Schlossmuseum in Berlin ausgestellt ist, wurde in der Werkstatt des Bildhauers Thutmosis in Akhetaton (Amarna) gefunden. Akhetaton war die kurzzeitige Hauptstadt Ägyptens, die der Häretikerpharao Echnaton im 14. Jahrhundert v. Chr. hatte erbauen lassen.

Makeup im pharaonischen Ägypten war nicht nur eine Angelegenheit der Menschen beiderlei Geschlechts, sondern auch eine solche der Götter. Denn die Statuen von Gottheiten wurden ebenso geschminkt wie sich die Menschen selbst schmückten. Auf manchen Büsten aus Granit, Alabaster oder Kalkstein sind deutliche Spuren des Originalmakeups erhalten geblieben. Das vielseitige (d.h. vielfarbige) Makeup war sowohl für die Vornehmen des Pharaonenreichs als auch für die Gottheiten ein Statussymbol, das Rang, Einfluss und Autorität signalisierte, und ebenso Abstand: der Herrschenden gegenüber dem einfachen Volk, der Götter zu den Irdischen.

Die volkstümliche Tradition, einfarbig-schwarzes Makeup in Form von Kohol (arab. khol) zu verwenden, hat sich weit in Afrika und Asien verbreitet und über eine grosse Zeitdistanz erhalten. In den Reisebeschreibungen früherer Jahrhunderte drücken Europäer ihre Verwunderung und Bewunderung aus, wenn sie über die schwarze Augenschminke der orientalischen Frauen berichten. Aus dem 17. Jahrhundert ist beispielsweise folgende Beschreibung überliefert:

> „In der Türkei sind die Frauen im allgemeinen schön, gut gewachsen und makellos, sie sind sehr weiss, da sie kaum ausgehen, und selbst wenn sie nach draussen gehen, sind sie verschleiert. Ihre natürliche Schönheit unterstreichen sie noch mit Kunstgriffen, denn sie färben sich die Brauen und Lider mit einer schwärzlichen, sürme genannten Farbe, die angeblich Anmut verleiht" (aus dem im Jahre 1665 erschienenen Werk *Voyage du Levant* von Jean Thévenot; zitiert nach Drège/Bührer 1996: 233).

In den traditionalen islamischen Gesellschaften, wo sich die farbgebenden Mittel für das Makeup der Frauen vollständig aus natürlichen Stoffen zusammensetzen, hat sich die Sitte, sich den Lidschatten mit Kohol einzufärben, bis in unsere Zeit bewahrt. Makeup aus Naturfärbemitteln findet man bei den Frauen im Jemen ebenso wie in Marokko, wo Kohol mit Vorliebe von den Frauen der im Atlasgebirge lebenden Berberstämme benutzt wird.

Die Verwendung von Makeup in den verschiedensten Farben und mit den verschiedensten fettigen Schmiermitteln ist eine Konstante in der Geschichte alter und neuer Zivilisationen. Schwarz ist in der Farbenauswahl der meisten Kulturen éine von vielen Farbkomponenten, nicht aber eine Hauptkomponente wie im pharaonischen Ägypten oder im islamisch-arabischen Kulturkreis.

Am häufigsten ist die Anwendung schwarzer Farbtöne für die Betonung der Augenlider und -brauen. Es lassen sich hierbei zwei Grundfigurationen unterscheiden, einmal die getrennten Brauenstriche und die zusammengestrichene Brauenlinie, wie beispielsweise im mittelalterlichen Persien. Die schwarze Farbe hat in manchen Kulturen eine ganz ausgefallene Makeup-Funktion, so in der klassischen japanischen Hofkultur der Edo-Periode (1600-1868), wo die Sitte gepflegt wurde, dass sich die feinen Damen ihre Zähne schwarz färbten. Aus jener Zeit stammen auch die überlieferten Texte des Kabuki-Theaters, in dessen Stücken verschiedentlich das Schwarz-Malen der Zähne als Requisit standesgemässer Umgangsformen thematisiert wird (Brazell 1998: 477). Auch aus dem historischen Vietnam ist die Sitte überliefert, dass sich die Mädchen und Frauen schmückten, indem sie sich die Zähne mit Henna schwarz färbten.

Von den Farben, die für das Bemalen der Lippen benutzt worden sind, ist Rot in den verschiedensten Schattierungen die älteste. Im Unterschied zu Rot als Farbe der Kleidermode war rote Lippenfarbe bei den Frauen aller sozialen Stände in Gebrauch. Die grellsten Rottöne verwendeten die Damen des horizontalen Gewerbes. Diese Tradition ist seit dem Mittelalter in Westeuropa bezeugt. Schwarze Lippenbemalung ist historisch nicht überliefert. Diese Farbwahl ist erst seit den 1980er bekannt. Zunächst war Lippenschwarz ein Erkennungszeichen der Gruftis, für die Schwarz Kultfarbe ist. In den späten 1990er Jahren durchbrach das Lippenschwarz seine engen Sozialschranken und wurde – neben den gängigen Lippenstiftfarben – zum Modeschlager.

Ebenso alt wie der Gebrauch von Kohol ist der von Henna (arab. *hanna*). Hinweise auf den Gebrauch von Henna, ein Farbstoff, der aus den Blättern des Henna-Strauches gewonnen wird, für die Körperornamentierung und zum Schwarzfärben der Haare, findet man bereits in den Überlieferungen Assyriens, Ägyptens und Altchinas. In den prähistorischen Felsbildern von Tassillit in der algerischen Wüste aus der Zeit um 5000 v. Chr. sieht man Menschen mit Hautornamenten (Anati 2002: 173 ff.).

Die aus den Blättern hergestellte Paste produziert eine naturschwarze Farbe, die je nach Beimischung mit anderen Natursubstanzen bis ins Hellbraune verändert werden kann. Als Haarfärbemittel ist Henna ebenso verbreitet wie zur Ornamentierung der Haut. Auf die Haut aufgetragene Ornamente halten sich ungefähr zwei Wochen, bevor sie verblassen. Die Bemalung mit Henna hat sich als ein eigener Kult entwickelt, mit engen Bindungen an lang tradierte Rituale. Die schmuckvollsten Ornamente werden zu aussergewöhnlichen Anlässen aufgetragen, zu Festlichkeiten wie beispielsweise einer Hochzeit.

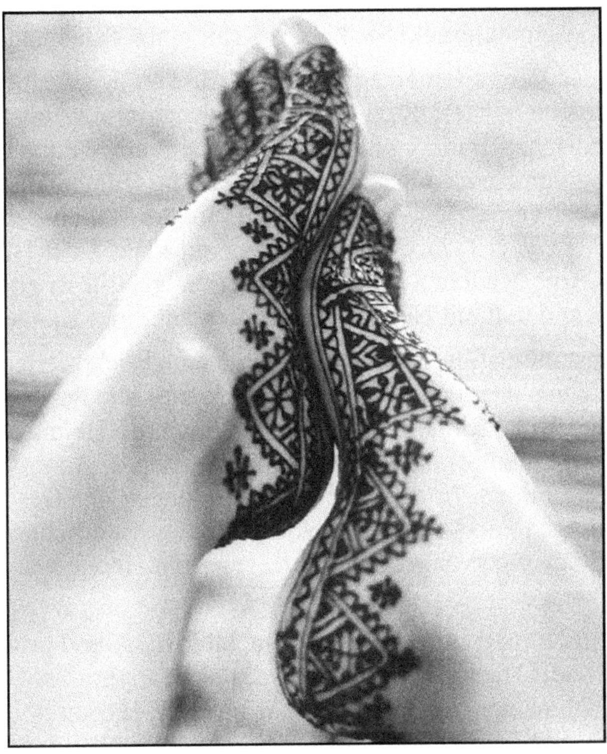

Henna-Ornamente (Maurin Garcia 1992: 36)

Für die Bemalung mit Henna gibt es bei den Berbern Nordafrikas einen eigenen Künstlerstand. Die Hannaya sind talentierte Künstlerinnen, die sich in der Herstellung des Farbstoffes und in der Technik des Auftragens auf die Haut auskennen. Ausserdem verfügen sie über ein vielseitiges Repertoire von naturalistischen Ornamenten und abstrakten Motiven, von denen viele eine tiefe symbolische Bedeutung haben (Maurin Garcia 1992: 37 f.).

Die vorislamische Tradition der Ornamentierung mit Henna hat sich flexibel den rigiden Beschränkungen der islamisch-orthodoxen Bildfeindlichkeit angepasst. Bei den naturalistischen Ornamenten herrschen florale Motive vor. Ausserdem ist die arabische Kalligraphie adaptiert worden. Koranverse werden kalligraphisch realisiert, indem die Hannaya sie mit Henna auf die Haut schreibt. Die Konfiguration der zu Ornamenten umfunktionierten Buchstaben fügt sich dabei zu mehr als zu einem ästhetischen Gesamteindruck. Sie hat die Kraft eines Talismans.

Die Kunst der Henna-Ornamentierung wurde von den Arabern über ihre Handelskontakte in viele Regionen der Welt vermittelt, bis zu den Völkern des indischen Subkontinents. Weltweite Verbreitung verdankt die Verwendung von Henna aber den modernen Massenmedien, insbesondere dem global-vernetzten Entertainment. In der Video-Performanz zu dem Song *Frozen* (1997), der wochenlang auf Platz 1 der Hitliste in den USA stand, tritt Madonna in Schwarz auf, eingehüllt in ein schwarzes, wallendes Kleid und mit Henna-Ornamenten auf ihren Händen.

Andere Popstars griffen Madonnas Idee auf und dekorierten sich ebenfalls mit Henna. Über Nacht wurde Madonnas modisches Accessoire zum globalen Kult. Binnen weniger Monate wurde Henna-Schmuck ins Angebot der Maniküre- und Friseur-Salons Europas, Amerikas und Ostasiens aufgenommen. In den Kosmetikabteilungen der Geschäfte findet man Anleitungen zur Anwendung von Henna, ein Verkaufsschlager, der in fertigen Packungen angeboten wird. Kurzum: Henna war noch nie so in wie heutzutage.

Henna ist ein Körperschmuck in hauptsächlich dunklen Farben (Schwarz und Brauntöne). Dies gilt auch für die andere traditionelle Art, seinen Körper zu schmücken, die Tätowierung. Dieser Terminus ist – wie der moderne umgangssprachliche Ausdruck Tattoo auch – englischer Herkunft. Die Engländer wiederum haben das Wort und die Sache im 18. Jahrhundert in Melanesien und Polynesien kennengelernt. Durch die Berichte des berühmten Südseefahrers James Cook (1728-1779) wurden die Europäer mit dieser Art des Körperschmucks bekannt gemacht.

Im modernen ethnologischen Sprachgebrauch bemüht man sich, die Verzerrung des Ausdrucks durch das Englische zu vermeiden und sich der Terminologie der Südseesprachen anzupassen. Im Tahitischen beispielsweise heisst die Tätowierung *tatau*, das Tätowieren nennt man *tatatau* (Davies 1851: 258). Statt Tätowierung verwendet man in der Fachliteratur auch Tatauierung.

Zwar haben wir Europäer die Kunst des Tätowierens erst im 18. Jahrhundert in einem weit entfernten Teil der Welt kennengelernt, diese Art der Körperdekoration ist aber selbst in unserem Kontinent uralt, sie war nur vor langer Zeit in Vergessenheit geraten. Bis vor wenigen Jahren hätte kein Forscher auch nur gewagt, darüber zu spekulieren, ob das Tätowieren nicht vielleicht in prähistorischer Zeit in Europa praktiziert worden sei.

Tatsächlich aber hat man Beweise dafür gefunden, dass sich Menschen vor über 5000 Jahren in Europa tätowiert haben. Zu den Überraschungen, die der „Ötzi", die 1991 im ewigen Eis der Ötztaler Alpen gefundene Gletscherleiche, den Wissenschaftlern bot, gehörte auch der Umstand, dass er Tätowierungen am Rücken aufweist (Fleckinger 2002: 41 ff.). Dies sind die ältesten Tattoos der Welt, die bisher gefunden wurden.

Tätowierung entsprach ursprünglich keinem blossen Schmuckbedürfnis, sondern sie hatte vielmehr rituell-magische Funktion. Ähnlich wie traditionelle Henna-Ornamente fungierten tätowierte Motive bei den Melanesiern und Polynesiern als Talisman. In dieser Funktion ist das Tätowieren in den Südseekulturen, wo diese Kunst vor der Kolonialzeit Tradition hatte, fast ganz aufgegeben worden. In dem Masse, wie sich die lokalen Gesellschaften unter dem Einfluss westlicher Einflüsse veränderten, verloren auch die rituellen Assoziationen ihre ehemalige Bedeutung.

Allerdings hat sich in Südostasien die animistische Tradition erhalten, Schutzgeister als Talisman zu tätowieren, so in Burma, wo es mehrere Dutzend beliebte Geistergestalten gibt (burmes. *nats*); (Haarmann 1998b: 1942). Tätowierungen besassen in historischer Zeit unter anderem auch Bedeutung als Status- und Identifikationssymbole (Nile/Clerk 1996: 82 f.). Die Tätowierung im traditionellen Stil, ausgeführt mit einem Knochenstichel und einer Mixtur aus Holzkohle und Öl, ist ein ritueller Akt, der von den Vertretern der älteren Generation an denen der jüngeren Generation vorgenommen wird.

Die moderne Zeit hat in Papua-Neuguinea ebensowenig die Traditionsgebundenheit der Stammeskulturen überformt, und auch das Tätowieren wird als ritueller Akt bis heute gepflegt. In manchen Regionen Melanesiens und Polynesiens, wo das Tätowieren aufgegeben worden war, hat es eine Renaissance erlebt. In den Touristenzentren, in den Feriendörfern und Hotels auf den Fidschi-Inseln oder auf Tahiti, nutzen Reiseveranstalter diesen Boom, seinen Körper zu schmücken, kommerziell aus. Ein-

heimische Tattoo-Meister bieten traditionale Motive als Körperschmuck
für Touristen an.

Bei den nationalbewussten Maori auf Neuseeland beispielsweise haben
Tätowierungen mit traditionalen Motiven die Funktion von Identifikationssymbolen. Sie sind Ausdruck einer Revitalisierung des lokalen Kultur-
erbes, sie signalisieren die Mitgliedschaft in der ethnischen Gruppe der Po-
lynesier, und sie stärken das Bewusstsein kultureller Eigenständigkeit
(Simmons 2003). Nicht nur Tattoos mit traditionalen Motiven sind in, po-
lynesische Symbole werden auch mit Körperfarben aufgetragen und für
die nationale Identifikation eingesetzt. Die Identifizierung mit traditionalen Symbolen ist auch nicht mehr wie früher auf die ethnische Gruppe
der Maori beschränkt, auch weisse Neuseeländer tragen ursprünglichen
Maori-Schmuck zur Schau, wie etwa Rugby-Fans, die ihre National-
mannschaft bei einem Länderspiel malerisch und laustark anfeuern.

Seit den Zeiten, als die Europäer das Tätowieren kennenlernten, haben
sie sich damit selbst geschmückt. Die Motivationen, sich tätowieren zu
lassen, waren allerdings ganz andere als bei den Melanesiern und Polynesiern. Lange Zeit war das Tätowieren auf marginale Gruppen der Gesellschaft beschränkt. Seit dem 19. Jahrhundert ist das Tätowieren bei
Seeleuten verbreitet. Eine andere soziale Randgruppe sind Kriminelle.
Das Tätowieren in Gefängnissen ist seit langem üblich, und es assoziieren sich damit bestimmte soziale Stereotypen. In der Vorstellung vieler
Normalbürger ist die Überzeugung lebendig, dass ein Mann mit Tätowierungen auf den Oberarmen bestimmt „ein Knacki" ist.

Während solche Assoziationen in Europa oder Amerika langsam verblassen, gibt es tatsächlich eine Gesellschaft, in der das Tätowieren ein Identifikationssymbol für kriminelle Zugehörigkeit ist, u.zw. Japan. Tätowierte
Männer sind mit grösster Wahrscheinlichkeit Mitglieder der Yakuza-
Banden, der japanischen Mafia. Für die Insider ist die Tätowierung ein Statussymbol, für die Aussenstehenden dagegen ein Symbol, das den einen
Respekt einflösst, bei den anderen ein Gefühl der Verachtung hervorruft.

Seit Jahrzehnten schon ist das Tattoo in Europa und Amerika gesellschaftsfähig geworden. Tattoos gehören zum Outfit der einen wie eine
Halskette, ein Armband oder ein Ring für andere. In den 1970er Jahren
haben die Modemacher die Tattoos entdeckt. Als Accessoires zu Abend-
kleidern mit tiefem Rückenausschnitt wurden fantasievolle Tattoos kreiert. Das Tätowieren hat sich längst emanzipiert, es ist aus seiner ehema-

ligen Marginalisierung ausgebrochen und hat die Kunstszene als Body Art erobert.

Vergessen sind die veralteten simplen Motive und fantasielosen Graffiti in Blassblau. Die Tattoo-Szene hat begabte Designer angelockt, die die Body Art zu einer selbständigen Domäne „mobiler" Kunst ausgestalten. Die Tattoo-Fans haben sich in lokalen wie globalen Vereinen organisiert, und es werden alljährlich Treffen und Wettbewerbe veranstaltet.

Die hautnahe Kunst bietet alles, was man sich nur vorstellen kann, vom Einzelornament bis zur Ganzkörpertätowierung, von einfarbig schwarzen bis zu bunten Ornamenten in jeder beliebigen Farbkombination. Tatsächlich gibt es keine Stelle des menschlichen Körpers, die nicht schon irgendwann bei irgendjemandem zum Kunstträger umfunktioniert worden wäre. So wie das modische Outfit der Kleidung Vorlieben für Formen und Farben des Menschen nach aussen signalisiert, so drücken sich auch im Körperschmuck der Tattoos individuelle Präferenzen aus. Tätowierte Motive werden zu Identifikationssymbolen, der ganze Mensch wird zum lebenden Zeichen (Posner 1994).

Der gesamte Motivschatz, der sich in den Kulturen der Welt angesammelt hat, wird für das Design ausgeschlachtet. Die Konterfeis von Hollywood-Idolen oder Popstars gehören dazu ebenso wie die Helden von Fantasy-Kreationen, keltische Pflanzenmotive rangieren neben Tierornamenten der Wikingerzeit, und natürlich hat auch die fernöstliche Exotik mit Motiven wie dem chinesischen Drachen, einer Geisha oder einem Samurai ihren Platz im Panorama populärer Visualisierung. Die Kultszene der Body Art produziert für ihre Fans Zeitschriftenorgane und Bilddokumentationen, und nach dem finanziellen Umsatz zu schliessen, hat sich das Tattoo-Business zu einem respektablen Industriezweig gemausert.

Im Unterschied zu Henna, das nur temporäre Spuren auf der Haut hinterlässt, ist Tätowierung – von den Aufklebe-Tattoos einmal abgesehen – bleibend, ausser man unterzieht sich der schmerzhaften Prozedur ihrer Tilgung. Die amerikanische Schauspielerin Gena Davis, die einige Jahre mit dem Hollywood-Regisseur, dem aus Finnland stammenden Renny Harlin liiert war, liess sich den Namen ihres Liebsten mit einem Herzen auf ihren Unterschenkel tätowieren. Kurze Zeit nach ihrer Scheidung im Frühjahr 1997 brachte die Boulevard-Presse Dokumentarfotos, auf denen zu sehen war, dass Gena Davis ihren Liebesirrtum hatte tilgen lassen.

Body Painting als anthropologische Konstante

Von den drei Hauptformen der Body Art ist das Körperbemalen (Body Painting) die am weitesten verbreitete. Dies gilt für die Geschichte wie für die Gegenwart (Loschek 1991: 140 ff.). Hierzu gehören traditionelle Kriegsbemalungen präkolumbischer Indianer, die Weissfärbung des Körpers im Zusammenhang mit Initiationsriten bei den Xhosa in Südafrika, die farbenprächtigen Farbmaskierungen von männlichen Stammesangehörigen in Neuguinea oder der auf die Stirn gemalte, das Auge des Shiva symbolisierende Fleck bei den Hindus in Indien ebenso wie die Gesichtsbemalung von Fussball-Fans oder das Makeup der Frauen in aller Welt.

Im Unterschied zum temporären Henna-Schmuck und den beständigen Tattoos ist die Körperbemalung einmalig und abwaschbar. Vielleicht ist diese Art der unverbindlichen, freien Verfügung über Schmuckelemente der Hauptgrund, weshalb Körperbemalung in den Kulturen der Welt am verbreitetsten ist. Body Painting ist in der postmodernen Kunst zum Instrument entwickelt worden, den menschlichen Körper als Installation farbig einzubetten. Ebenso profitiert die kommerzielle Werbung von den Effekten einer ideenreichen Körperbemalung.

Kulturhistorische „Schwärze", Europäertum und europäische Identität – Ein weltanschaulicher Konfliktfall

> „Die stärksten Hinweise auf ein afroasiatisches Kulturerbe findet man aber im Werk des Wiener Begründers der Psychoanalyse, Sigmund Freud (1856-1939). Zwei wichtige Aspekte der afroasiatischen Überlieferung sind auch wichtige Aspekte von Freuds Gedanken: zum einen das Verhältnis der Geschlechter zueinander, zum anderen der Gegensatz zwischen aufeinanderfolgenden Generationen und insbesondere zwischen Vater und Sohn" (Baldick 1997: 171)

Wir Europäer haben eine facettenreiche Metaphorik entwickelt, wenn es um die Beschreibung von Höhen und Tiefen unserer Kulturgeschichte geht. Die Epochen, in denen die Menschen mit neuen Ideen und Erfindungen gesegnet werden, assoziieren wir mit Helligkeit und Lichtfülle. Das Zeitalter der Aufklärung ist „erleuchtet". In anderen europäischen Sprachen kommt die Assoziation mit dem Licht in dem Ausdruck für „Aufklärung" noch direkter zum Ausdruck als im Deutschen: vgl. engl. age of enlightenment ‚Zeitalter der Erleuchtung', franz. siècle des lumières ‚Jahrhundert der Lichter', ital. illuminismo ‚Erleuchtung', russ. prosveščenie ‚Erleuchtung', usw.

Die Epochen, die wir für rückständig halten, assoziieren wir mit der Dunkelheit und nennen sie „dunkel" oder „finster". Die Historiker des 19. Jahrhunderts nannten die Zeitspanne der griechischen Geschichte zwischen dem Niedergang der mykenischen Macht (um 1100 v. Chr.) und dem Beginn der archaischen Epoche (um 850 v. Chr.) das „dunkle Zeitalter". Zwar wissen Experten, dass jene Zeit gar nicht so dunkel war wie damals vermutet wurde, aber der Ausdruck hat sich als griffiger Stereotyp bis heute erhalten. Das Klischee vom „dunklen Zeitalter" (engl. dark ages) ist auch auf andere Epochen der europäischen Geschichte angewandt worden, so auf die Zeit des 5. und 6. Jahrhunderts in England oder auf das Mittelalter, das in der populären Vorstellung „finster" war.

Aber nicht nur die kulturelle Leere wird in der historischen Rückblende als „dunkel" bezeichnet, die Assoziation mit der düsteren Schwärze findet sich auch in Zusammenhängen, die sich durch kreative Impulse auszeichnen. Ein Beispiel dafür ist die Bewegung der Romantik, die sich als Gegengewicht zur rationalen Aufklärung formierte. Deren Vertreter propagierten vom ausgehenden 18. bis frühen 19. Jahrhundert in Wort, Ton und Bild den Wert der individuellen Imagination als Gegengewicht zu kollektiven Trends wie dem Neoklassizismus. Die Romantik kannte vielerlei Richtungen kultureller Aktivität. Eine der eigenwilligsten Strömungen der romantischen Malerei war die sogenannte „schwarze Romantik", deren Bilder uns stark gefühlsgesättigte, melancholische Visionen vermitteln.

Der wichtigste deutsche Vertreter der schwarzen Romantik war Caspar David Friedrich (1774-1840), der mit Schwärze und Dunkelheit in seiner inneren Kontemplation experimentierte. Seine Gedanken über den Sinn der Malerei sind dunkel, mystisch verklärt:

> „Schliesse dein körperliches Auge, so dass du dein Bild zuerst mit deinem spirituellen Auge siehst. Bringe dann erst ans Tageslicht, was du in der Dunkelheit gesehen hast, so dass es auf Andere von Aussen nach Innen hinein wirken möge" (zitiert nach Chilvers/ Osborne 1997: 209).

Friedrich ist ebenso wie der Engländer Joseph Mallord William Turner (1775-1851) durch seine Landschaftsbilder bekannt geworden, die eine mystisch-melancholische Stimmung ausstrahlen. Im Gegensatz zu Turner, dessen Ruhm als Künstler über seinen Tod hinaus reichte, waren die einst gefragten Werke Friedrichs gegen Ende seines Lebens fast in Vergessenheit geraten. Erst die Vertreter des Symbolismus „entdeckten" Friedrich gegen Ende des 19. Jahrhunderts wieder, und erst dann reifte das Verständnis für die Meisterhaftigkeit, mit der der schwarze Romantiker seine malerischen Stimmungen komponiert hatte.

Allen diesen Bezügen zur Dunkelheit und Schwärze in der Kulturgeschichte ist eines gemeinsam: sie sind intern-europäisch. Die Assoziation des Schwarz-Seins mit der europäischen Geschichte kennt aber auch ganz andere Dimensionen, nämlich solche einer konfliktbeladenen Konfrontation des europäischen Weiss-Seins mit exotischem Schwarz-Sein. Wenn die Europäer in ihre Kulturgeschichte zurückblicken, dann gefallen sie sich zumeist darin, die Entstehung ihrer Zivilisation als rein europäisches Phänomen zu begreifen. Allein die zivilisatorischen Impulse, die Europa in der Antike vom Nahen Osten und Mesopotamien vermittelt wurden, werden als wertvolle auswärtige Kulturimporte gepriesen (Burkert 1992).

Anders verhält es sich aber, wenn es um Kultureinflüsse aus Schwarzafrika geht. Kann es ernsthaft sein, dass das dunkle Afrika die europäischen Kulturen lichtvoll beeinflusst hat? Gegen einen solchen Gedanken
scheint sich der weisse europäische Geist mit seiner unterschwelligen
rassistischen Befangenheit zu sträuben. Das kulturelle Gedächtnis, das
dem modernen Europäer eine puristisch europäische Zivilisationsge-
schichte suggeriert, sperrt sich gegen die Möglichkeit schwarzafrikanischen Kulturimports.

Die Europäer machen sich derzeit auf, den Wandel von der postindustriellen Leistungsgesellschaft zur Wissensgesellschaft zu vollziehen. Gerade
in dieser Phase ihres Bemühens, einen Entwicklungssprung nach vorn zu
tun, werden sie mit unkonventionellen Theorien über ihre kulturellen Ursprünge konfrontiert, die geeignet sind, europäische Selbständigkeit zu
hinterfragen (Haarmann 1999a).

In den vergangenen Jahren ist eine Diskussion über die Ursprünge unserer westlichen Zivilisation aufgebrochen, die sich nicht nur mit dem realen Sachverhalt des Gegensatzes von afrikanisch-schwarzen und europä-
isch-weissen Kultureigenschaften auseinandersetzt, sie ist auch geeignet,
die verfahrene Lage zu illustrieren, in die wir hineinmanövriert werden,
wenn die sachorientierte Interpretation kulturhistorischer Fakten politi-
siert wird und sich demagogisch verzerrt. Diese Diskussion über die Ursprünge unserer modernen Welt hat Züge populistischer Schwarz-Weiss-
Malerei angenommen, und in ihrer Ideologisierung läuft sie Gefahr, in
eine Karikatur kulturwissenschaftlicher Forschung abzugleiten.

Die einerseits kritische, andererseits emotionsgeladene Auseinandersetzung mit dem Schwarz-Weiss-Kontrast in der kulturhistorischen Sinnbildung hat Rückwirkungen auf die Identitätsfindung der Europäer, denn
wir erleben, dass die weltanschaulichen Grundfesten tradierten Selbst-
verständnisses erschüttert worden sind. Die moderne Debatte über Orientalismus (die Vorstellungen der Europäer von aussereuropäischen Kulturen) und Okzidentalismus (die Vorstellungen von Nichteuropäern über
die europäische Zivilisation) hat tiefe Wurzeln, die uns in Gestalt des
Zusammenpralls der Weltanschauungen während der Kolonialzeit ent-
gegentreten (Kiernan 1995: 145 f.).

Da die vorherrschende Weltanschauung die der politisch Mächtigen ist,
lebten die Europäer lange Zeit in einer Welt eurozentrischer Konstruktionen, in der die westliche Zivilisation der Masstab aller Dinge war. In

einer Ende des 19. Jahrhunderts erschienenen Länderkunde Europas beispielsweise werden wir mit dem damaligen eurozentrischen Zeitgeist
konfrontiert, der uns heutzutage befremdend exotisch anmutet:

> „Die Zivilisation der europäischen Völker hat die Kulturen, die in
> anderen Erdteilen wurzeln, mit wenigen Ausnahmen teils vernich-
> tet, teils mehr oder minder mit ihrem Geiste durchtränkt oder zum
> wenigsten in eine wirtschaftliche Abhängigkeit gebracht. Auf diese
> Weise besitzt Europa nicht nur das politische Übergewicht, sondern
> auch die geistige und wirtschaftliche Herrschaft über den Erdkreis"
> (Philippson/Neumann 1894: 3).

Eurozentrismus herrschte in der Kunst und Ästhetik, Philosophie, Ge-
schichtsauffassung, in den christlich beherrschten moralischen Standards
und in der Wertung aussereuropäischer Kulturen vor (Lambropoulos
1993). Die Kulturen anderer Erdteile erschienen im Licht einer zivilisatorischen Unterentwicklung, die Stimmen ihrer Vertreter wurden nicht gehört. Aussereuropäische Kulturleistungen wurden nur in dem Mass gewürdigt, wie ihre Einflüsse aufs engste mit der europäischen Kulturentwicklung verwoben waren, so wie das durch die biblischen Texte vermit-
telte Wissensgut aus mesopotamischen und nahöstlichen Kulturen.

Die Faszination im Umgang mit ihren eurozentrischen Denkweisen hat
die Europäer blind gemacht für alternative Zivilisationsmodelle, und ihr
Beharren auf eurozentrischen Konstruktionen hat in der Tat den Charakter eines „akademischen Narzissmus", eine naheliegende kollektive Er-
weiterung des individuum-bezogenen Narzissmus-Begriffs psychoanaly-
tischer Prägung (Silverman 1996: 2 f.).

Die gewaltsame und für die Europäer schmerzliche Beendigung der ko-
lonialen Ära erschütterte das europazentrierte Weltbild. Entsprechend
der eurozentrischen Denktradition hätten die Völker Schwarzafrikas und
Asiens den Kolonialherren dankbar sein müssen für die zahlreichen zivilisatorischen Segnungen wie die Eisenbahn und die Telegrafie, die Bibel
und die christliche Moral, ein Schulwesen, ein Gesundheitswesen und
eine staatliche Bürokratie. Stattdessen lehnten sich die Kolonialvölker in
blutigen Kriegen gegen die Europäer auf, die so verlustreich für die Kolonialmächte waren, dass die ehemaligen Überseegebiete sukzessive aufgegeben wurden (Ferro 1994: 305 f.). Die Aufgabe der portugiesischen
Kolonien Afrikas im Jahre 1975 markiert das Ende dieser Entwicklung.

Die Umwälzungen erschütterten das Selbstvertrauen der Europäer in ihre politische Führungsrolle, gleichzeitig verfremdeten sich die aussereuropäischen Kulturen im Zerrbild des Misstrauens gegenüber den ehemals kolonisierten Völkern nur noch mehr. Der Verlust der politischen Vormacht wurde allerdings ersetzt durch das Primat der wirtschaftlichen Dominanz. Die ehemaligen Kolonien waren nun souveräne Staaten, aber wie bisher von der Wirtschaft und Wirtschaftshilfe der früheren Kolonialmächte abhängig. Die Unterentwicklung schien auch auf intellektuellem Niveau zu dominieren, denn die höhere Ausbildung lag weiterhin in den Händen weisser Lehrer in europäischen Kulturzentren. Auch in der nachkolonialen Ära sah es längere Zeit so aus, als ob die eurozentrische Weltanschauung und das Geschichtsverständnis der Europäer ungebrochen in Afrika und Asien tradiert würden.

Doch die Europäer wurden herausgefordert, und die ersten Herausforderer, die den Aufstand gegen den eurozentrischen Kulturchauvinismus probten, waren Nichteuropäer, die als brave Zöglinge in den Hochburgen europäischen Geisteslebens ausgebildet worden waren, es aber wagten, selbstständig zu denken und ihr Wissen als Waffe gegen ihre Lehrmeister einzusetzen. Mit seiner Studie *Orientalism* (1978), einer akribischen wissenschaftlichen Analyse der Verzerrungen, in die sich die Europäer seit Jahrhunderten bei der Interpretation aussereuropäischer Kulturen verstrickt haben, gelang es dem in England ausgebildeten palästinensischen Forscher E.W. Said, die Problematik einer exklusiv an ein bestimmtes Zivilisationsmodell und dessen Wertsystem geknüpften Interpretation fremden Kulturschaffens sichtbar zu machen.

Im Zusammenhang mit der Kritik am kulturellen und politischen Hegemoniestreben der Europäer hebt der Kulturkritiker hervor:

> „Da gibt es auch die Hegemonie europäischer Ideen über den Orient, die selbst immer die europäische Überlegenheit über orientalische Rückständigkeit wiederholt, und die gewöhnlich die Möglichkeit ausscheidet, dass ein Denker, der unabhängiger oder skeptischer ist, eventuell andere Ansichten in dieser Sache hat" (Said 1978: 7).

Zum ersten Mal in ihrer Ideengeschichte wurden die Europäer ernsthaft herausgefordert, ausser ihrem eigenen Weltbild auch das von Nichteuropäern als selbständiges und gleichrangiges Alternativmodell zu begreifen.

Mit der von Said ausgelösten Orientalismus-Debatte wurden Historiker und Archäologen, Literatur- und Kulturwissenschaftler aufgefordert, die

Selbstverständlichkeit ihrer kulturellen Identität zu hinterfragen. Eine lohnende Angriffsfläche bot sich für die Anti-Eurozentrismus-Kampagne in der Diskussion über die Wurzeln der klassisch-griechischen Zivilisation, die von den Philhellenen traditionellerweise als rein europäische Schöpfung herausgestellt worden war. Besonderes Gewicht erhielt die philhellenische Ideologie im geistigen Umfeld der griechischen Unabhängigkeitsbestrebungen in den 1820er Jahren, als die europäischen Grossmächte aufgefordert wurden, die griechischen Freiheitskämpfer zu unterstützen, um die älteste christliche Nation des Kontinents von der osmanisch-türkischen Okkupation zu befreien (Heydenreuter 1995).

Das Kulturschaffen der Griechen, von dessen Früchten wir Europäer durch die Jahrhunderte profitiert haben – sei es in der Stilrichtung klassischer Architektur, in Wissenschaft und Philosophie, in der Thematik und Ästhetik der bildenden Künste, in der Literatur und im Theaterwesen – wird zurecht als die „Wiege der westlichen Zivilisation" bezeichnet. Durch die Jahrhunderte haben die Europäer die griechische Antike wie einen Steinbruch ausgebeutet, indem sie einzelne Komponenten aus dem antiken Mosaik nach Belieben herausgebrochen haben und diese dann als Strukturelemente zur Untermauerung ihres eigenen Zivilisiertseins in ihrer zeitgenössischen Welt „verbaut" haben.

Vergleicht man das Antikenbild vergangener Epochen mit dem der Moderne – wobei einzuräumen ist, dass es das moderne Antikenbild gar nicht gibt, vielmehr eine ganze Palette –, mutet der nationalistische Tenor, mit dem vor hundert Jahren das „typisch europäische" Gut der griechischen Kultur, die absolute Verbindlichkeit griechischer Ästhetik und griechischer Institutionen – so das Modell der Athener Demokratie – verherrlicht wurden, wie das Fossil eines Zeitalters an, als „die Erkundung und kritische Betrachtung des griechischen Lebens die besonderen politischen, religiösen und philosophischen Vorlieben der Nationalkultur reflektierten" (Turner 1981: 9), als die „Reinheit" einer Nationalkultur zum Credo europäischer Zivilisiertheit hochstilisiert wurde.

Die Kritik am eurozentrischen Weltbild richtet sich unter anderem dagegen, dass die zahlreichen Einflüsse, die die griechische Kultur während der Ära des Hellenismus von ausserhalb Europas erfahren hat – also in der Nachfolge der Eroberungszüge Alexanders des Grossen bis um 50 v. Chr., als die Römer die politische Macht im Nahen Osten und in Ägypten übernahmen –, von den Forschern des 19. Jahrhunderts entweder nicht erkannt oder marginalisiert worden sind. Ausserdem scheuen sich europäische Forscher teilweise bis heute davor, kulturelle Kontinuitäten in einer vergleichenden Perspektive der Zivilisationen der Alten Welt aufzuzeigen, d.h. die Entwicklung im antiken Europa in ihrer Wechselbeziehung zu der im zeitgenössischen Anatolien, im Nahen Osten und in Ägypten auszudeuten.

Beispielsweise wird die griechische Philosophie bis heute in ihrer exklusiv europäischen (d.h. zwangsläufig originellen) Evolution verstanden, während andererseits afrikanische Philosophen die enge Verwobenheit zwischen der Ideentradition Ägyptens und der Griechenlands betonen (Olela 1998). Versuche, elementare Konzepte der griechischen Philosophie auf dem Hintergrund afrikanischer Traditionen zu deuten, sind schon früher gemacht worden, wie etwa mit Bezug auf die Idee von der Unsterblichkeit der Seele bei Plato. Nach Plato, der im Alter von 27 Jahren seine Studien in Ägypten aufnahm, setzt sich die reale Welt aus Ideen und Formen zusammen, und diese beruhen ihrerseits auf Prototypen unsterblicher Seelen.

> „Die Ideen Platos waren die letzte Entwicklungsstufe der ägyptischen Lehre der Ka [unsterblicher Teil der menschlichen Seele]. Sie waren der Archetyp, nach dem alle Dinge geformt wurden“ (Sayce 1902: 48 f.; Einschub von mir).

Die Orientalismus-Diskussion hat ihre grossen intellektuellen Stürme aber erst seit Ende der 1980er Jahre erlebt. Während sich Said um Sachlichkeit in der Argumentation bemühte, schert die Diskussion mit der Monographie von M. Bernal (1987) ins Fahrwasser des Ideologischen aus. Der Haupttitel *Black Athena* – ebenso wie der Untertitel *The Afroasiatic roots of classical civilization* – sind als Affront gegen das eurozentrische Establishment intendiert.

Der Hauptstoss von Bernals polemischer Attacke zielt auf die Hochburg der antiken Zivilisation, nämlich auf die Mythologie mit ihren Lebensweisheiten und ihren Verkörperungen menschlicher Tugenden. Die ehrwürdigste Gestalt von allen ist vielleicht Athene (Shearer 1996), und als Bernal den Europäern erklärte, diese Gottheit sei eigentlich schwarzafrikanischen Ursprungs, da sorgte das verständlicherweise für Aufregung. Verständlich wird dies vor allem, wenn man bedenkt, dass die Beschäftigung mit der Antike „sehr eng mit einem zweihundert Jahre alten Projekt verknüpft ist, das ‚Europäertum‘ zu verstehen“ (Morris 1994a: 8).

Tatsächlich gibt es einige Parallelen zwischen Athene und der ägyptischen Göttin Neith, der Schutzpatronin der unterägyptischen Stadt Sais (s. Lurker 1989: 291 zur Rolle der Neith im ägyptischen Pantheon). Ebenso wie Neith ist Athene eine kriegerische Schutzgöttin. Nach ägyptischer Vorstellung schritt Neith dem Heer voraus und öffnete den Soldaten den Weg. Athene war seit altersher die Schutzherrin der Landschaft Attika und insbesondere der Stadt Athen, wo sie als Herrin der Akropolis verehrt wurde. Sowohl von Neith als auch von Athene heisst es, sie seien Schutzpatroninnen der Weberei.

In der Rolle der Schutzgottheit ist Athene nach mythologischer Überlieferung eine alte einheimische Göttin, und auf fremde Herkunft wird im Mythos nirgendwo angespielt. In kulturhistorischer Perspektive gehört Athene zum Kreis der vorgriechischen Göttinnen, deren Kulte in der altägäischen Tradition wurzeln. Dies bedeutet zwar einerseits, dass Athene, Demeter, Artemis und Aphrodite keine ursprünglich griechischen Gottheiten sind, andererseits aber auch, dass keine von diesen Gestalten ägyptischer oder gar schwarzafrikanischer Herkunft ist (Haarmann 1996).

Bernal (1987) konzentriert sich im wesentlichen auf eine Kritik an der eurozentrischen Ideologie, der sich die Europäer seit der Aufklärung bei der Konstruktion einer imaginären Welt der griechischen Antike befleissigt haben. Tatsächlich war weniger historische Sachlichkeit als vielmehr die Intention vorherrschend, das griechische Kulturschaffen mit seinen Leistungen für den Aufbau der westlichen Zivilisation zu idealisieren.

Das Idealbild der klassisch-griechischen Zivilisation als das einer rein europäischen, noch dazu rein arischen Errungenschaft, war, wie Bernal zurecht attackiert, eine „Fabrikation", also kein ernsthafter Versuch einer Rekonstruktion in Annäherung an antike Lebensbedingungen. Der Umstand, dass für das Image des imaginären antiken Griechenland nahöstliche und ägyptische Einflüsse lediglich eine marginale Rolle spielen, ist für Bernal Grund genug, das traditionelle Modell der griechischen Kultur als rassistisch abzutun.

Bernal schockiert die Eurozentriker mit seinem Versuch, für die elementaren Institutionen der griechischen Zivilisation afrikanische Vorbilder aufzeigen zu wollen. In Bernal (1991) führt der Autor seine Argumentation gleichsam auf die Spitze, indem er für die vorgriechische Kultur in der Ägäis-Region des 2. Jahrtausends v. Chr. tiefgreifenden ägyptischen

Einfluss postuliert. Bernals Ausführungen gipfeln darin, dass das gesamte Kulturareal der ägäischen Inseln und der Küstengebiete für einen nicht näher begrenzten Zeitraum eine ägyptische Kolonie gewesen sei.

Hier allerdings stösst Bernal ins Leere, denn in der Ägäis lassen sich keine von Ägyptern errichtete Bauten, weder Sakralbauten wie Tempel oder Grabmonumente noch Zivilbauten wie Paläste oder Verwaltungsgebäude nachweisen. Solche Bauten aber waren typisch für die Gebiete, die entweder direkt ägyptischer Kontrolle unterstanden wie Nubien (Davies 1991), oder die Vasallenstaaten Ägyptens waren und ägyptische Kultur adaptiert hatten wie Kanaan (Mazar 1990: 185 f.). Die Vielzahl der aus Ägypten stammenden Objekte, die im ägäischen Raum gefunden worden sind, lassen sich problemlos als Handelswaren identifizieren.

Bernal schiesst weit über sein Ziel hinaus, und seine Argumentation verliert sich ebenso im Imaginären wie die der Eurozentriker. „Schwarz" ist laut Bernal gleichbedeutend mit „ägyptisch". „Ägyptisch" wird dann gleichgesetzt mit „schwarzafrikanisch", dies mit dem pauschalen Hinweis darauf, dass die Besiedlung Ägyptens von Schwarzafrika erfolgt sei und die meisten Kulturtraditionen des Pharaonenreichs auf schwarzafrikanische Vorbilder zurückgingen. Da Bernal einen anthropologischen Nachweis für die Identifizierung von „ägyptisch" mit „schwarzafrikanisch" schuldig bleibt, ist anzunehmen, dass der Hinweis auf die schwarzen Ursprünge der europäischen Zivilisation eher als Schocker für rassistische Europäer, denn als ernsthaftes Argument gemeint ist.

In der Tat bestätigen die Erkenntnisse der modernen Humangenetik Bernals Behauptungen nicht. Die ältesten Bewohner des Niltals, die von Süden eingewandert sind, waren mit der Urbevölkerung Afrikas, den Khoisan assoziiert. Eine zweite, wesentlich volkreichere Migration erfolgte ebenfalls noch in prähistorischer Zeit, u.zw. vom Horn von Afrika, aus der Region des heutigen Dschibuti. Diese Migranten waren keine Schwarzafrikaner, sondern sie kamen über den schmalen Sund aus Südarabien (Cavalli-Sforza et al. 1994: 171 f., 189 f.).

In den Gesichtszügen der Altägypter, die in Skulpturen, Reliefs und Fresken der Pharaonenzeit verewigt sind, ist unschwer zu erkennen, dass die Träger der altägyptischen Zivilisation keine Schwarzafrikaner waren. Afrikaner, die genetisch mit der negriden Bantubevölkerung assoziiert sind, wanderten in einer dritten, zeitlich deutlich späteren Migrationswelle von Süden nach Norden. Die Bevölkerung Nubiens war seit altersher schwarz. Die Nubier wurden von den Ägyptern schon zu Beginn der dynastischen Epoche – d.h. während der Zeit der 1. Dynastie um 3000 v. Chr. – als anders als sie selbst erkannt, und man nannte sie *nehesi* ‚Südleute mit der dunklen Hautfarbe' (Fischer 1980: 17).

Der Süden Ägyptens war seit der frühdynastischen Zeit eine Region, wo sich Handelsgüter und Ideen von Norden nach Süden und in umgekehrter Richtung bewegten. Politisch dominierte lange Zeit Ägypten. Der Status des südlichen Nubien wechselte zwischen dem einer ägyptischen Provinz und dem eines Vasallenstaates. Im 8. Jahrhundert v. Chr. jedoch erstarkte die Macht des schwarzafrikanischen Reiches Kusch, und Schabaka (reg.: 716-701 v. Chr.), der Ägypten eroberte, wurde der erste schwarze Herrscher auf dem Pharaonenthron.

Unter Schabaka erlebte Ägypten eine Periode kultureller Neuerungen, die als „kuschitische Renaissance" bekannt sind und von Zeitgenossen als positiv bewertet wurden (Schneider 1996: 381). Ägypten verblieb etwa ein halbes Jahrhundert unter nubischer Vorherrschaft, u.zw. bis zu den Einfällen der Assyrer. Der schwarzafrikanische Einfluss in Ägypten stammt also aus der Spätzeit des Nilstaates und hat die traditionellen altägyptischen Kulturinstitutionen nicht berührt.

In der Substanz bietet Bernal kaum mehr als die kritische moderne Forschung, die bereits Jahre vor der Publizierung der afrozentrischen Thesen den Ideen- und Kulturaustausch zwischen Europa, dem Nahen Osten und Ägypten in der hellenistischen Periode thematisiert hatte. Allerdings hat Bernal etwas erreicht, was die sachorientierte Forschung bis dahin nicht geschafft hatte: er hat nämlich das akademische Establishment in Europa aufgerüttelt und herausgefordert, ihre historische Sinnbildung zu schärfen (Haarmann 1999b).

Bernal aber exponiert sich mit seiner afrozentrischen Theorie der Kulturentwicklung auf eine Weise, dass er sich dessen schuldig macht, wogegen er antritt: Ideologisierung und Indoktrination. Es ist nicht verwunderlich, dass Bernal eine Flut von Stellungnahmen Pro und Contra herausgefordert hat. Mit dem von Lefkowitz und MacLean Rogers (1996) herausgegebenen Sammelband wird endlich wieder ein sachliches Gleichgewicht erreicht.

In akademischen Kreisen, insbesondere unter Afro-Amerikanern, finden Bernals Thesen verständlicherweise viel Anklang. Die Suche nach den

166

Wurzeln der westlichen (d.h. von Weissen dominierten) Zivilisation in schwarzafrikanischen Kulturtraditionen stützt in besonderem Masse das Selbstbewusstsein schwarzer Intellektueller, deren Identität sich als Gegenpol zur Mentalität der Weissen profiliert hat. In ihrem Überschwang lesen viele Afrozentriker aber Bernals Dokumentation wie eine Offenbarung, und für sie ist die Kollektivschuld der rassistischen Europäer an der Verzerrung des Bildes der Weltgeschichte beschlossene Sache. Die afrozentrische Kulturideologie hat in den USA weite Kreise gezogen, sie hat sich gleichsam zu dem entwickelt, was Showalter (1997) als „hysterische Bewegung" charakterisiert. Es geht gar nicht mehr um Sachinhalte, sondern um die Monopolisierung schwarzafrikanischer Kulturwerte.

Wie die von Bernal und anderen Afrozentrikern angeheizte Kontroverse über die „schwarze Athene" gezeigt hat, brauchen wir nicht erst auf den Zusammenprall der Zivilisationen zu warten. Die These vom Zusammenprall der Zivilisationen ist von S.P. Huntington aufgestellt worden. Er geht davon aus, dass „globale Politik in der Welt nach dem Kalten Krieg zum ersten Mal in der Geschichte an vielen Polen [multipolar] und in vielen Zivilisationen [multicivilizational] verankert ist" (Huntington 1996: 21; Einschub von mir), und dass nach dem Ende der weltweiten ideologischen Spannungen kulturelle Kontraste in grossem Umfang aufbrechen werden. Als Folge davon, so Huntingtons Prognose, verfällt die Welt in ein Ringen um die Vormacht einzelner Zivilisationen. Der Zusammenprall der Zivilisationen findet bereits in der intellektuellen Arena statt, u.a. im schwarz-weissen Spannungsfeld historischer Rekonstruktionen.

Sachliche Kriterien gibt es keine, die uns dazu veranlassen könnten, das Image der altehrwürdigen und erdverbundenen Göttin der Landschaft Attika, Athene, mit ihren europäischen Zügen zu demontieren. So besteht für uns moderne Europäer auch kein Grund, Athene als die Ikone antiker Zivilisiertheit gegen das Bild einer ägyptischen oder gar schwarzafrikanischen Göttin auszutauschen. Die Diskussion über ein mögliches schwarzes Kulturerbe unserer Welt ist damit aber noch nicht beendet. Sie zieht breitere Kreise, indem auch die Ursprünge des Monotheismus in Schwarzafrika gesucht werden. Den Afrozentrikern spielen dabei Erkenntnisse der neueren Forschung zur Entwicklung des Aton-Kultes in Ägypten in die Hände.

Der Kult des von dem Häretiker-Pharao Amenophis IV., der sich selbst Echnaton nannte, im 14. Jahrhundert v. Chr. zum exklusiven Hauptgott erhobenen Aton, des Gottes ohne Konkurrenz, hatte zwar in Ägypten nur temporäre Bedeutung, strahlte aber später über die Vermittlung der Lehre durch den Pharao-Protegé Moses aus in die religiöse Tradition der Hebräer und ihres Jahwe-Kultes. Die engen Verbindungen zwischen Aton- und Jahwe-Kult sind inzwischen einer Klärung nähergebracht (Assmann 1998, Haarmann 1998a, Osman 1998).

Nach Meinung einiger Forscher setzt die Geschichte des Monotheismus aber nicht erst mit der Monopolisierung des Aton-Kultes in Ägypten ein, sondern hat tiefere Wurzeln, u.zw. in der schwarzafrikanischen Tradition. Die Idee vom einzigen Gott in Gestalt eines allmächtigen Hochgottes ist in der Tat den schwarzafrikanischen Kulturen nicht fremd, sondern im Gegenteil wohl vertraut. Sucht man die Ursprünge der religiösen Vorstellungen in Altägypten und der Gestalten des ägyptischen Götterpantheons in prähistorischen Kulturmustern des Südens, dann gelangt man tatsächlich zu der Schlussfolgerung, dass der ägyptische Aton, der Jahwe der Juden, der Christengott der Europäer und der Hochgott der Muslime auf den gleichen schwarzafrikanischen Prototyp zurückgehen (Baldick 1997).

Wie im Fall der Kontroverse über das Bild der griechischen Antike ist auch bei der Debatte über die Ursprünge des Monotheismus die Interpretation von Vergleichsdaten das alles entscheidende. Diejenigen, die Ähnlichkeiten zwischen Kulturen prinzipiell als Abhängigkeit der einen von der anderen Kultur interpretieren, folgern aus den Ähnlichkeiten zwischen der Hochgottidee im Nahen Osten, Ägypten und Schwarzafrika zwangsweise, dass die anfänglichen Impulse von schwarzen Kulturen ausgingen. Für diejenigen, die Ähnlichkeiten auch als das Produkt selbständiger synchroner Evolution verstehen, deuten die ideengeschichtlichen Konvergenzen zwischen dem ägyptischen Aton und dem schwarzafrikanischen Hochgott nicht unbedingt darauf hin, dass der letztere der Prototyp für alle späteren Verkörperungen des Gottesmonopols wäre.

Wer sich also nicht mit dem Gedanken anfreunden kann, dass die uns aus der Kunsttradition bekannte hellhäutige Athene eigentlich schwarz ist, der kann seine Bereitschaft hinterfragen, die Wiege des himmlischen Vaters in Schwarzafrika suchen zu wollen. Zu welcher Interpretation wir Europäer auch immer tendieren mögen, wir werden dazu herausgefordert, unsere Position auf dem spannungsgeladenen Kontinuum zwischen den beiden Extrempolen des eurozentrischen „Weiss-Seins" und des afrozentrischen „Schwarz-Seins" zu markieren. Der Nord-Süd-Konflikt, der unsere Gemüter zukünftig in ständig wachsendem Masse beschäftigen wird, kennt nicht nur eine politische und weltwirtschaftliche Arena, sondern er hat auch Zündstoff geliefert für die akademische Diskussion über Kulturfragen.

Bibliographie

Afrique noire et monde méditerranéen dans l'antiquité. Colloque de Dakar: 19-24 janvier 1976. Dakar/Abidjan 1978

Airaksinen, T. (1995). The philosophy of the Marquis de Sade. London

Akt und Erotik. Themenheft der Zeitschrift Photographie 7-8, 1998

Allais, A. (1897). Album primo-avrilesque. Paris

Alloula, M. (1987). The colonial harem. Manchester

Amerika 1492-1992. Neue Wirklichkeiten: Geschichte, Gegenwart, Perspektiven. Braunschweig

Anati, E. (2002). Höhlenmalerei. Düsseldorf

Ankarloo, B. / Henningsen, G. (Hg.) (1993). Early modern European witchcraft. Centres and peripheries. Oxford

Arnheim, R. (1969). Visual thinking. Berkeley/Los Angeles/London

Ascherson, N. (1996). Black Sea. The birthplace of civilization and barbarism. London

Ashelford, J. (1996). The art of dress. Clothes and society 1500-1914. London/New York

Assmann, J. (1988). Kollektives Gedächtnis und kulturelle Identität, in: Assmann/Hölscher 1988: 9-19

– (1998). Moses der Ägypter. Entzifferung einer Gedächtnisspur. München/Wien

Assmann, J. / Hölscher, T. (Hg.) (1988). Kultur und Gedächtnis. Frankfurt

Atienza, J.G. (1991). Nuestra señora de Lucifer. Los misterios del culto a la Madre del Dios. Barcelona

Averill, E.W. (1997). Color and the anthropocentric problem, in: Byrne/Hilbert 1997/1: 11-32

Bachofen, J.J. (1948). Das Mutterrecht. Eine Untersuchung über die Gynaikokratie der alten Welt nach ihrer religiösen und rechtlichen Natur, 2 Bde (hrsgg. von K. Meuli). Basel (1. Aufl.: 1861)

Bal, M. (1999). Quoting Caravaggio. Contemporary art, preposterous history. Chicago/London

Baldick, J. (1997). Black God. The Afroasiatic roots of the Jewish, Christian and Muslim religions. London/New York

Bamford, L. (Hg.) (1998). Key moments in fashion. The evolution of style. New York/Auckland/Singapur

Banton, M. (1987). Racial theories. Cambridge/London/New York

Baudry, P. (1997). La pornographie et ses images. Paris

Baumann, H.D. (1993). Digitale Mal- und Grafiktechniken. Elektronische Bilderzeugung mit dem PC. Köln

Begelman, M. / Rees, M. (1997). Schwarze Löcher im Kosmos. Die magische Anziehungskraft der Gravitation. Heidelberg/Berlin/Oxford

Begg, E. (1996). The cult of the Black Virgin. London/New York (2. Aufl.)

Behringer, W. (Hg.) (1988). Hexen und Hexenprozesse. München

Benedetti-Cruz, A. (1992). Afroamerika – eine Konsequenz der europäischen Kolonialisierung der Neuen Welt, in: Amerika 1492-1992: 192-201

Berlin, B. / Kay, P. (1969). Basic color terms. Their universality and evolution. Berkeley

Bernal, M. (1987-91). Black Athena. The Afroasiatic roots of classical civilization, vol. I: The fabrication of ancient Greece 1785-1985; vol. II: The archaeological and documentary evidence. London

Birnbaum, L.Ch. (1993). Black madonnas. Feminism, religion, and politics in Italy. Boston

Black, A. (Hg.) (1998). Necronomicon, book two. London

Bloch, P. (1998). Elements of style. From the portfolio of Hollywood's premier stylist. New York

Blok, J.H. (1995). The early Amazons. Modern & ancient perspectives on a persistent myth. Leiden/New York/Köln

Bonsanti, G. (1991). Caravaggio. Mailand (2. Aufl.)

Boston, T.D. (Hg.) (1997). A different vision. African American economic thought. London/New York

Bothner, R. (1999). Schwarz und Rot. Zur Autonomie der Farbe. Mössingen-Talheim

Boucher, F. (1987). A history of costume in the West. London (2. Aufl.)

Braunschweig vor hundert Jahren. Braunschweig 1913

172

Brazell, K. (Hg.) (1998). Traditional Japanese theatre. An anthology of plays. New York

Breton, J.-F. (1998). L'Arabie heureuse au temps de la reine de Saba VIIIe – Ier siècles avant J.-C. Paris

Bruns, M. (1997). Das Rätsel Farbe. Materie und Mythos. Stuttgart

Bugner, L. (Hg.) (1991). The image of the black in western art, 6 Bde. Cambridge, Mass. (2. Aufl.)

Burgin, V. (1990). Paranoiac space, in: New Formations 12

Burkert, W. (1992). The orientalizing revolution. Near Eastern influence on Greek culture in the early archaic age. Cambridge, Massachusetts/London

Byrne, A. / Hilbert, D.R. (Hg.) (1997). Readings on color, vol. 1: The philosophy of color; vol. 2: The science of color. Cambridge, Mass./London

Caivano, J.L. (2004). Chronological bibliography on color theory. Part 1: c. 360 B.C. – 1960; Part 2: 1961-2003. Buenos Aires

Cascante, I.V. (1956). Heráldica general y fuentes de las armas de España. Madrid

Castañeda, L.M. (Hg.) (1988). Atlas cultural de México. Lingüística. Mexico City

Cavalli-Sforza, L. / Menozzi, P. / Piazza, A. (1994). The history and geography of human genes. Princeton, New Jersey

Chauvet, J.-M. / Brunel Deschamps, E. / Hillaire, C. (1996). Chauvet cave. The discovery of the world's oldest paintings. London

Chilvers, I. / Osborne, H. (Hg.) (1997). The Oxford dictionary of art. Oxford/New York (2. Aufl.)

Clans Map of Scotland. Tartans, crests and plant badges in full colour. Edinburgh 1991

Colton, H.S. (1992). Hopi Kachina dolls, with a key to their identification. Albuquerque (16. Aufl.)

Condee, N. (Hg.) (1995). Soviet hieroglyphics. Visual culture in late twentieth-century Russia. London

Corson, R. (1997). Fashions in makeup. From ancient to modern times. London (Neudruck der Ausgabe von 1972)

Courtois, S. et al. (1997). Le livre noir du communisme. Crimes, terreur, répression. Paris

Cumming, V. (1998). The visual history of costume accessories. From hats to shoes: 400 years of costume accessories. London

Curott, P. (2002). Witch crafting. A spiritual guide to making magic. London

Dale, P.N. (1986). The myth of Japanese uniqueness. London/New York

Davies, J. (1851). A Tahitian and English dictionary with introductory remarks on the Polynesian language and a short grammar of the Tahitian dialect. London/Tahiti (Neudruck 1991)

Davies, W.V. (Hg.) (1991). Egypt and Africa. Nubia from prehistory to Islam. London

– (Hg.) (2001). Colour and painting in ancient Egypt. London

Davis, E.W. (1988). Schlange und Regenbogen. Die Erforschung der Voodoo- Kultur und ihrer geheimen Drogen. München

Deloffre, C. (Hg.) (1998). Thierry Mugler. Fashion – fetish – fantasy (with a foreword by Marylou Luther). London

Denson, G.R. / McEvilley, T. (Hg.) (1996). Capacity. History, the world, and the self in contemporary art and criticism. Amsterdam

Desai, Z. (1995). The evolution of a post-apartheid language policy in South Africa: an ongoing site of struggle, in: European Journal of Intercultural Studies 5, 18-25

Diehl, G. (1993). Vasarely. Bindlach

Drège, J.-P. / Bührer, E.M. (1996). Seidenstrasse. Köln (7. Aufl.)

Dud'a, R. / Rejl, L. / Slivka, D. (1997). Mineralien – Handbuch und Führer für den Sammler. Augsburg

Düchting, H. (1997). Paul Klee – Painting music. München/New York

Durbin, M. (1972). Basic terms – off color?, in: Semiotica 6, 257-278

Durozoi, G. (Hg.) (1992). Dictionnaire de l'art moderne et contemporain. Paris

Dvorak, J. (1989). Satanismus. Schwarze Rituale, Teufelswahn und Exorzismus – Geschichte und Gegenwart. München

Dyer, R. (1997). White. London/New York

Ebmeier, J. (1997). Das Phänomen Michael Jackson. Hamburg

Edelman, A.H. (1998). The little black dress. London

Eiseman, L. (2000). Pantone guide to communicating with color. Cincinatti, Ohio

Eisler, R. (1989). Kelch und Schwert. Von der Herrschaft zur Partnerschaft. Weibliches und männliches Prinzip in der Geschichte. München

Eliade, M. (1978-85). A history of religious ideas, 3 Bde. Chicago

English, L.J. (1991). Tagalog-English dictionary. Manila (6. Aufl.)

Escher, M.C. (1967). Graphik und Zeichnungen. München (2. Aufl.)

Eze, E.Ch. (Hg.) (1998). African philosophy – An anthology. Oxford/Malden, Mass.

Fer, B. (1997). On abstract art. New Haven/London

Fernie, E. (Hg.) (1995). Art history and its methods. A critical anthology. London

Ferro, M. (1994). Histoire des colonisations. Des conquetes aux indépendances XIIIe-XXe siècle. Paris

Fester, R. et al. (1980). Weib und Macht. Fünf Millionen Jahre Urgeschichte der Frau. Frankfurt

Finlay, V. (2002). Colour – Travels through the paintbox. London

Fischer, R. (1980). Die schwarzen Pharaonen. Tausend Jahre Geschichte und Kunst der ersten innerafrikanischen Hochkultur. Bergisch Gladbach

Fischer-Schreiber, I. (1994). Yin-yang, in: Schuhmacher/Woerner 1994: 428-29

Flags of the world. A comprehensive guide. London 1995

Fleckinger, A. (2002). Ötzi, der Mann aus dem Eis. Wien/Bozen

Friedl, E. (1979). Colors and culture change in Southwest Iran, in: Language in Society 8, 51-68

Gage, J. (1999). Colour and meaning. Art, science and symbolism. London

Gallardo I., F. / Cornejo B., L. (1992). Colores: signos de América andina, in: Colores de América. Santiago de Chile, S. 9-25

Gantz, T. (1993). Early Greek myth. A guide to literary and artistic sources, vol. 1. Baltimore/London

Gimbutas, M. (1991). The civilization of the Goddess. The world of Old Europe. San Francisco

Ginsburg, M. (1984). Women's dress before 1900, in: Rothstein 1984: 13-48

Gipper, H. (1955). Die Farbe als Sprachproblem, in: Sprachforum 1, 135-145

Griffin-Pierce, T. (1992). Earth is my mother, sky is my father. Space, time, and astronomy in Navajo sandpainting. Albuquerque

Grimes, B. (Hg.) (2000). Ethnologue, vol. 1: Languages of the world. Dallas, Texas (14. Aufl.)

Gutiérrez-Solana, J. (1920). La España negra. Madrid (Neudruck Granada 1998)

Haarmann, H. (1989). Symbolic values of foreign language use. From the Japanese case to a general sociolinguistic perspective. Berlin/New York

– (1990a). Basic vocabulary and language contacts: The disillusions of glottochronology, in: Indogermanische Forschungen 95, 1-37

– (1990b). Language as a seismograph of acculturation: sociolinguistic parameters of language contacts in the Asian context, in: Journal of Asian Pacific Communication 1, 71-85

– (1991). Basic aspects of language in human relations. Toward a general theoretical framework. Berlin/New York

– (1992). Die Gegenwart der Magie. Kulturgeschichtliche und zeitkritische Betrachtungen. Frankfurt/New York

– (1996). Die Madonna und ihre griechischen Töchter. Rekonstruktion einer kulturhistorischen Genealogie. Hildesheim/Zürich/New York

– (1998a). Religion und Autorität. Der Weg des Gottes ohne Konkurrenz. Hildesheim/Zürich/New York

– (1998b). Zeichenkonzeptionen in den Festlandkulturen Südostasiens, in: Posner et al. 1998: 1928-1971

– (1998c). The kinship of the Virgin Mary. Profile of a cultural archetype, in: ReVision 20, 17-24

– (1999a). Orientalismus und Okzidentalismus: Die Südosteuropaforschung im Spannungsfeld kulturwissenschaftlicher Herausforderungen, in: Hinrichs 1999: 49-66

- (1999b). Eurolinguistik, europäische Kulturwissenschaft und Europa-
forschung, in: Reiter 1999: 11-39

- (2004). Kleines Lexikon der Völker. Von Aborigines bis Zapoteken.
München

Harding, E.U. (1993). Kali. The black goddess of Dakshineswar. York
Beach, Maine

Hart, A. (1984). Men's dress, in: Rothstein 1984: 49-76

Hartman, T. (1998). The color code. A new way to see yourself, your re-
lationships, and life. New York

Heider, U. (1996). Schwarzer Zorn und weisse Angst. Reisen durch
Afro-Amerika. Frankfurt

Hess, W. (1986). Dokumente zum Verständnis der modernen Malerei.
Reinbek

- (1993). Das Problem der Farbe in den Selbstzeugnissen der Maler von
Cézanne bis Mondrian. München

Heydenreuter, R. (1995). Die erträumte Nation. Griechenlands Staats-
werdung zwischen Philhellenismus und Militärintervention, in: Heydenreuter et al. 1995: 47-77

Heydenreuter, R. / Murken, J. / Wünsche, R. (Hg.) (1995). Die erträumte
Nation. Griechenlands Wiedergeburt im 19. Jahrhundert. München

Hinrichs, U. (Hg.) (1999). Handbuch der Südosteuropa-Linguistik.
Wiesbaden

Höftmann, H. (1982). Wörterbuch Swahili – Deutsch. Leipzig (2. Aufl.)

Hohnstein, O. (1908). Geschichte des Herzogtums Braunschweig.
Braunschweig

Huntington, S.P. (1996). The clash of civilizations and the remaking of
world order. New York

Irvine, D. (1973). From witchcraft to Christ. Cambridge

Janson, H.W. (1965). Suuri taidehistoria. Maalaustaide, kuvanveisto ja
arkkitehtuuri historian aamunkoitosta nykypäivään. Porvoo

Kamen, H. (1997). Felipe de España. Madrid

Kastal'skij, S. (1997). Rok-enciklopedija. Moskau

Kay, P. / McDaniel, C. (1978). The linguistic significance of the meanings of basic color terms, in: Language 54, 610-646 (Neudruck in: Byrne/Hilbert 1997/2: 399-441)

Kiernan, V.G. (1995). Imperialism and its contradictions. New York / London

Kinder, D.R. / Sanders, L.M. (1996). Divided by color. Racial politics and democratic ideals. Chicago/London

Klaus, H. (1989). Beobachtungen zu den Modefarbenwörtern in der deutschen Gegenwartssprache, in: Zeitschrift für germanistische Linguistik 17, 22-57

Kugler, G.J. (1999). Die Farben Schwarz in Zeremoniell und Etikette, in: Zaunschirm 1999b: 53-59

Küppers, H. (1976). Die Logik der Farbe. Theoretische Grundlagen der Farbenlehre. München

– (1989). Harmonielehre der Farben. Theoretische Grundlagen der Farbgestaltung. Köln

– (1991). DuMont's Farbenatlas. Über 5500 Farbnuancen mit Kennzeichnung und Mischanleitung. Köln (6. Aufl.)

Lacy, M.L. (1991). Das Farborakel. Die psychologische und spirituelle Bedeutung der Farben. München

La Fontaine, J.S. (1998). Speak of the devil. Tales of satanic abuse in contemporary England. Cambridge

Lamb, D. (1990). The Africans. Encounters from the Sudan to the Cape. London

Lambropoulos, V. (1993). The rise of eurocentrism. Anatomy of interpretation. Princeton, New Jersey

Lavizzari-Raeuber, A. (1986). Thangkas. Rollbilder aus dem Himalaya. Kunst und mystische Bedeutung. Köln (2. Aufl.)

Lawlor, R. (1991). Voices of the first day. Awakening in the Aboriginal dreamtime. Rochester, Vermont

Le Gouès, T. / Webb, V. (1998). Soul. New York

LeDoux, J. (1996). The emotional brain. The mysterious underpinnings of emotional life. New York

Lefkowitz, M.R. / MacLean Rogers, G. (Hg.) (1996). Black Athena revisited. Chapel Hill/London

Lehmann, B. (1998). ROT ist nicht „rot" ist nicht [rot]. Eine Bilanz und Neuinterpretation der linguistischen Relativitätstheorie. Tübingen

Lefkowitz, M.R. (1995). Die Töchter des Zeus. Frauen im alten Griechenland. München

Lintilhac, J.-P. (1985). Les perles noires de Tahiti. Papeete

Lively, A. (1998). Masks. Blackness, race and the imagination. London

Loschek, I. (1991). Mode – Verführung und Notwendigkeit. Struktur und Strategie der Aussehensveränderungen. München

– (1994). Reclams Mode- und Kostümlexikon. Stuttgart (3. Aufl.)

Lurker, M. (1989). Lexikon der Götter und Dämonen. Namen, Funktionen, Symbole/Attribute. Stuttgart (2. Aufl.)

MacLaury, R.E. (1992). From brightness to hue, in: Current Anthropology 33, 137-186

Mahnke, F. (1996). Color, environment, and human response. Detroit

Manceaux, M. / Jensen, H. (1995). Kaunis, rohkea ja kadehdittu Naomi Campbell, in: Trendi/April 1995, 20-23

Marinatos, N. (1993). Minoan religion. Ritual, image, and symbol. Columbia, South Carolina

Matzke, P. / Seeliger, T. (Hg.) (2002). Das Gothic- und Dark Wave-Lexikon. Das Lexikon der Schwarzen Szene. Berlin

Maurin Garcia, M. (1992). Le henné. Plante du paradis. Genf

Mazar, A. (1990). Archaeology of the land of the Bible 10,000-586 B.C.E. New York

McEvilley, T. (1996). Seeking the primal through paint: the monochrome icon, in: Denson/McEvilley 1996: 45-87

McNally, R.T. / Florescu, R. (1996). Auf Draculas Spuren. Die Geschichte des Fürsten und der Vampire. Berlin/Frankfurt

Men', A. (1991). Istorija religii v poiskach puti, istiny i žizni, t. II: Magizm i edinobožie. Moskau

Mege R., P. (1992). Colores en la cultura Mapuche, in: Colores de América. Santiago de Chile, S. 41-53

Messía de la Cerda y Pita, L.F. (1998). Heráldica española. El diseño heráldico. Madrid

Miller, M. / Taube, K. (1993). The gods and symbols of ancient Mexico and the Maya. An illustrated dictionary of Mesoamerican religion. London

Mollerup, P. (1997). Marks of excellence. The history and taxonomy of trademarks. London

Morris, I. (1994a). Archaeologies of Greece, in: Morris 1994b: 8-47

Morris, I. (Hg.) (1994b). Classical Greece. Ancient histories and modern archaeologies. Cambridge

Morris, J. / Preston-Whyte, E. (1994). Speaking with beads. Zulu arts from southern Africa. London

Müller, K.E. (1984). Die bessere und die schlechtere Hälfte. Ethnologie des Geschlechterkonflikts. Frankfurt/New York

– (1987). Das magische Universum der Identität. Elementarformen sozialen Verhaltens – Ein ethnologischer Grundriss. Frankfurt/New York

Mulack, C. (1988). Maria. Die geheime Göttin im Christentum. Stuttgart (3. Aufl.)

Namu, Y.E. / Mathieu, C. (2003). Leaving Mother Lake. A girlhood at the edge of the world. New York

Nederveen Pieterse, J. (1992). White on black. Images of Africa and blacks in western popular culture. New Haven/London

Newman, J.L. (1995). The peopling of Africa. A geographic interpretation. New Haven/London

Nile, R. / Clerk, C. (1996). Cultural atlas of Australia, New Zealand & the South Pacific. The Vineyard, Abingdon/England

Ninio, J. (1999). Macht Schwarz schlank? Über die Täuschungen unserer Wahrnehmung. Leipzig

Noll, R. (1994). The Jung cult. Origins of a charismatic movement. Princeton, New Jersey

Norton, R.E. (1995). The beautiful soul. Aesthetic morality in the eighteenth century. Ithaca/London

Olela, H. (1998). The African foundations of Greek philosophy, in: Eze 1998: 43-49 [Originaltext von 1984]

Orth, M. (1993). The lady has legs!, in: Vanity Fair/May 1993, 64-71, 116- 122

180

Osman, A. (1998). Out of Egypt. The roots of Christianity revealed. London

Otsuka, S. (1983). Kimono, in: Kodansha Encyclopedia of Japan, vol. 4, 209-210

Pacteau, F. (1994). The symptom of beauty. London

Paglia, C. (1990). Sexual personae. Art and decadence from Nefertiti to Emily Dickinson. New York

Pando, J. (1998). Cronica negra de Hollywood. Madrid

Passman, K.M. (1991). The classical Amazon in contemporary cinema, in: Winkler 1991: 81-105

Pausacker, H. (1996). Behind the shadows. Understanding a wayang performance. Djakarta

Penrose, V. (1996). The bloody countess. London

Perez, D. (1998). Xena's zeitgeist, in: Sci-Fi entertainment (June 1998), 48-55, 72-73

Peskowitz, M.B. (1997). Spinning fantasies. Rabbis, gender, and history. Berkeley/Los Angeles/London

Philippson, A. / *Neumann, L.* (1894). Europa. Eine allgemeine Landeskunde. Leipzig/Wien

Pommier, E. (1998). Théories du portrait. De la Renaissance aux Lumières. Paris

Posner, R. (1994). Der Mensch als Zeichen, in: Zeitschrift für Semiotik 16, 185-216

Posner, R. / *Robering, K.* / *Sebeok, T.A.* (Hg.) (1998). Semiotik – Ein Handbuch zu den zeichentheoretischen Grundlagen von Natur und Kultur. Berlin/New York

Prater, A. (1999). Goyas Schwarz, in: Zaunschirm 1999b: 67-72

Quirke, S. (2001). Colour vocabularies in ancient Egyptian, in: Davies 2001: 186-192

Rachleff, O.S. (1993). The occult in art. London (2. Aufl.)

Ranke-Graves, R. v. (1989). Griechische Mythologie. Quellen und Deutung. Reinbek bei Hamburg

Reato, D. (1988). Le maschere veneziane. Venedig

Reed, A.W. (2004). Reed Book of Maori mythology (revised by R. Calman). Wellington (2. Aufl.)

Reiter, N. (Hg.) (1999). Eurolinguistik. Ein Schritt in die Zukunft. Wiesbaden

Richter, G.M.A. (1992). A handbook of Greek art. A survey of the visual arts of ancient Greece. London (3. Aufl.)

Richter, M. (1980). Einführung in die Farbmetrik. Berlin/New York (2. Aufl.)

Roberts, M.N. / Roberts, A.F. (1996). Memory – Luba art and the making of history. New York/München

Röhl, W. (1990). Haltbar bis 2001, in: Stern/Mai 1990, 26-33

Rose, P. (1989). Jazz Cleopatra – Josephine Baker in her time. London/New York

Rothstein, N. (Hg.) (1984). Four hundred years of fashion. London

Ruhlen, M. (1994). On the origin of languages. Studies in linguistic taxonomy. Stanford

Ruspoli, M. (1987). The cave of Lascaux. The final photographic record. London

Russell, J.B. (1988). The prince of darkness. Radical evil and the power of good in history. Ithaca/London

Russell, P. (1995). An introduction to the Celtic languages. London/New York

Russkie chudožniki. Enciklopedičeskij slovar'. St. Petersburg 1998

Sahlins, M. (1976). Culture and practical reason. Chicago/London

Said, E.W. (1995). Orientalism. Western conceptions of the Orient. London/New York (1. Aufl.: 1978; 2. Aufl. mit einem Nachwort)

Sandberg, G. (1997). The red dyes – Cochineal, madder, and murex purple. A world tour of textile techniques. Asheville, NC

Sankan, S.S. (1995). The Maasai. Nairobi

Sayce, A.H. (1902). The religions of Ancient Egypt and Babylonia. Edinburgh

Scheid, J. / Svenbro, J. (1996). The craft of Zeus. Myths of weaving and fabric. Cambridge, Mass./London

Scheid, U. / Romer, G.B. (1997). Die erotische Daguerreotypie. München

Schmid, B. / Loschek, I. (1999). Klassiker der Mode. Die Erfolgsgeschichte legendärer Kleidungsstücke und Accessoires. Augsburg

Schneider, T. (1996). Lexikon der Pharaonen. München

Schor, G. (1999). Lapislazuli – Das Schwarz der Abstrakten Expressionisten, in: Zaunschirm 1999b: 97-120

Schoske, S. (unter Mitarbeit von A. Grimm und B. Kreissl) (1990). Schönheit – Abglanz der Göttlichkeit. Kosmetik im Alten Ägypten. München

Schreiner, K. (1994). Maria – Jungfrau · Mutter · Herrscherin. München/Wien

Schuhmacher, S. / Woerner, G. (Hg.) (1994). The encyclopedia of eastern philosophy and religion. Boston

Schwarz, A. (1999). Die Lehren von der Farbenharmonie. Göttingen/Zürich

Schwarz und Weiss. Themenheft der Zeitschrift Photographie 2, 1999

Scott, G.G. (1997). Dominanz und Demut. Die dunklen Seiten der Erotik. München

Scott, W.B. / Rutkoff, P.M. (1999). New York Modern. The arts and the city. Baltimore/London

Sharma, A. (Hg.) (1993). Our religions. Hinduism, buddhism, confucianism, taoism, judaism, christianity, islam. San Francisco

Shearer, A. (1996). Athene. Image and energy. London/New York

Shepard, R.N. (1997). The perceptual organization of colors: An adaptation to regularities of the terrestrial world?, in: Byrne/Hilbert 1997/2: 311-356

Shlyakhov, V. / Adler, E. (1995). Dictionary of Russian slang & colloquial expressions. Moskau/Middlebury, Vermont

Showalter, E. (1997). Hystories. Hysterical epidemics and modern media (Alien abduction, chronic fatigue syndrome, satanic ritual abuse, recovered memory, Gulf War syndrome, multiple personality syndrome). New York

Sigrist, M. (1998). Die hohe Schule der Fotografie: Akt und Erotik, in: Akt und Erotik 1998: 30-34

Silver, A. / Ursini, J. (1999). The noir style. London

Silverman, K. (1996). The threshold of the visible world. New York/ London

Simmons, D.R. (2003). Ta Moko. The art of Maori tattoo. Auckland (2. Aufl.)

Skloot, R. (1988). The darkness we carry: the drama of the holocaust. Madison

Smith, R.T. (1996). The matrifocal family. Power, pluralism, and politics. New York/London

Sozzani, F. (Hg.) (1998). Black book. Art and fashion. Paris

Sprissler, M. (1998). Fading Colours. Farbenfroh & fühlbar, in: Gothic – Magazine for Underground Culture 28, 57-59

Steele, V. (1998). Fetisch – Mode, Sex und Macht. Reinbek bei Hamburg

Stein, G. (1986). Letters of Gertrude Stein and Carl Van Vechten, 1913 – 1946 (hrsgg. von E. Burns). New York

Strayton, G. (1998). Xena file, in: Inquest – The gaming magazine 40 (August 1998), 46-47

Suess, B.J. (1995). Mastering black-and-white. Photography from camera to darkroom. New York

Swadesh, M. (1971). The origin and diversification of language (posthum herausgegeben von J. Sherzer). Chicago

Sylvester, D. (1997). About modern art, critical essays 1948-97. London (2. Aufl.)

Teissier, E. (1997). Sous le signe de Mitterrand. Sept ans d'entretiens. Paris

The sixth Virgin film guide, based on the definite industry database. London 1997

Thomas, R.R. (1996). Redefining diversity. New York/Tokyo/Brüssel

Todd, E. (1999). La diversité du monde. Famille et modernité. Paris

Todorov, Tz. (1989). Nous et les autres – La réflexion française sur la diversité humaine. Paris

Tonsmann, J.A. (1987). Los ojos de la virgen de Guadalupe. Un estudio por computadora electrónica. Mexico City

Trask, R.L. (1997). The history of Basque. London/New York

Turner, F.M. (1981). The Greek heritage in Victorian Britain. New Haven

Vernant, J.-P. / Vidal-Naquet, P. (1990). Myth and tragedy in ancient Greece. New York

Wandell, B.A. (1997). Color constancy and the natural image, in: Byrne/Hilbert 1997/2: 161-175

Weber, U. (1989). Farbe und Form. Braunschweig

Welchman, J.C. (1997). Invisible colors. A visual history of titles. New Haven/London

Wesel, U. (1996). Der Mythos vom Matriarchat. Über Bachofens Mutterrecht und die Stellung von Frauen in frühen Gesellschaften. Frankfurt (6. Aufl.)

Wheatcroft, A. (1995). The Habsburgs – Embodying empire. London/New York

Willke, T. (1999). Schwarz ist nicht Schwarz, in: Zaunschirm 1999b: 17-20

Willmut, D. (1998). Picture book Xena – warrior princess. Niedernhausen/Ts.

Wilpert, G. v. (1998). Goethe-Lexikon. Stuttgart

Winkler, M.M. (Hg.) (1991). Classics and cinema. London/Toronto

Wright, C. (1992). The world's master paintings from the early Renaissance to the present day, 2 Bde. London/New York

Xiaogan, L. (1993). Taoism, in: Sharma 1993: 229-289

Young, A. (1987). Der kreative Kosmos. Am Wendepunkt der Evolution. München

Zalcock, B. (1998). Female vampires. Girl power from the crypt, in: Black 1998: 167-188

Zaunschirm, T. (1999a). Die Farben Schwarz, in: Zaunschirm 1999b: 147-229

– (Hg.) (1999b). Die Farben Schwarz. Wien/New York

Zelanski, P. / Fisher, M.P. (1993). Colour for designers and artists. London (2. Aufl.)

Zöchling, D. (1990). Die Oper. Farbiger Führer durch Oper, Operette, Musical. Schwerte

Peter Claus Hartmann (Hrsg.)
unter Mitarbeit von Annette Reese

Religion und Kultur im Europa des 17. und 18. Jahrhunderts

Frankfurt am Main, Berlin, Bern, Bruxelles, New York, Oxford, Wien, 2004.
VI, 536 S., 52 Abb.
Mainzer Studien zur Neueren Geschichte. Herausgegeben von Peter C. Hartmann,
Walter G. Rödel und Konrad Amann. Bd. 12
ISBN 3-631-51972-9 · br. € 79.50*

Das vereinte Europa muß, soll es auf Dauer von seinen Völkern akzeptiert
werden, auf die kulturellen, geistigen und religiösen Identitäten der europäischen
Gliedstaaten Rücksicht nehmen. Da die religiös bestimmten Kulturen des
17. und 18. Jahrhunderts einen zentralen Aspekt zum Verständnis dieser
Identitäten darstellen, wird in diesem Kolloquiumsband versucht, die Mehrheits-
und Minderheitenkulturen von Kalvinisten, Katholiken, Lutheranern, Orthodoxen,
Juden und Muslimen in den verschiedenen europäischen Ländern zu analysieren.
Dabei werden die unterschiedlichen Aspekte durch Beiträge von Vertretern
der Geschichte, Kunstgeschichte, Theologie, Anglistik, Volkskunde, Judaistik,
Orientkunde und Musikwissenschaft berücksichtigt.

Aus dem Inhalt: Katholische und protestantische Kulturlandschaften im Heiligen
Römischen Reich · Protestantische Kultur in England und Irland im 17. und
18. Jahrhundert · Katholische Minderheitenkultur in England unter besonderer
Berücksichtigung von Shakespeare · Katholische Kultur in Spanien und Italien ·
Kalvinistische Kultur und Minderheitenkulturen in den Vereinten Niederlanden ·
Kultur des europäischen Judentums · Kultur in Polen und in Böhmen ·
Orthodoxe Kultur in Osteuropa · Islamisch-osmanische Kultur · Katholischer und
protestantischer Kirchenbau · Rolle der Klöster · Elementarschulwesen · Höhere
Schulen · Mädchenschulwesen · Universitäten · Volkskultur im Heiligen Römischen
Reich und Frankreich

www.ingramcontent.com/pod-product-compliance
Ingram Content Group UK Ltd.
Pitfield, Milton Keynes, MK11 3LW, UK
UKHW021818150726
7214IPUK00017B/183